I0156055

# GEORGISCH
## WOORDENSCHAT

# NEDERLANDS GEORGISCH

De meest bruikbare woorden
Om uw woordenschat uit te breiden en
uw taalvaardigheid aan te scherpen

## 9000 woorden

# Thematische woordenschat Nederlands-Georgisch - 9000 woorden
Door Andrey Taranov

Woordenlijsten van T&P Books zijn bedoeld om u woorden van een vreemde taal te helpen leren, onthouden, en bestudering. Dit woordenboek is ingedeeld in thema's en behandelt alle belangrijk terreinen van het dagelijkse leven, bedrijven, wetenschap, cultuur, etc.

Het proces van het leren van woorden met behulp van de op thema's gebaseerde aanpak van T&P Books biedt u de volgende voordelen:

- Correct gegroepeerde informatie is bepalend voor succes bij opeenvolgende stadia van het leren van woorden
- De beschikbaarheid van woorden die van dezelfde stam zijn maakt het mogelijk om woordgroepen te onthouden (in plaats van losse woorden)
- Kleine groepen van woorden faciliteren het proces van het aanmaken van associatieve verbindingen, die nodig zijn bij het consolideren van de woordenschat
- Het niveau van talenkennis kan worden ingeschat door het aantal geleerde woorden

T&P Books Publishing
www.tpbooks.com

ISBN: 978-1-78492-271-9

Dit boek is ook beschikbaar in e-boek formaat.
Gelieve www.tpbooks.com te bezoeken of de belangrijkste online boekwinkels.

# GEORGISCHE WOORDENSCHAT
## nieuwe woorden leren

T&P Books woordenlijsten zijn bedoeld om u te helpen vreemde woorden te leren, te onthouden, en te bestuderen. De woordenschat bevat meer dan 9000 veel gebruikte woorden die thematisch geordend zijn.

- De woordenlijst bevat de meest gebruikte woorden
- Aanbevolen als aanvulling bij welke taalcursus dan ook
- Voldoet aan de behoeften van de beginnende en gevorderde student in vreemde talen
- Geschikt voor dagelijks gebruik, bestudering en zelftestactiviteiten
- Maakt het mogelijk om uw woordenschat te evalueren

### Bijzondere kenmerken van de woordenschat

- De woorden zijn gerangschikt naar hun betekenis, niet volgens alfabet
- De woorden worden weergegeven in drie kolommen om bestudering en zelftesten te vergemakkelijken
- Woorden in groepen worden verdeeld in kleine blokken om het leerproces te vergemakkelijken
- De woordenschat biedt een handige en eenvoudige beschrijving van elk buitenlands woord

### De woordenschat bevat 256 onderwerpen zoals:

Basisconcepten, getallen, kleuren, maanden, seizoenen, meeteenheden, kleding en acces- soires, eten & voeding, restaurant, familieleden, verwanten, karakter, gevoelens, emoties, ziekten, stad, dorp, bezienswaardigheden, winkelen, geld, huis, thuis, kantoor werken op kantoor, import & export, marketing, werk zoeken, sport, onderwijs, computer, internet, gereedschap, natuur, landen, nationaliteiten en meer ...

# INHOUDSOPGAVE

# UITSPRAAKGIDS

| Letter | Georgisch voorbeeld | T&P fonetisch alfabet | Nederlands voorbeeld |
|---|---|---|---|
| ა | აკადემია | [ɑ] | acht |
| ბ | ბიოლოგია | [b] | hebben |
| გ | გრამატიკა | [g] | goal, tango |
| დ | შუალედი | [d] | Dank u honderd |
| ე | ბედნიერი | [ɛ] | elf, zwembad |
| ვ | ვერცხლი | [v] | beloven, schrijven |
| ზ | ზარი | [z] | zeven, zesde |
| თ | თანაკლასელი | [th] | luchthaven, stadhuis |
| ი | ივლისი | [i] | bidden, tint |
| კ | კამა | [k] | kennen, kleur |
| ლ | ლანგარი | [l] | delen, Lichter |
| მ | მარჯვენა | [m] | morgen, etmaal |
| ნ | ნაყინი | [n] | nemen, zonder |
| ო | ოსტატობა | [ɔ] | aankomst, bot |
| პ | პასპორტი | [p] | parallel, koper |
| ჟ | ჟიური | [ʒ] | journalist, rouge |
| რ | რეესისტრი | [r] | roepen breken |
| ს | სასმელი | [s] | spreken, kosten |
| ტ | ტურისტი | [t] | tomaat taart |
| უ | ურდული | [u] | hoed, coe |
| ფ | ფაიფური | [ph] | ophouden, ophangen |
| ქ | ქალაქი | [kh] | deukhoed, Stockholm |
| ღ | ღილაკი | [ɣ] | liegen, gaan |
| ყ | ყინული | [q] | kennen, kleur |
| შ | შედეგი | [ʃ] | shampoo, machine |
| ჩ | ჩამჩა | [tʃh] | aspiraat [tsch] |
| ც | ცურვა | [tsh] | handschoenen |
| ძ | ძიძა | [dz] | zeldzaam |
| წ | წამწამი | [ts] | niets, plaats |
| ჭ | ჭანჭიკი | [tʃ] | Tsjechië, cello |
| ხ | ხარისხი | [h] | hitte, hypnose |
| ჯ | ჯიბე | [dʒ] | jeans, jungle |
| ჰ | ჰოკიჯობა | [h] | het, herhalen |

# AFKORTINGEN
## gebruikt in de woordenschat

## Nederlandse afkortingen

| | | |
|---|---|---|
| abn | - | als bijvoeglijk naamwoord |
| bijv. | - | bijvoorbeeld |
| bn | - | bijvoeglijk naamwoord |
| bw | - | bijwoord |
| enk. | - | enkelvoud |
| enz. | - | enzovoort |
| form. | - | formele taal |
| inform. | - | informele taal |
| mann. | - | mannelijk |
| mil. | - | militair |
| mv. | - | meervoud |
| on.ww. | - | onovergankelijk werkwoord |
| ontelb. | - | ontelbaar |
| ov. | - | over |
| ov.ww. | - | overgankelijk werkwoord |
| telb. | - | telbaar |
| vn | - | voornaamwoord |
| vrouw. | - | vrouwelijk |
| vw | - | voegwoord |
| vz | - | voorzetsel |
| wisk. | - | wiskunde |
| ww | - | werkwoord |

## Nederlandse artikelen

| | | |
|---|---|---|
| de | - | gemeenschappelijk geslacht |
| de/het | - | gemeenschappelijk geslacht, onzijdig |
| het | - | onzijdig |

# BASISBEGRIPPEN

## Basisbegrippen Deel 1

### 1. Voornaamwoorden

| | | |
|---|---|---|
| ik | მე | me |
| jij, je | შენ | shen |
| hij, zij, het | ის | is |

| | | |
|---|---|---|
| wij, we | ჩვენ | chver |
| jullie | თქვენ | tkven |
| zij, ze | ისინი | isini |

### 2. Begroetingen. Begroetingen. Afscheid

| | | |
|---|---|---|
| Hallo! Dag! | გამარჯობა! | gamarjoba! |
| Hallo! | გამარჯობათ! | gamarjobat! |
| Goedemorgen! | დილა მშვიდობისა! | dila rr shvidobisa! |
| Goedemiddag! | დღე მშვიდობისა! | dghe mshvidobisa! |
| Goedenavond! | საღამო მშვიდობისა! | saghamo mshvidobisa! |

| | | |
|---|---|---|
| gedag zeggen (groeten) | მისალმება | misalneba |
| Hoi! | სალამი! | salami! |
| groeten (het) | სალამი | salami |
| verwelkomen (ww) | მისალმება | misalneba |
| Hoe gaat het? | როგორ ხარ? | rogor khar? |
| Is er nog nieuws? | რა არის ახალი? | ra aris akhali? |

| | | |
|---|---|---|
| Dag! Tot ziens! | ნახვამდის! | nakhvamdis! |
| Tot snel! Tot ziens! | მომავალ შეხვედრამდე! | momaval shekhvedramde! |
| Vaarwel! | მშვიდობით! | mshv dobit! |
| afscheid nemen (ww) | გამომშვიდობება | gamamshvidobeba |
| Tot kijk! | კარგად! | k'argad! |

| | | |
|---|---|---|
| Dank u! | გმადლობთ! | gmaclobt! |
| Dank u wel! | დიდი მადლობა! | didi madloba! |
| Graag gedaan | არაფრის | arapr s |
| Geen dank! | მადლობად არ ღირს | madlobad ar ghirs |
| Geen moeite. | არაფრის | arapr s |

| | | |
|---|---|---|
| Excuseer me, ... | ბოდიში! | bodishi! |
| excuseren (verontschuldigen) | პატიება | p'at'ieba |

| | | |
|---|---|---|
| zich verontschuldigen | ბოდიშის მოხდა | bodishis mokhda |
| Mijn excuses. | ბოდიში | bodishi |
| Het spijt me! | მაპატიეთ! | map'at'iet! |

| vergeven (ww) | პატიება | p'at'ieba |
|---|---|---|
| Maakt niet uit! | არა უშავს. | ara ushavs. |
| alsjeblieft | გეთაყვა | getaqva |

| Vergeet het niet! | არ დაგავიწყდეთ! | ar dagavits'qdet! |
|---|---|---|
| Natuurlijk! | რა თქმა უნდა! | ra tkma unda! |
| Natuurlijk niet! | რა თქმა უნდა, არა! | ra tkma unda, ara! |
| Akkoord! | თანახმა ვარ! | tanakhma var! |
| Zo is het genoeg! | საკმარისია! | sak'marisia! |

## 3. Hoe aan te spreken

| meneer | ბატონო | bat'ono |
|---|---|---|
| mevrouw | ქალბატონო | kalbat'ono |
| juffrouw | ქალიშვილო | kalishvilo |
| jongeman | ახალგაზრდავ | akhalgazrdav |
| jongen | ბიჭი | bich'i |
| meisje | გოგო | gogo |

## 4. Kardinale getallen. Deel 1

| nul | ნული | nuli |
|---|---|---|
| een | ერთი | erti |
| twee | ორი | ori |
| drie | სამი | sami |
| vier | ოთხი | otkhi |

| vijf | ხუთი | khuti |
|---|---|---|
| zes | ექვსი | ekvsi |
| zeven | შვიდი | shvidi |
| acht | რვა | rva |
| negen | ცხრა | tskhra |

| tien | ათი | ati |
|---|---|---|
| elf | თერთმეტი | tertmet'i |
| twaalf | თორმეტი | tormet'i |
| dertien | ცამეტი | tsamet'i |
| veertien | თოთხმეტი | totkhmet'i |

| vijftien | თხუთმეტი | tkhutmet'i |
|---|---|---|
| zestien | თექვსმეტი | tekvsmet'i |
| zeventien | ჩვიდმეტი | chvidmet'i |
| achttien | თვრამეტი | tvramet'i |
| negentien | ცხრამეტი | tskhramet'i |

| twintig | ოცი | otsi |
|---|---|---|
| eenentwintig | ოცდაერთი | otsdaerti |
| tweeëntwintig | ოცდაორი | otsdaori |
| drieëntwintig | ოცდასამი | otsdasami |

| dertig | ოცდაათი | otsdaati |
|---|---|---|
| eenendertig | ოცდათერთმეტი | otsdatertmet'i |

| | | |
|---|---|---|
| tweeëndertig | ოცდათორმეტი | otsda:ormet'i |
| drieëndertig | ოცდაცამეტი | otsda:samet'i |
| | | |
| veertig | ორმოცი | ormotsi |
| eenenveertig | ორმოცდაერთი | ormotsdaerti |
| tweeënveertig | ორმოცდაორი | ormotsdaori |
| drieënveertig | ორმოცდასამი | ormotsdasami |
| | | |
| vijftig | ორმოცდაათი | ormotsdaati |
| eenenvijftig | ორმოცდათერთმეტი | ormotsdatertmet'i |
| tweeënvijftig | ორმოცდათორმეტი | ormotsdatormet'i |
| drieënvijftig | ორმოცდაცამეტი | ormotsdatsamet'i |
| | | |
| zestig | სამოცი | samo:si |
| eenenzestig | სამოცდაერთი | samo:sdaerti |
| tweeënzestig | სამოცდაორი | samo:sdaori |
| drieënzestig | სამოცდასამი | samo:sdasami |
| | | |
| zeventig | სამოცდაათი | samo:sdaati |
| eenenzeventig | სამოცდათერთმეტი | samo:sdatertmet'i |
| tweeënzeventig | სამოცდათორმეტი | samo:sdatormet'i |
| drieënzeventig | სამოცდაცამეტი | samo:sdatsamet'i |
| | | |
| tachtig | ოთხმოცი | otkhmotsi |
| eenentachtig | ოთხმოცდაერთი | otkhmotsdaerti |
| tweeëntachtig | ოთხმოცდაორი | otkhmotsdaori |
| drieëntachtig | ოთხმოცდასამი | otkhmotsdasami |
| | | |
| negentig | ოთხმოცდაათი | otkhmotsdaati |
| eenennegentig | ოთხმოცდათერთმეტი | otkhmotsdatertmet i |
| tweeënnegentig | ოთხმოცდათორმეტი | otkhmotsdatormet' |
| drieënnegentig | ოთხმოცდაცამეტი | otkhmotsdatsamet'i |

## 5. Kardinale getallen. Deel 2

| | | |
|---|---|---|
| honderd | ასი | asi |
| tweehonderd | ორასი | orasi |
| driehonderd | სამასი | samasi |
| vierhonderd | ოთხასი | otkhasi |
| vijfhonderd | ხუთასი | khutasi |
| | | |
| zeshonderd | ექვსასი | ekvsasi |
| zevenhonderd | შვიდასი | shvidasi |
| achthonderd | რვაასი | rvaas |
| negenhonderd | ცხრასი | tskhrasi |
| | | |
| duizend | ათასი | atasi |
| tweeduizend | ორი ათასი | ori atasi |
| drieduizend | სამი ათასი | sami atasi |
| tienduizend | ათი ათასი | ati atasi |
| honderdduizend | ასი ათასი | asi atasi |
| | | |
| miljoen (het) | მილიონი | milioni |
| miljard (het) | მილიარდი | miliardi |

## 6. Ordinale getallen

| | | |
|---|---|---|
| eerste (bn) | პირველი | p'irveli |
| tweede (bn) | მეორე | meore |
| derde (bn) | მესამე | mesame |
| vierde (bn) | მეოთხე | meotkhe |
| vijfde (bn) | მეხუთე | mekhute |
| | | |
| zesde (bn) | მეექვსე | meekvse |
| zevende (bn) | მეშვიდე | meshvide |
| achtste (bn) | მერვე | merve |
| negende (bn) | მეცხრე | metskhre |
| tiende (bn) | მეათე | meate |

## 7. Getallen. Breuken

| | | |
|---|---|---|
| breukgetal (het) | წილადი | ts'iladi |
| half | ერთი მეორედი | erti meoredi |
| een derde | ერთი მესამედი | erti mesamedi |
| kwart | ერთი მეოთხედი | erti meotkhedi |
| | | |
| een achtste | ერთი მერვედი | erti mervedi |
| een tiende | ერთი მეათედი | erti meatedi |
| twee derde | ორი მესამედი | ori mesamedi |
| driekwart | სამი მეოთხედი | sami meotkhedi |

## 8. Getallen. Eenvoudige berekeningen

| | | |
|---|---|---|
| aftrekking (de) | გამოკლება | gamok'leba |
| aftrekken (ww) | გამოკლება | gamok'leba |
| deling (de) | გაყოფა | gaqopa |
| delen (ww) | გაყოფა | gaqopa |
| | | |
| optelling (de) | შეკრება | shek'reba |
| erbij optellen | შეკრება | shek'reba |
| (bij elkaar voegen) | | |
| optellen (ww) | მიმატება | mimat'eba |
| vermenigvuldiging (de) | გამრავლება | gamravleba |
| vermenigvuldigen (ww) | გამრავლება | gamravleba |

## 9. Getallen. Diversen

| | | |
|---|---|---|
| cijfer (het) | ციფრი | tsipri |
| nummer (het) | რიცხვი | ritskhvi |
| telwoord (het) | რიცხვითი სახელი | ritskhviti sakheli |
| minteken (het) | მინუსი | minusi |
| plusteken (het) | პლიუსი | p'liusi |
| formule (de) | ფორმულა | pormula |
| berekening (de) | გამოანგარიშება | gamoangarisheba |

| tellen (ww) | დათვლა | datvla |
| bijrekenen (ww) | დათვლა | datvla |
| vergelijken (ww) | შედარება | shedareba |

| Hoeveel? | რამდენი? | ramdeni? |
| som (de), totaal (het) | ჯამი | jami |
| uitkomst (de) | შედეგი | shedegi |
| rest (de) | ნაშთი | nashti |

| enkele (bijv. ~ minuten) | რამდენიმე | ramdenime |
| weinig (bw) | ცოტაოდენი ... | tsot'aodeni ... |
| restant (het) | დანარჩენი | danacheni |
| anderhalf | ერთ-ნახევარი | ert-nakhevari |
| dozijn (het) | დუჟინი | duzh ni |

| middendoor (bw) | შუაზე | shuaze |
| even (bw) | თანაბრად | tanabrad |
| helft (de) | ნახევარი | nakhevari |
| keer (de) | ჯერ | jer |

## 10. De belangrijkste werkwoorden. Deel 1

| aanbevelen (ww) | რეკომენდაციის მიცემა | rek'omendatsiis mitsema |
| aandringen (ww) | დაჟინება | dazh neba |
| aankomen (per auto, enz.) | ჩამოსვლა | chamosvla |
| aanraken (ww) | ხელის ხლება | khelis khleba |
| adviseren (ww) | რჩევა | rcheva |

| afdalen (on.ww.) | ჩასვლა | chasvla |
| afslaan (naar rechts ~) | მობრუნება | mobruneba |
| antwoorden (ww) | პასუხის გაცემა | p'asukhis gatsema |
| bang zijn (ww) | შიში | shishi |
| bedreigen | დამუქრება | damukreba |
| (bijv. met een pistool) | | |

| bedriegen (ww) | მოტყუება | mot'cueba |
| beëindigen (ww) | დამთავრება | damtavreba |
| beginnen (ww) | დაწყება | dats'qeba |
| begrijpen (ww) | გაგება | gageoa |
| beheren (managen) | ხელმძღვანელობა | khelmdzghvaneloba |

| beledigen | შეურაცხყოფა | sheuratskhqopa |
| (met scheldwoorden) | | |
| beloven (ww) | დაპირება | dap'ireba |
| bereiden (koken) | მზადება | mzaceba |
| bespreken (spreken over) | განხილვა | gankhilva |

| bestellen (eten ~) | შეკვეთა | shek'veta |
| bestraffen (een stout kind ~) | დასჯა | dasja |
| betalen (ww) | გადახდა | gadakhda |
| betekenen (beduiden) | აღნიშვნა | aghnishvna |
| betreuren (ww) | სინანული | sinaruli |
| bevallen (prettig vinden) | მოწონება | mots oneba |
| bevelen (mil.) | ბრძანება | brdzaneba |

17

| | | |
|---|---|---|
| bevrijden (stad, enz.) | გათავისუფლება | gatavisupleba |
| bewaren (ww) | შენახვა | shenakhva |
| bezitten (ww) | ფლობა | ploba |

| | | |
|---|---|---|
| bidden (praten met God) | ლოცვა | lotsva |
| binnengaan (een kamer ~) | შემოსვლა | shemosvla |
| breken (ww) | ტეხა | t'ekha |
| controleren (ww) | კონტროლის გაწევა | k'ont'rolis gats'eva |
| creëren (ww) | შექმნა | shekmna |

| | | |
|---|---|---|
| deelnemen (ww) | მონაწილეობა | monats'ileoba |
| denken (ww) | ფიქრი | pikri |
| doden (ww) | მოკვლა | mok'vla |
| doen (ww) | კეთება | k'eteba |

# 11. De belangrijkste werkwoorden. Deel 2

| | | |
|---|---|---|
| een hint geven | კარნახი | k'arnakhi |
| eisen (met klem vragen) | მოთხოვნა | motkhovna |
| existeren (bestaan) | არსებობა | arseboba |
| gaan (te voet) | სვლა | svla |

| | | |
|---|---|---|
| gaan zitten (ww) | დაჯდომა | dajdoma |
| gaan zwemmen | ბანაობა | banaoba |
| geven (ww) | მიცემა | mitsema |
| glimlachen (ww) | გაღიმება | gaghimeba |
| goed raden (ww) | გამოცნობა | gamotsnoba |

| | | |
|---|---|---|
| grappen maken (ww) | ხუმრობა | khumroba |
| graven (ww) | თხრა | tkhra |
| hebben (iets levend) | ყოლა | qola |
| hebben (iets levenloos) | ქონა | kona |

| | | |
|---|---|---|
| helpen (ww) | დახმარება | dakhmareba |
| herhalen (opnieuw zeggen) | გამეორება | gameoreba |

| | | |
|---|---|---|
| hopen (ww) | იმედოვნება | imedovneba |
| horen | სმენა | smena |
| (waarnemen met het oor) | | |
| huilen (wenen) | ტირილი | t'irili |
| huren (huis, kamer) | დაქირავება | dakiraveba |
| informeren (informatie geven) | ინფორმირება | inpormireba |

| | | |
|---|---|---|
| instemmen (akkoord gaan) | დათანხმება | datankhmeba |
| jagen (ww) | ნადირობა | nadiroba |
| kennen (kennis hebben | ცნობა | tsnoba |
| van iemand) | | |
| kiezen (ww) | არჩევა | archeva |
| klagen (ww) | ჩივილი | chivili |

| | | |
|---|---|---|
| kosten (ww) | ღირება | ghireba |
| kunnen (ww) | შეძლება | shedzleba |
| lachen (ww) | სიცილი | sitsili |
| laten vallen (ww) | ხელიდან გავარდნა | khelidan gavardna |

| lezen (ww) | კითხვა | k'itkhva |
| liefhebben (ww) | სიყვარული | siqvaruli |
| lunchen (ww) | სადილობა | sadilcba |
| nemen (ww) | აღება | agheba |
| nodig zijn (ww) | საჭიროება | sach'iroeba |

## 12. De belangrijkste werkwoorden. Deel 3

| onderschatten (ww) | არშეფასება | arsheoaseba |
| ondertekenen (ww) | ხელის მოწერა | khelis mots'era |
| ontbijten (ww) | საუზმობა | sauzmoba |
| openen (ww) | გაღება | gagheba |
| ophouden (ww) | შეწყვეტა | shets'qvet'a |
| opmerken (zien) | შენიშვნა | shenishvna |
| opscheppen (ww) | ტრაბახი | t'rabachi |
| opschrijven (ww) | ჩაწერა | chats'era |
| plannen (ww) | დაგეგმვა | dagegmva |
| prefereren (verkiezen) | მჯობინება | mjobineba |
| proberen (trachten) | ცდა | tsda |

| redden (ww) | გადარჩენა | gadarchena |
| rekenen op ... | იმედის ქონა | imedis kona |
| rennen (ww) | გაქცევა | gaktseva |
| reserveren | რეზერვირება | rezervireba |
| (een hotelkamer ~) | | |

| roepen (om hulp) | დაძახება | dadzakheba |
| schieten (ww) | სროლა | srola |
| schreeuwen (ww) | ყვირილი | qvirili |
| schrijven (ww) | წერა | ts'era |
| souperen (ww) | ვახშმობა | vakhshmoba |
| spelen (kinderen) | თამაში | tamashi |
| spreken (ww) | ლაპარაკი | lap'arak'i |
| stelen (ww) | პარვა | p'arva |
| stoppen (pauzeren) | გაჩერება | gachereba |

| studeren (Nederlands ~) | შესწავლა | shests'avla |
| sturen (zenden) | გაგზავნა | gagzavna |
| tellen (optellen) | დათვლა | datvla |
| toebehoren ... | კუთვნება | k'utvneba |
| toestaan (ww) | ნების დართვა | nebis dartva |
| tonen (ww) | ჩვენება | chvereba |

| twijfelen (onzeker zijn) | დაეჭვება | daech'veba |
| uitgaan (ww) | გამოსვლა | gamosvla |
| uitnodigen (ww) | მოწვევა | mots'veva |
| uitspreken (ww) | წარმოთქმა | ts'armotkma |
| uitvaren tegen (ww) | ლანძღვა | landzghva |

## 13. De belangrijkste werkwoorden. Deel 4

| vallen (ww) | ვარდნა | vardna |
| vangen (ww) | ჭერა | ch'era |

| veranderen (anders maken) | შეცვლა | shetsvla |
| verbaasd zijn (ww) | გაკვირვება | gak'virveba |
| verbergen (ww) | დამალვა | damalva |

| verdedigen (je land ~) | დაცვა | datsva |
| verenigen (ww) | გაერთიანება | gaertianeba |
| vergelijken (ww) | შედარება | shedareba |
| vergeten (ww) | დავიწყება | davits'qeba |
| vergeven (ww) | პატიება | p'at'ieba |

| verklaren (uitleggen) | ახსნა | akhsna |
| verkopen (per stuk ~) | გაყიდვა | gaqidva |
| vermelden (praten over) | ხსენება | khseneba |
| versieren (decoreren) | მორთვა | mortva |
| vertalen (ww) | თარგმნა | targmna |

| vertrouwen (ww) | ნდობა | ndoba |
| vervolgen (ww) | გაგრძელება | gagrdzeleba |
| verwarren (met elkaar ~) | არევა | areva |
| verzoeken (ww) | თხოვნა | tkhovna |
| verzuimen (school, enz.) | გაცდენა | gatsdena |

| vinden (ww) | პოვნა | p'ovna |
| vliegen (ww) | ფრენა | prena |
| volgen (ww) | მიდევნა | midevna |
| voorstellen (ww) | შეთავაზება | shetavazeba |
| voorzien (verwachten) | გათვალისწინება | gatvalists'ineba |
| vragen (ww) | კითხვა | k'itkhva |

| waarnemen (ww) | დაკვირვება | dak'virveba |
| waarschuwen (ww) | გაფრთხილება | gaprtkhileba |
| wachten (ww) | ლოდინი | lodini |
| weerspreken (ww) | წინააღმდეგ ყოფნა | ts'inaaghmdeg qopna |
| weigeren (ww) | უარის თქმა | uaris tkma |

| werken (ww) | მუშაობა | mushaoba |
| weten (ww) | ცოდნა | tsodna |
| willen (verlangen) | ნდომა | ndoma |
| zeggen (ww) | თქმა | tkma |
| zich haasten (ww) | აჩქარება | achkareba |

| zich interesseren voor ... | დაინტერესება | daint'ereseba |
| zich vergissen (ww) | შეცდომა | shetsdoma |
| zich verontschuldigen | ბოდიშის მოხდა | bodishis mokhda |
| zien (ww) | ხედვა | khedva |
| zijn (ww) | ყოფნა | qopna |
| zoeken (ww) | ძებნა | dzebna |
| zwemmen (ww) | ცურვა | tsurva |
| zwijgen (ww) | დუმილი | dumili |

## 14. Kleuren

| kleur (de) | ფერი | peri |
| tint (de) | ელფერი | elperi |

| kleurnuance (de) | ტონი | t'oni |
| regenboog (de) | ცისარტყელა | tsisar'qela |

| wit (bn) | თეთრი | tetri |
| zwart (bn) | შავი | shavi |
| grijs (bn) | რუხი | rukhi |

| groen (bn) | მწვანე | mts'vane |
| geel (bn) | ყვითელი | qviteli |
| rood (bn) | წითელი | ts'iteli |

| blauw (bn) | ლურჯი | lurji |
| lichtblauw (bn) | ცისფერი | tsisperi |
| roze (bn) | ვარდისფერი | vardisperi |
| oranje (bn) | ნარინჯისფერი | narinjsperi |
| violet (bn) | იისფერი | iisper |
| bruin (bn) | ყავისფერი | qavisperi |

| goud (bn) | ოქროსფერი | okrosperi |
| zilverkleurig (bn) | ვერცხლისფერი | vertskhlisperi |

| beige (bn) | ჩალისფერი | chalisperi |
| roomkleurig (bn) | კრემისფერი | k'rem speri |
| turkoois (bn) | ფირუზისფერი | piruzisperi |
| kersrood (bn) | ალუბლისფერი | alublisperi |
| lila (bn) | ლილისფერი | lilisperi |
| karmijnrood (bn) | ჟოლოსფერი | zholosperi |

| licht (bn) | ღია ფერისა | ghia perisa |
| donker (bn) | მუქი | muki |
| fel (bn) | კაშკაშა | k'ashk'asha |

| kleur-, kleurig (bn) | ფერადი | peradi |
| kleuren- (abn) | ფერადი | peradi |
| zwart-wit (bn) | შავ-თეთრი | shav-tetri |
| eenkleurig (bn) | ერთფეროვანი | ertperovani |
| veelkleurig (bn) | მრავალფეროვანი | mravalperovani |

## 15. Vragen

| Wie? | ვინ? | vin? |
| Wat? | რა? | ra? |
| Waar? | სად? | sad? |
| Waarheen? | სად? | sad? |
| Waar … vandaan? | საიდან? | saidan? |
| Wanneer? | როდის? | rodis? |
| Waarom? | რისთვის? | ristvis? |
| Waarom? | რატომ? | rat'om? |

| Waarvoor dan ook? | რისთვის? | ristvis? |
| Hoe? | როგორ? | rogor? |
| Wat voor …? | როგორი? | rogor? |
| Welk? | რომელი? | romeli? |
| Aan wie? | ვის? | vis? |

| Over wie? | ვიზე? | vize? |
| Waarover? | რაზე? | raze? |
| Met wie? | ვისთან ერთად? | vistan ertad? |

| Hoeveel? | რამდენი? | ramdeni? |
| Van wie? (mann.) | ვისი? | visi? |

## 16. Voorzetsels

| met (bijv. ~ beleg) | ერთად | ertad |
| zonder (~ accent) | გარეშე | gareshe |
| naar (in de richting van) | -ში | -shi |
| over (praten ~) | შესახებ | shesakheb |
| voor (in tijd) | წინ | ts'in |
| voor (aan de voorkant) | წინ | ts'in |

| onder (lager dan) | ქვეშ | kvesh |
| boven (hoger dan) | ზემოთ | zemot |
| op (bovenop) | -ზე | -ze |
| van (uit, afkomstig van) | -დან | -dan |
| van (gemaakt van) | -გან | -gan |

| over (bijv. ~ een uur) | -ში | -shi |
| over (over de bovenkant) | -ზე | -ze |

## 17. Functiewoorden. Bijwoorden. Deel 1

| Waar? | სად? | sad? |
| hier (bw) | აქ | ak |
| daar (bw) | იქ | ik |

| ergens (bw) | სადღაც | sadghats |
| nergens (bw) | არსად | arsad |

| bij ... (in de buurt) | -თან | -tan |
| bij het raam | ფანჯარასთან | panjarastan |

| Waarheen? | სად? | sad? |
| hierheen (bw) | აქ | ak |
| daarheen (bw) | იქ | ik |
| hiervandaan (bw) | აქედან | akedan |
| daarvandaan (bw) | იქიდან | ikidan |

| dichtbij (bw) | ახლოს | akhlos |
| ver (bw) | შორს | shors |

| in de buurt (van ...) | გვერდით | gverdit |
| vlakbij (bw) | გვერდით | gverdit |
| niet ver (bw) | ახლო | akhlo |

| linker (bn) | მარცხენა | martskhena |
| links (bw) | მარცხნივ | martskhniv |

| linksaf, naar links (bw) | მარცხნივ | martskhniv |
| rechter (bn) | მარჯვენა | marjvena |
| rechts (bw) | მარჯვნივ | marjvniv |
| rechtsaf, naar rechts (bw) | მარჯვნივ | marjvniv |

| vooraan (bw) | წინ | ts'in |
| voorste (bn) | წინა | ts'ina |
| vooruit (bw) | წინ | ts'in |

| achter (bw) | უკან | uk'an |
| van achteren (bw) | უკნიდან | uk'nidan |
| achteruit (naar achteren) | უკან | uk'an |

| midden (het) | შუა | shua |
| in het midden (bw) | შუაში | shuashi |

| opzij (bw) | გვერდიდან | gvercidan |
| overal (bw) | ყველგან | qvelgan |
| omheen (bw) | გარშემო | garshemo |

| binnenuit (bw) | შიგნიდან | shignidan |
| naar ergens (bw) | სადღაც | sadghats |
| rechtdoor (bw) | პირდაპირ | p'irdap'ir |
| terug (bijv. ~ komen) | უკან | uk'an |

| ergens vandaan (bw) | საიდანმე | saidanme |
| ergens vandaan (en dit geld moet ~ komen) | საიდანღაც | saidanghats |

| ten eerste (bw) | პირველ რიგში | p'irvel rigshi |
| ten tweede (bw) | მეორედ | meored |
| ten derde (bw) | მესამედ | mesamed |

| plotseling (bw) | უცებ | utseb |
| in het begin (bw) | თავდაპირველად | tavdap'irvelad |
| voor de eerste keer (bw) | პირველად | p'irvelad |
| lang voor ... (bw) | დიდი ხნით ადრე | didi khnit adre |
| opnieuw (bw) | ხელახლა | khelakhla |
| voor eeuwig (bw) | სამუდამოდ | samudamod |

| nooit (bw) | არასდროს | arasdros |
| weer (bw) | ისევ | isev |
| nu (bw) | ახლა | akhla |
| vaak (bw) | ხშირად | khshirad |
| toen (bw) | მაშინ | mashin |
| urgent (bw) | სასწრაფოდ | sastsrapod |
| meestal (bw) | ჩვეულებრივად | chveulebrivad |

| trouwens, ... (tussen haakjes) | სხვათა შორის | skhvata shoris |
| mogelijk (bw) | შესაძლოა | shesadzloa |
| waarschijnlijk (bw) | ალბათ | albat |
| misschien (bw) | შეიძლება | sheidzleba |
| trouwens (bw) | ამას გარდა, ... | amas garda, ... |
| daarom ... | ამიტომ | amit'om |
| in weerwil van ... | მიუხედავად | miukhedavad |

| dankzij ... | წყალობით | ts'qalobit |
| wat (vn) | რა | ra |
| dat (vw) | რომ | rom |
| iets (vn) | რაღაც | raghats |
| iets | რაიმე | raime |
| niets (vn) | არაფერი | araperi |

| wie (~ is daar?) | ვინ | vin |
| iemand (een onbekende) | ვიღაც | vighats |
| iemand | ვინმე | vinme |
| (een bepaald persoon) | | |

| niemand (vn) | არავინ | aravin |
| nergens (bw) | არსად | arsad |
| niemands (bn) | არავისი | aravisi |
| iemands (bn) | ვინმესი | vinmesi |

| zo (Ik ben ~ blij) | ასე | ase |
| ook (evenals) | აგრეთვე | agretve |
| alsook (eveneens) | -ც | -ts |

## 18. Functiewoorden. Bijwoorden. Deel 2

| Waarom? | რატომ? | rat'om? |
| om een bepaalde reden | რატომდაც | rat'omghats |
| omdat ... | იმიტომ, რომ ... | imit'om, rom ... |
| voor een bepaald doel | რატომდაც | rat'omghats |

| en (vw) | და | da |
| of (vw) | ან | an |
| maar (vw) | მაგრამ | magram |
| voor (vz) | -თვის | -tvis |

| te (~ veel mensen) | მეტისმეტად | met'ismet'ad |
| alleen (bw) | მხოლოდ | mkholod |
| precies (bw) | ზუსტად | zust'ad |
| ongeveer (~ 10 kg) | თითქმის | titkmis |

| omstreeks (bw) | დაახლოებით | daakhloebit |
| bij benadering (bn) | დაახლოებითი | daakhloebiti |
| bijna (bw) | თითქმის | titkmis |
| rest (de) | დანარჩენი | danarcheni |

| elk (bn) | ყოველი | qoveli |
| om het even welk | ნებისმიერი | nebismieri |
| veel (grote hoeveelheid) | ბევრი | bevri |
| veel mensen | ბევრნი | bevrni |
| iedereen (alle personen) | ყველა | qvela |

| in ruil voor ... | ნაცვლად | natsvlad |
| in ruil (bw) | ნაცვლად | natsvlad |
| met de hand (bw) | ხელით | khelit |
| onwaarschijnlijk (bw) | საეჭვოა | saech'voa |
| waarschijnlijk (bw) | ალბათ | albat |

| | | |
|---|---|---|
| met opzet (bw) | განზრახ | ganzrakh |
| toevallig (bw) | შემთხვევით | shemtkhvevit |
| | | |
| zeer (bw) | ძალიან | dzalian |
| bijvoorbeeld (bw) | მაგალითად | magalitad |
| tussen (~ twee steden) | შორის | shoris |
| tussen (te midden van) | შორის | shoris |
| zoveel (bw) | ამდენი | amdeni |
| vooral (bw) | განსაკუთრებით | gansak'utrebit |

# Basisbegrippen Deel 2

## 19. Dagen van de week

| | | |
|---|---|---|
| maandag (de) | ორშაბათი | orshabati |
| dinsdag (de) | სამშაბათი | samshabati |
| woensdag (de) | ოთხშაბათი | otkhshabati |
| donderdag (de) | ხუთშაბათი | khutshabati |
| vrijdag (de) | პარასკევი | p'arask'evi |
| zaterdag (de) | შაბათი | shabati |
| zondag (de) | კვირა | k'vira |

| | | |
|---|---|---|
| vandaag (bw) | დღეს | dghes |
| morgen (bw) | ხვალ | khval |
| overmorgen (bw) | ზეგ | zeg |
| gisteren (bw) | გუშინ | gushin |
| eergisteren (bw) | გუშინწინ | gushints'in |

| | | |
|---|---|---|
| dag (de) | დღე | dghe |
| werkdag (de) | სამუშაო დღე | samushao dghe |
| feestdag (de) | სადღესასწაულო დღე | sadghesasts'aulo dghe |
| verlofdag (de) | დასვენების დღე | dasvenebis dghe |
| weekend (het) | დასვენების დღეები | dasvenebis dgheebi |

| | | |
|---|---|---|
| de hele dag (bw) | მთელი დღე | mteli dghe |
| de volgende dag (bw) | მომდევნო დღეს | momdevno dghes |
| twee dagen geleden | ორი დღის წინ | ori dghis ts'in |
| aan de vooravond (bw) | წინადღეს | ts'inadghes |
| dag-, dagelijks (bn) | ყოველდღიური | qoveldghiuri |
| elke dag (bw) | ყოველდღიურად | qoveldghiurad |

| | | |
|---|---|---|
| week (de) | კვირა | k'vira |
| vorige week (bw) | გასულ კვირას | gasul k'viras |
| volgende week (bw) | მომდევნო კვირას | momdevno k'viras |
| wekelijks (bn) | ყოველკვირეული | qovelk'vireuli |
| elke week (bw) | ყოველკვირეულად | qovelk'vireulad |
| twee keer per week | კვირაში ორჯერ | k'virashi orjer |
| elke dinsdag | ყოველ სამშაბათს | qovel samshabats |

## 20. Uren. Dag en nacht

| | | |
|---|---|---|
| morgen (de) | დილა | dila |
| 's morgens (bw) | დილით | dilit |
| middag (de) | შუადღე | shuadghe |
| 's middags (bw) | სადილის შემდეგ | sadilis shemdeg |

| | | |
|---|---|---|
| avond (de) | საღამო | saghamo |
| 's avonds (bw) | საღამოს | saghamos |

| nacht (de) | დამე | ghame |
| 's nachts (bw) | დამით | ghamit |
| middernacht (de) | შუაღამე | shuaghame |

| seconde (de) | წამი | ts'ami |
| minuut (de) | წუთი | ts'uti |
| uur (het) | საათი | saati |
| halfuur (het) | ნახევარი საათი | nakhevari saati |
| kwartier (het) | თხუთმეტი წუთი | tkhutmet'i ts'uti |
| vijftien minuten | თხუთმეტი წუთი | tkhutmet'i ts'uti |
| etmaal (het) | დღე-დამე | dghe-chame |

| zonsopgang (de) | მზის ამოსვლა | mzis amosvla |
| dageraad (de) | განთიადი | gantiadi |
| vroege morgen (de) | ადრიანი დილა | adriani dila |
| zonsondergang (de) | მზის ჩასვლა | mzis chasvla |

| 's morgens vroeg (bw) | დილით ადრე | dilit adre |
| vanmorgen (bw) | დღეს დილით | dghes dilit |
| morgenochtend (bw) | ხვალ დილით | khval dilit |
| vanmiddag (bw) | დღეს | dghes |
| 's middags (bw) | სადილის შემდეგ | sadilis shemdeg |
| morgenmiddag (bw) | ხვალ სადილის შემდეგ | khval sadilis shemdeg |
| vanavond (bw) | დღეს საღამოს | dghes saghamos |
| morgenavond (bw) | ხვალ საღამოს | khval saghamos |

| klokslag drie uur | ზუსტად სამ საათზე | zust'ad sam saatze |
| ongeveer vier uur | დაახლოებით ოთხი საათი | daakhloebit otkhi saati |
| tegen twaalf uur | თორმეტი საათისთვის | tormet' saatistvis |

| over twintig minuten | ოც წუთში | ots ts'utshi |
| over een uur | ერთ საათში | ert saatshi |
| op tijd (bw) | დროულად | droulad |

| kwart voor ... | თხუთმეტი წუთი აკლია | tkhutmet'i ts'uti ak'lia |
| binnen een uur | საათის განმავლობაში | saatis ganmavlobashi |
| elk kwartier | ყოველ თხუთმეტ წუთში | qovel tkhutmet' ts'utshi |
| de klok rond | დღე-დამის განმავლობაში | dghe-ghamis ganmavlobashi |

## 21. Maanden. Seizoenen

| januari (de) | იანვარი | ianvari |
| februari (de) | თებერვალი | tebervali |
| maart (de) | მარტი | mart'i |
| april (de) | აპრილი | ap'rili |
| mei (de) | მაისი | maisi |
| juni (de) | ივნისი | ivnisi |

| juli (de) | ივლისი | ivlisi |
| augustus (de) | აგვისტო | agvist'o |
| september (de) | სექტემბერი | sekt'emberi |
| oktober (de) | ოქტომბერი | okt'omberi |
| november (de) | ნოემბერი | noemberi |
| december (de) | დეკემბერი | dek'emberi |

| | | |
|---|---|---|
| lente (de) | გაზაფხული | gazapkhuli |
| in de lente (bw) | გაზაფხულზე | gazapkhulze |
| lente- (abn) | გაზაფხულისა | gazapkhulisa |
| | | |
| zomer (de) | ზაფხული | zapkhuli |
| in de zomer (bw) | ზაფხულში | zapkhulshi |
| zomer-, zomers (bn) | ზაფხულისა | zapkhulisa |
| | | |
| herfst (de) | შემოდგომა | shemodgoma |
| in de herfst (bw) | შემოდგომაზე | shemodgomaze |
| herfst- (abn) | შემოდგომისა | shemodgomisa |
| | | |
| winter (de) | ზამთარი | zamtari |
| in de winter (bw) | ზამთარში | zamtarshi |
| winter- (abn) | ზამთრის | zamtris |
| | | |
| maand (de) | თვე | tve |
| deze maand (bw) | ამ თვეში | am tveshi |
| volgende maand (bw) | მომდევნო თვეს | momdevno tves |
| vorige maand (bw) | გასულ თვეს | gasul tves |
| | | |
| een maand geleden (bw) | ერთი თვის წინ | erti tvis ts'in |
| over een maand (bw) | ერთი თვის შემდეგ | erti tvis shemdeg |
| over twee maanden (bw) | ორი თვის შემდეგ | ori tvis shemdeg |
| de hele maand (bw) | მთელი თვე | mteli tve |
| een volle maand (bw) | მთელი თვე | mteli tve |
| | | |
| maand-, maandelijks (bn) | ყოველთვიური | qoveltviuri |
| maandelijks (bw) | ყოველთვიურად | qoveltviurad |
| elke maand (bw) | ყოველ თვე | qovel tve |
| twee keer per maand | თვეში ორჯერ | tveshi orjer |
| | | |
| jaar (het) | წელი | ts'eli |
| dit jaar (bw) | წელს | ts'els |
| volgend jaar (bw) | მომავალ წელს | momaval ts'els |
| vorig jaar (bw) | შარშან | sharshan |
| | | |
| een jaar geleden (bw) | ერთი წლის წინ | erti ts'lis ts'in |
| over een jaar | ერთი წლის შემდეგ | erti ts'lis shemdeg |
| over twee jaar | ორი წლის შემდეგ | ori ts'lis shemdeg |
| het hele jaar | მთელი წელი | mteli ts'eli |
| een vol jaar | მთელი წელი | mteli ts'eli |
| | | |
| elk jaar | ყოველ წელს | qovel ts'els |
| jaar-, jaarlijks (bn) | ყოველწლიური | qovelts'liuri |
| jaarlijks (bw) | ყოველწლიურად | qovelts'liurad |
| 4 keer per jaar | წელიწადში ოთხჯერ | ts'elits'adshi otkhjer |
| | | |
| datum (de) | რიცხვი | ritskhvi |
| datum (de) | თარიღი | tarighi |
| kalender (de) | კალენდარი | k'alendari |
| | | |
| een half jaar | ნახევარი წელი | nakhevari ts'eli |
| zes maanden | ნახევარწელი | nakhevarts'eli |
| seizoen (bijv. lente, zomer) | სეზონი | sezoni |
| eeuw (de) | საუკუნე | sauk'une |

## 22. Tijd. Diversen

| | | |
|---|---|---|
| tijd (de) | დრო | dro |
| ogenblik (het) | წამი | ts'ami |
| moment (het) | წამი | ts'ami |
| ogenblikkelijk (bn) | წამიერი | ts'amieri |
| tijdsbestek (het) | მონაკვეთი | mona<'veti |
| leven (het) | სიცოცხლე | sitsotskhle |
| eeuwigheid (de) | მარადისობა | maradisoba |

| | | |
|---|---|---|
| epoche (de), tijdperk (het) | ეპოქა | ep'oka |
| era (de), tijdperk (het) | ერა | era |
| cyclus (de) | ციკლი | tsik'li |
| periode (de) | პერიოდი | p'eriodi |
| termijn (vastgestelde periode) | ვადა | vada |

| | | |
|---|---|---|
| toekomst (de) | მომავალი | momavali |
| toekomstig (bn) | მომავალი | momavali |
| de volgende keer | შემდგომში | shemdgomshi |
| verleden (het) | წარსული | ts'arsuli |
| vorig (bn) | წარსული | ts'arsuli |
| de vorige keer | ამას წინათ | amas ts'inat |

| | | |
|---|---|---|
| later (bw) | მოგვიანებით | mogvanebit |
| na (~ het diner) | შემდეგ | shemdeg |
| tegenwoordig (bw) | ამჟამად | amzhamad |
| nu (bw) | ახლა | akhla |
| onmiddellijk (bw) | დაუყოვნებლივ | dauqovnebliv |
| snel (bw) | მალე | male |
| bij voorbaat (bw) | წინასწარ | ts'inasts'ar |

| | | |
|---|---|---|
| lang geleden (bw) | დიდი ხნის წინ | didi khnis ts'in |
| kort geleden (bw) | ახლახან | akhla<han |
| noodlot (het) | ბედი | bedi |
| herinneringen (mv.) | მეხსიერება | mekhsiereba |
| archief (het) | არქივი | arkivi |

| | | |
|---|---|---|
| tijdens ... (ten tijde van) | ... დროს | ... dros |
| lang (bw) | დიდხანს | didkhans |
| niet lang (bw) | ცოტა ხანს | tsot'a khans |
| vroeg (bijv. ~ in de ochtend) | ადრე | adre |
| laat (bw) | გვიან | gvian |

| | | |
|---|---|---|
| voor altijd (bw) | სამუდამოდ | samudamod |
| beginnen (ww) | დაწყება | dats'ceba |
| uitstellen (ww) | გადატანა | gadaťana |

| | | |
|---|---|---|
| tegelijkertijd (bw) | ერთდროულად | ertdroulad |
| voortdurend (bw) | მუდმივად | mudmivad |
| constant (bijv. ~ lawaai) | მუდმივი | mudmivi |
| tijdelijk (bn) | დროებითი | droebiti |

| | | |
|---|---|---|
| soms (bw) | ზოგჯერ | zogjer |
| zelden (bw) | იშვიათად | ishviatad |
| vaak (bw) | ხშირად | khshirad |

## 23. Tegenovergestelden

| | | |
|---|---|---|
| rijk (bn) | მდიდარი | mdidari |
| arm (bn) | ღარიბი | gharibi |
| | | |
| ziek (bn) | ავადმყოფი | avadmqopi |
| gezond (bn) | ჯანმრთელი | janmrteli |
| | | |
| groot (bn) | დიდი | didi |
| klein (bn) | პატარა | p'at'ara |
| | | |
| snel (bw) | სწრაფად | sts'rapad |
| langzaam (bw) | ნელა | nela |
| | | |
| snel (bn) | სწრაფი | sts'rapi |
| langzaam (bn) | ნელი | neli |
| | | |
| vrolijk (bn) | მხიარული | mkhiaruli |
| treurig (bn) | სევდიანი | sevdiani |
| | | |
| samen (bw) | ერთად | ertad |
| apart (bw) | ცალ-ცალკე | tsal-tsalk'e |
| | | |
| hardop (~ lezen) | ხმამაღლა | khmamaghla |
| stil (~ lezen) | თავისთვის | tavistvis |
| | | |
| hoog (bn) | მაღალი | maghali |
| laag (bn) | დაბალი | dabali |
| | | |
| diep (bn) | ღრმა | ghrma |
| ondiep (bn) | წყალმცირე | ts'qalmtsire |
| | | |
| ja | დიახ | diakh |
| nee | არა | ara |
| | | |
| ver (bn) | შორეული | shoreuli |
| dicht (bn) | ახლო | akhlo |
| | | |
| ver (bw) | შორს | shors |
| dichtbij (bw) | ახლოს | akhlos |
| | | |
| lang (bn) | გრძელი | grdzeli |
| kort (bn) | მოკლე | mok'le |
| | | |
| vriendelijk (goedhartig) | კეთილი | k'etili |
| kwaad (bn) | ბოროტი | borot'i |
| | | |
| gehuwd (mann.) | ცოლიანი | tsoliani |
| ongehuwd (mann.) | უცოლო | utsolo |
| | | |
| verbieden (ww) | აკრძალვა | ak'rdzalva |
| toestaan (ww) | ნების დართვა | nebis dartva |
| | | |
| einde (het) | ბოლო | bolo |
| begin (het) | დასაწყისი | dasats'qisi |

| | | |
|---|---|---|
| linker (bn) | მარცხენა | martskhena |
| rechter (bn) | მარჯვენა | marjvena |
| eerste (bn) | პირველი | p'irveli |
| laatste (bn) | ბოლო | bolo |
| misdaad (de) | დანაშაული | danashauli |
| bestraffing (de) | სასჯელი | sasjeli |
| bevelen (ww) | ბრძანება | brdzaneba |
| gehoorzamen (ww) | დამორჩილება | damorchileba |
| recht (bn) | სწორი | sts'ori |
| krom (bn) | მრუდი | mrudi |
| paradijs (het) | სამოთხე | samotkhe |
| hel (de) | ჯოჯოხეთი | jojokheti |
| geboren worden (ww) | დაბადება | dabadeba |
| sterven (ww) | მოკვდომა | mok'vdoma |
| sterk (bn) | ძლიერი | dzlieri |
| zwak (bn) | სუსტი | sust'i |
| oud (bn) | ძველი | dzveli |
| jong (bn) | ახალგაზრდა | akhalgazrda |
| oud (bn) | ძველი | dzveli |
| nieuw (bn) | ახალი | akhali |
| hard (bn) | მაგარი | magari |
| zacht (bn) | რბილი | rbili |
| warm (bn) | თბილი | tbili |
| koud (bn) | ცივი | tsivi |
| dik (bn) | მსუქანი | msukani |
| dun (bn) | გამხდარი | gamkhdari |
| smal (bn) | ვიწრო | vits'ro |
| breed (bn) | განიერი | ganieri |
| goed (bn) | კარგი | k'argi |
| slecht (bn) | ცუდი | tsudi |
| moedig (bn) | მამაცი | mamatsi |
| laf (bn) | მშიშარა | mshishara |

## 24. Lijnen en vormen

| | | |
|---|---|---|
| vierkant (het) | კვადრატი | k'vadrat'i |
| vierkant (bn) | კვადრატული | k'vadrat'uli |
| cirkel (de) | წრე | ts're |
| rond (bn) | მრგვალი | mrgvali |

| | | |
|---|---|---|
| driehoek (de) | სამკუთხედი | samk'utkhedi |
| driehoekig (bn) | სამკუთხა | samk'utkha |

| | | |
|---|---|---|
| ovaal (het) | ოვალი | ovali |
| ovaal (bn) | ოვალური | ovaluri |
| rechthoek (de) | მართკუთხედი | martk'utkhedi |
| rechthoekig (bn) | მართკუთხა | martk'utkha |

| | | |
|---|---|---|
| piramide (de) | პირამიდა | p'iramida |
| ruit (de) | რომბი | rombi |
| trapezium (het) | ტრაპეცია | t'rap'etsia |
| kubus (de) | კუბი | k'ubi |
| prisma (het) | პრიზმა | p'rizma |

| | | |
|---|---|---|
| omtrek (de) | წრებაზი | ts'rekhazi |
| bol, sfeer (de) | სფერო | spero |
| bal (de) | სფერო | spero |

| | | |
|---|---|---|
| diameter (de) | დიამეტრი | diamet'ri |
| straal (de) | რადიუსი | radiusi |
| omtrek (~ van een cirkel) | პერიმეტრი | p'erimet'ri |
| middelpunt (het) | ცენტრი | tsent'ri |

| | | |
|---|---|---|
| horizontaal (bn) | ჰორიზონტალური | horizont'aluri |
| verticaal (bn) | ვერტიკალური | vert'ik'aluri |
| parallel (de) | პარარელი | p'arareli |
| parallel (bn) | პარალელური | p'araleluri |

| | | |
|---|---|---|
| lijn (de) | ხაზი | khazi |
| streep (de) | ხაზი | khazi |
| rechte lijn (de) | წრფე | ts'rpe |
| kromme (de) | მრუდი | mrudi |
| dun (bn) | თხელი | tkheli |
| omlijning (de) | კონტური | k'ont'uri |

| | | |
|---|---|---|
| snijpunt (het) | გადაკვეთა | gadak'veta |
| rechte hoek (de) | მართი კუთხე | marti k'utkhe |
| segment (het) | სეგმენტი | segment'i |
| sector (de) | სექტორი | sekt'ori |
| zijde (de) | გვერდი | gverdi |
| hoek (de) | კუთხე | k'utkhe |

## 25. Meeteenheden

| | | |
|---|---|---|
| gewicht (het) | წონა | ts'ona |
| lengte (de) | სიგრძე | sigrdze |
| breedte (de) | სიგანე | sigane |
| hoogte (de) | სიმაღლე | simaghle |
| diepte (de) | სიღრმე | sighrme |
| volume (het) | მოცულობა | motsuloba |
| oppervlakte (de) | ფართობი | partobi |

| | | |
|---|---|---|
| gram (het) | გრამი | grami |
| milligram (het) | მილიგრამი | miligrami |

| kilogram (het) | კილოგრამი | k'ilogrami |
| ton (duizend kilo) | ტონა | t'ona |
| pond (het) | გირვანქა | girvanka |
| ons (het) | უნცია | untsia |

| meter (de) | მეტრი | met'ri |
| millimeter (de) | მილიმეტრი | milimet'ri |
| centimeter (de) | სანტიმეტრი | sant'imet'ri |
| kilometer (de) | კილომეტრი | k'ilomet'ri |
| mijl (de) | მილი | mili |

| duim (de) | დუიმი | duimi |
| voet (de) | ფუტი | put'i |
| yard (de) | იარდი | iardi |

| vierkante meter (de) | კვადრატული მეტრი | k'vadrat'uli met'ri |
| hectare (de) | ჰექტარი | hek't'ari |

| liter (de) | ლიტრი | lit'ri |
| graad (de) | გრადუსი | gradusi |
| volt (de) | ვოლტი | volt'i |
| ampère (de) | ამპერი | amp'eri |
| paardenkracht (de) | ცხენის ძალა | tskhenis dzala |

| hoeveelheid (de) | რაოდენობა | raodenoba |
| een beetje ... | ცოტადენი ... | tsot'adeni ... |
| helft (de) | ნახევარი | nakhevari |
| dozijn (het) | დუჟინი | duzhini |
| stuk (het) | ცალი | tsali |

| afmeting (de) | ზომა | zoma |
| schaal (bijv. ~ van 1 op 50) | მასშტაბი | massht'abi |

| minimaal (bn) | მინიმალური | minimaluri |
| minste (bn) | უმცირესი | umtsiresi |
| medium (bn) | საშუალო | sashualo |
| maximaal (bn) | მაქსიმალური | maksimaluri |
| grootste (bn) | უდიდესი | udidesi |

## 26. Containers

| glazen pot (de) | ქილა | kila |
| blik (conserven~) | ქილა | kila |
| emmer (de) | ვედრო | vedro |
| ton (bijv. regenton) | კასრი | k'asri |

| ronde waterbak (de) | ტაშტი | t'asht'i |
| tank (bijv. watertank-70-ltr) | ბაკი | bak'i |
| heupfles (de) | მათარა | matara |
| jerrycan (de) | კანისტრა | k'anist'ra |
| tank (bijv. ketelwagen) | ცისტერნა | tsist'erna |

| beker (de) | კათხა | k'atkha |
| kopje (het) | ფინჯანი | pinjani |

| | | |
|---|---|---|
| schoteltje (het) | ლამბაქი | lambaki |
| glas (het) | ჭიქა | ch'ika |
| wijnglas (het) | ბოკალი | bok'ali |
| steelpan (de) | ქვაბი | kvabi |

| | | |
|---|---|---|
| fles (de) | ბოთლი | botli |
| flessenhals (de) | ყელი | qeli |

| | | |
|---|---|---|
| karaf (de) | გრაფინი | grapini |
| kruik (de) | დოქი | doki |
| vat (het) | ჭურჭელი | ch'urch'eli |
| pot (de) | ქოთანი | kotani |
| vaas (de) | ლარნაკი | larnak'i |

| | | |
|---|---|---|
| flacon (de) | ფლაკონი | plak'oni |
| flesje (het) | შუშა | shusha |
| tube (bijv. ~ tandpasta) | ტუბი | t'ubi |

| | | |
|---|---|---|
| zak (bijv. ~ aardappelen) | ტომარა | t'omara |
| tasje (het) | პაკეტი | p'ak'et'i |
| pakje (~ sigaretten, enz.) | შეკვრა | shek'vra |

| | | |
|---|---|---|
| doos (de) | კოლოფი | k'olopi |
| kist (de) | ყუთი | quti |
| mand (de) | კალათი | k'alati |

## 27. Materialen

| | | |
|---|---|---|
| materiaal (het) | მასალა | masala |
| hout (het) | ხე | khe |
| houten (bn) | ხისა | khisa |

| | | |
|---|---|---|
| glas (het) | მინა | mina |
| glazen (bn) | მინისა | minisa |

| | | |
|---|---|---|
| steen (de) | ქვა | kva |
| stenen (bn) | ქვისა | kvisa |

| | | |
|---|---|---|
| plastic (het) | პლასტიკი | p'last'ik'i |
| plastic (bn) | პლასტმასისა | p'last'masisa |

| | | |
|---|---|---|
| rubber (het) | რეზინი | rezini |
| rubber-, rubberen (bn) | რეზინისა | rezinisa |

| | | |
|---|---|---|
| stof (de) | ქსოვილი | ksovili |
| van stof (bn) | ქსოვილისგან | ksovilisgan |

| | | |
|---|---|---|
| papier (het) | ქაღალდი | kaghaldi |
| papieren (bn) | ქაღალდისა | kaghaldisa |

| | | |
|---|---|---|
| karton (het) | მუყაო | muqao |
| kartonnen (bn) | მუყაოსი | muqaosi |
| polyethyleen (het) | პოლიეთილენი | p'olietileni |
| cellofaan (het) | ცელოფანი | tselopani |

| multiplex (het) | ფანერა | panera |
| porselein (het) | ფაიფური | paipuri |
| porseleinen (bn) | ფაიფურისა | paipurisa |
| klei (de) | თიხა | tikha |
| klei-, van klei (bn) | თიხისა | tikhisa |
| keramiek (de) | კერამიკა | k'eramik'a |
| keramieken (bn) | კერამიკისა | k'eramik'isa |

## 28. Metalen

| metaal (het) | ლითონი | litoni |
| metalen (bn) | ლითონისა | litonisa |
| legering (de) | შენადნობი | shenadnobi |

| goud (het) | ოქრო | okro |
| gouden (bn) | ოქროს | okros |
| zilver (het) | ვერცხლი | vertskhli |
| zilveren (bn) | ვერცხლისა | vertskhlisa |

| IJzer (het) | რკინა | rk'ina |
| IJzeren (bn) | რკინისა | rk'inisa |
| staal (het) | ფოლადი | polad |
| stalen (bn) | ფოლადისა | polad sa |
| koper (het) | სპილენძი | sp'ilendzi |
| koperen (bn) | სპილენძისა | sp'ilendzisa |

| aluminium (het) | ალუმინი | alumini |
| aluminium (bn) | ალუმინისა | aluminisa |
| brons (het) | ბრინჯაო | brinjao |
| bronzen (bn) | ბრინჯაოსი | brinjaosi |

| messing (het) | თითბერი | titberi |
| nikkel (het) | ნიკელი | nik'eli |
| platina (het) | პლატინა | p'lat'ina |
| kwik (het) | ვერცხლისწყალი | vertskhlists'qali |
| tin (het) | კალა | k'ala |
| lood (het) | ტყვია | t'qvia |
| zink (het) | თუთია | tutia |

# MENS

## Mens. Het lichaam

### 29. Mensen. Basisbegrippen

| | | |
|---|---|---|
| mens (de) | ადამიანი | adamiani |
| man (de) | კაცი | k'atsi |
| vrouw (de) | ქალი | kali |
| kind (het) | ბავშვი | bavshvi |

| | | |
|---|---|---|
| meisje (het) | გოგო | gogo |
| jongen (de) | ბიჭი | bich'i |
| tiener, adolescent (de) | მოზარდი | mozardi |
| oude man (de) | მოხუცი | mokhutsi |
| oude vrouw (de) | დედაბერი | dedaberi |

### 30. Menselijke anatomie

| | | |
|---|---|---|
| organisme (het) | ორგანიზმი | organizmi |
| hart (het) | გული | guli |
| bloed (het) | სისხლი | siskhli |
| slagader (de) | არტერია | art'eria |
| ader (de) | ვენა | vena |

| | | |
|---|---|---|
| hersenen (mv.) | ტვინი | t'vini |
| zenuw (de) | ნერვი | nervi |
| zenuwen (mv.) | ნერვები | nervebi |
| wervel (de) | მალა | mala |
| ruggengraat (de) | ხერხემალი | kherkhemali |

| | | |
|---|---|---|
| maag (de) | კუჭი | k'uch'i |
| darmen (mv.) | კუჭ-ნაწლავი | k'uch'-nats'lavi |
| darm (de) | ნაწლავი | nats'lavi |
| lever (de) | ღვიძლი | ghvidzli |
| nier (de) | თირკმელი | tirk'meli |

| | | |
|---|---|---|
| been (deel van het skelet) | ძვალი | dzvali |
| skelet (het) | ჩონჩხი | chonchkhi |
| rib (de) | ნეკნი | nek'ni |
| schedel (de) | თავის ქალა | tavis kala |

| | | |
|---|---|---|
| spier (de) | კუნთი | k'unti |
| biceps (de) | ორთავა კუნთი | ortava k'unti |
| triceps (de) | სამთავა კუნთი | samtava k'unti |
| pees (de) | მყესი | mqesi |
| gewricht (het) | სახსარი | sakhsari |

| longen (mv.) | ფილტვები | pilt'veti |
| geslachtsorganen (mv.) | სასქესო ორგანოები | saskeso organoebi |
| huid (de) | კანი | k'ani |

## 31. Hoofd

| hoofd (het) | თავი | tavi |
| gezicht (het) | სახე | sakhe |
| neus (de) | ცხვირი | tskhviri |
| mond (de) | პირი | p'iri |

| oog (het) | თვალი | tvali |
| ogen (mv.) | თვალები | tvalebi |
| pupil (de) | გუგა | guga |
| wenkbrauw (de) | წარბი | ts'arbi |
| wimper (de) | წამწამი | ts'amts'ami |
| ooglid (het) | ქუთუთო | kututo |

| tong (de) | ენა | ena |
| tand (de) | კბილი | k'bili |
| lippen (mv.) | ტუჩები | t'uchebi |
| jukbeenderen (mv.) | ყვრიმალები | qvrimalebi |
| tandvlees (het) | ღრძილი | ghrdzi i |
| gehemelte (het) | სასა | sasa |

| neusgaten (mv.) | ნესტოები | nest'o3bi |
| kin (de) | ნიკაპი | nik'apĩ |
| kaak (de) | ყბა | qba |
| wang (de) | ლოყა | loqa |

| voorhoofd (het) | შუბლი | shubli |
| slaap (de) | საფეთქელი | sapetkeli |
| oor (het) | ყური | quri |
| achterhoofd (het) | კეფა | k'epa |
| hals (de) | კისერი | k'iseri |
| keel (de) | ყელი | qeli |

| haren (mv.) | თმები | tmebi |
| kapsel (het) | ვარცხნილობა | vartskhniloba |
| haarsnit (de) | შეჭრექილი თმა | shek'rech'ili tma |
| pruik (de) | პარიკი | p'arik' |

| snor (de) | ულვაშები | ulvashebi |
| baard (de) | წვერი | ts'veri |
| dragen (een baard, enz.) | ტარება | t'areba |
| vlecht (de) | ნაწნავი | nats'navi |
| bakkebaarden (mv.) | ბაკენბარდები | bak'enbardebi |

| ros (roodachtig, rossig) | წითური | ts'ituri |
| grijs (~ haar) | ჭადარა | ch'aghara |
| kaal (bn) | მელოტი | meloti |
| kale plek (de) | მელოტი | meloti |
| paardenstaart (de) | კუდი | k'udi |
| pony (de) | შუბლზე შეჭრილი თმა | shublze shech'rili tma |

## 32. Menselijk lichaam

| | | |
|---|---|---|
| hand (de) | მტევანი | mt'evani |
| arm (de) | მკლავი | mk'lavi |

| | | |
|---|---|---|
| vinger (de) | თითი | titi |
| duim (de) | ცერა თითი | tsera titi |
| pink (de) | ნეკი | nek'i |
| nagel (de) | ფრჩხილი | prchkhili |

| | | |
|---|---|---|
| vuist (de) | მუშტი | musht'i |
| handpalm (de) | ხელისგული | khelisguli |
| pols (de) | მაჯა | maja |
| voorarm (de) | წინამხარი | ts'inamkhari |
| elleboog (de) | იდაყვი | idaqvi |
| schouder (de) | მხარი | mkhari |

| | | |
|---|---|---|
| been (rechter ~) | ფეხი | pekhi |
| voet (de) | ტერფი | t'erpi |
| knie (de) | მუხლი | mukhli |
| kuit (de) | წვივი | ts'vivi |
| heup (de) | თეძო | tedzo |
| hiel (de) | ქუსლი | kusli |

| | | |
|---|---|---|
| lichaam (het) | ტანი | t'ani |
| buik (de) | მუცელი | mutseli |
| borst (de) | მკერდი | mk'erdi |
| borst (de) | მკერდი | mk'erdi |
| zijde (de) | გვერდი | gverdi |
| rug (de) | ზურგი | zurgi |
| lage rug (de) | წელი | ts'eli |
| taille (de) | წელი | ts'eli |

| | | |
|---|---|---|
| navel (de) | ჭიპი | ch'ip'i |
| billen (mv.) | დუნდულები | dundulebi |
| achterwerk (het) | საჯდომი | sajdomi |

| | | |
|---|---|---|
| huidvlek (de) | ხალი | khali |
| tatoeage (de) | ტატუირება | t'at'uireba |
| litteken (het) | ნაიარევი | naiarevi |

# Kleding en accessoires

## 33. Bovenkleding. Jassen

| | | |
|---|---|---|
| kleren (mv.), kleding (de) | ტანსაცმელი | t'ansatsmeli |
| bovenkleding (de) | ზედა ტანსაცმელი | zeda t'ansatsmeli |
| winterkleding (de) | ზამთრის ტანსაცმელი | zamtris t'ansatsmel |
| | | |
| jas (de) | პალტო | p'alt'o |
| bontjas (de) | ქურქი | kurki |
| bontjasje (het) | ჯუბაჩა | jubacha |
| donzen jas (de) | ყურთუკი | qurtuki |
| | | |
| jasje (bijv. een leren ~) | ქურთუკი | kurtuki |
| regenjas (de) | ლაბადა | labada |
| waterdicht (bn) | ულტობი | ult'obi |

## 34. Heren & dames kleding

| | | |
|---|---|---|
| overhemd (het) | პერანგი | p'eranji |
| broek (de) | შარვალი | sharvali |
| jeans (de) | ჯინსი | jinsi |
| colbert (de) | პიჯაკი | p'ijak'i |
| kostuum (het) | კოსტიუმი | k'ost'iumi |
| | | |
| jurk (de) | კაბა | k'aba |
| rok (de) | ბოლოკაბა | bolok'aba |
| blouse (de) | ბლუზა | bluza |
| wollen vest (de) | კოფთა | k'opta |
| blazer (kort jasje) | ჟაკეტი | zhak'et'i |
| | | |
| T-shirt (het) | მაისური | maisuri |
| shorts (mv.) | შორტი | short'i |
| trainingspak (het) | სპორტული კოსტიუმი | sp'ort'uli k'ost'iumi |
| badjas (de) | ხალათი | khalat |
| pyjama (de) | პიჟამო | p'izhamo |
| | | |
| sweater (de) | სვიტრი | svit'ri |
| pullover (de) | პულოვერი | p'uloveri |
| | | |
| gilet (het) | ჟილეტი | zhilet'i |
| rokkostuum (het) | ფრაკი | prak'i |
| smoking (de) | სმოკინგი | smok'ingi |
| | | |
| uniform (het) | ფორმა | porma |
| werkkleding (de) | სამუშაო ტანსაცმელი | samushao t'ansatsmeli |
| overall (de) | კომბინეზონი | k'ombinezoni |
| doktersjas (de) | ხალათი | khalat |

## 35. Kleding. Ondergoed

| | | |
|---|---|---|
| ondergoed (het) | საცვალი | satsvali |
| onderhemd (het) | მაისური | maisuri |
| sokken (mv.) | წინდები | ts'indebi |

| | | |
|---|---|---|
| nachthemd (het) | ღამის პერანგი | ghamis p'erangi |
| beha (de) | ბიუსტჰალტერი | biust'halt'eri |
| kniekousen (mv.) | გოლფი-წინდები | golpi-ts'indebi |
| panty (de) | კოლგოტი | k'olgot'i |
| nylonkousen (mv.) | ყელიანი წინდები | qeliani ts'indebi |
| badpak (het) | საბანაო კოსტიუმი | sabanao k'ost'iumi |

## 36. Hoofddeksels

| | | |
|---|---|---|
| hoed (de) | ქუდი | kudi |
| deukhoed (de) | ქუდო | kudi |
| honkbalpet (de) | ბეისბოლის კეპი | beisbolis k'ep'i |
| kleppet (de) | კეპი | k'ep'i |

| | | |
|---|---|---|
| baret (de) | ბერეტი | beret'i |
| kap (de) | კაპიუშონი | k'ap'iushoni |
| panamahoed (de) | პანამა | p'anama |
| gebreide muts (de) | ნაქსოვი ქუდი | naksovi kudi |

| | | |
|---|---|---|
| hoofddoek (de) | თავსაფარი | tavsapari |
| dameshoed (de) | ქუდი | kudi |

| | | |
|---|---|---|
| veiligheidshelm (de) | კასკა | k'ask'a |
| veldmuts (de) | პილოტურა | p'ilot'ura |
| helm, valhelm (de) | ჩაფხუტი | chapkhut'i |

| | | |
|---|---|---|
| bolhoed (de) | ქვაბ-ქუდა | kvab-kuda |
| hoge hoed (de) | ცილინდრი | tsilindri |

## 37. Schoeisel

| | | |
|---|---|---|
| schoeisel (het) | ფეხსაცმელი | pekhsatsmeli |
| schoenen (mv.) | ყელიანი ფეხსაცმელი | qeliani pekhsatsmeli |
| vrouwenschoenen (mv.) | ტუფლი | t'upli |
| laarzen (mv.) | ჩექმები | chekmebi |
| pantoffels (mv.) | ჩუსტები | chust'ebi |

| | | |
|---|---|---|
| sportschoenen (mv.) | ფეხსაცმელი | pekhsatsmeli |
| sneakers (mv.) | კედი | k'edi |
| sandalen (mv.) | სანდლები | sandlebi |

| | | |
|---|---|---|
| schoenlapper (de) | მეჩექმე | mechekme |
| hiel (de) | ქუსლი | kusli |
| paar (een ~ schoenen) | წყვილი | ts'qvili |
| veter (de) | ზონარი | zonari |

| rijgen (schoenen ~) | ზონრითი შეკვრა | zonrit shek'vra |
| schoenlepel (de) | საშველი | sashvəli |
| schoensmeer (de/het) | ფეხსაცმლის კრემი | pekhsatsmlis k'rem |

## 38. Textiel. Weefsel

| katoen (de/het) | ბამბა | bamba |
| katoenen (bn) | ბამბისგან | bambisgan |
| vlas (het) | სელი | seli |
| vlas-, van vlas (bn) | სელისგან | selisgan |

| zijde (de) | აბრეშუმი | abreshumi |
| zijden (bn) | აბრეშუმისა | abreshumisa |
| wol (de) | შალი | shali |
| wollen (bn) | შალისა | shalisa |

| fluweel (het) | ხავერდი | khaverdi |
| suède (de) | ზამში | zamshi |
| ribfluweel (het) | ველვეტი | velvet'i |

| nylon (de/het) | ნეილონი | neiloni |
| nylon-, van nylon (bn) | ნეილონისა | neilonisa |
| polyester (het) | პოლიესტერი | p'oliest'eri |
| polyester- (abn) | პოლიესტერისა | p'oliest'erisa |

| leer (het) | ტყავი | t'qavi |
| leren (van leer gemaak) | ტყავისა | t'qavisa |
| bont (het) | ბეწვი | bets'vi |
| bont- (abn) | ბეწვისა | bets'visa |

## 39. Persoonlijke accessoires

| handschoenen (mv.) | ხელთათმანები | kheltatmanebi |
| wanten (mv.) | ხელთათმანი | kheltatmani |
| sjaal (fleece ~) | კაშნი | k'ashni |

| bril (de) | სათვალე | satvale |
| brilmontuur (het) | ჩარჩო | charcho |
| paraplu (de) | ქოლგა | kolga |
| wandelstok (de) | ხელჯოხი | kheljokhi |
| haarborstel (de) | თმის ჯაგრისი | tmis jagrisi |
| waaier (de) | მარაო | marao |

| das (de) | ჰალსტუხი | halst'ukhi |
| strikje (het) | პეპელა-ჰალსტუხი | p'ep'ela-halst'ukhi |
| bretels (mv.) | აჭიმი | ach'imi |
| zakdoek (de) | ცხვირსახოცი | tskhvirsakhotsi |

| kam (de) | სავარცხელი | savartskheli |
| haarspeldje (het) | თმის სამაგრი | tmis samagri |
| schuifspeldje (het) | თმის სარჭი | tmis sarch'i |
| gesp (de) | ბალთა | balta |

| broekriem (de) | ქამარი | kamari |
| draagriem (de) | თასმა | tasma |

| handtas (de) | ჩანთა | chanta |
| damestas (de) | ჩანთა | chanta |
| rugzak (de) | რუკზაკი | ruk'zak'i |

## 40. Kleding. Diversen

| mode (de) | მოდა | moda |
| de mode (bn) | მოდური | moduri |
| kledingstilist (de) | მოდელიერი | modelieri |

| kraag (de) | საყელო | saqelo |
| zak (de) | ჯიბე | jibe |
| zak- (abn) | ჯიბისა | jibisa |
| mouw (de) | სახელო | sakhelo |
| lusje (het) | საკიდარი | sak'idari |
| gulp (de) | ბარტყი | bart'qi |

| rits (de) | ელვა-შესაკრავი | elva-shesak'ravi |
| sluiting (de) | შესაკრავი | shesak'ravi |
| knoop (de) | ღილი | ghili |
| knoopsgat (het) | ჩასაღილავი | chasaghilavi |
| losraken (bijv. knopen) | მოწყვეტა | mots'qvet'a |

| naaien (kleren, enz.) | კერვა | k'erva |
| borduren (ww) | ქარგვა | kargva |
| borduursel (het) | ნაქარგი | nakargi |
| naald (de) | ნემსი | nemsi |
| draad (de) | ძაფი | dzapi |
| naad (de) | ნაკერი | nak'eri |

| vies worden (ww) | გასვრა | gasvra |
| vlek (de) | ლაქა | laka |
| gekreukt raken (ov. kleren) | დაჭმუჭნა | dach'much'na |
| scheuren (ov.ww.) | გახევა | gakheva |
| mot (de) | ჩრჩილი | chrchili |

## 41. Persoonlijke verzorging. Schoonheidsmiddelen

| tandpasta (de) | კბილის პასტა | k'bilis p'ast'a |
| tandenborstel (de) | კბილის ჯაგრისი | k'bilis jagrisi |
| tanden poetsen (ww) | კბილების გახეხვა | k'bilebis gakhekhva |

| scheermes (het) | სამართებელი | samartebeli |
| scheerschuim (het) | საპარსი კრემი | sap'arsi k'remi |
| zich scheren (ww) | პარსვა | p'arsva |

| zeep (de) | საპონი | sap'oni |
| shampoo (de) | შამპუნი | shamp'uni |
| schaar (de) | მაკრატელი | mak'rat'eli |

| | | |
|---|---|---|
| nagelvijl (de) | ფრჩხილის ქლიბი | prchkh lis klibi |
| nagelknipper (de) | ფრჩხილის საკვნეტი | prchkh lis sak'vnet'i |
| pincet (het) | პინცეტი | p'intse'i |

| | | |
|---|---|---|
| cosmetica (de) | კოსმეტიკა | k'osmet'ik'a |
| masker (het) | ნიღაბი | nighab |
| manicure (de) | მანიკიური | manik'uri |
| manicure doen | მანიკიურის კეთება | manik'uris k'eteba |
| pedicure (de) | პედიკიური | p'edik'iuri |

| | | |
|---|---|---|
| cosmetica tasje (het) | კოსმეტიკის ჩანთა | k'osmet'ik'is chanta |
| poeder (de/het) | პუდრი | p'udri |
| poederdoos (de) | საპუდრე | sap'ud-e |
| rouge (de) | ფერი | peri |

| | | |
|---|---|---|
| parfum (de/het) | სუნამო | sunamo |
| eau de toilet (de) | ტუალეტის წყალი | t'ualet' s ts'qali |
| lotion (de) | ლოსიონი | losioni |
| eau de cologne (de) | ოდეკოლონი | odek'oioni |

| | | |
|---|---|---|
| oogschaduw (de) | ქუთუთოს ჩრდილი | kututos chrdili |
| oogpotlood (het) | თვალის ფანქარი | tvalis pankari |
| mascara (de) | ტუში | t'ushi |

| | | |
|---|---|---|
| lippenstift (de) | ტუჩის პომადა | t'uchis p'omada |
| nagellak (de) | ფრჩხილის ლაქი | prchkh ilis laki |
| haarlak (de) | თმის ლაქი | tmis laki |
| deodorant (de) | დეზოდორანტი | dezodorant'i |

| | | |
|---|---|---|
| crème (de) | კრემი | k'remi |
| gezichtscrème (de) | სახის კრემი | sakhis k'remi |
| handcrème (de) | ხელის კრემი | khelis k'remi |
| antirimpelcrème (de) | ნაოჭების საწინააღმდეგო კრემი | naoch ebis sats'inaaghmdego k'remi |
| dag- (abn) | დღისა | dghise |
| nacht- (abn) | ღამისა | ghamisa |

| | | |
|---|---|---|
| tampon (de) | ტამპონი | t'amp'oni |
| toiletpapier (het) | ტუალეტის ქაღალდი | t'ualet is kaghaldi |
| föhn (de) | ფენი | peni |

## 42. Juwelen

| | | |
|---|---|---|
| sieraden (mv.) | ძვირფასეულობა | dzvirpaseuloba |
| edel (bijv. ~ stenen) | ძვირფასი | dzvirpasi |
| keurmerk (het) | სინჯი | sinji |

| | | |
|---|---|---|
| ring (de) | ბეჭედი | bech'edi |
| trouwring (de) | ნიშნობის ბეჭედი | nishnobis bech'edi |
| armband (de) | სამაჯური | samajuri |

| | | |
|---|---|---|
| oorringen (mv.) | საყურეები | saqureebi |
| halssnoer (het) | ყელსაბამი | qelsabami |
| kroon (de) | გვირგვინი | gvirgvini |

| | | |
|---|---|---|
| kralen snoer (het) | მძივები | mdzivebi |
| diamant (de) | ბრილიანტი | briliant'i |
| smaragd (de) | ზურმუხტი | zurmukht'i |
| robijn (de) | ლალი | lali |
| saffier (de) | საფირონი | sapironi |
| parel (de) | მარგალიტი | margalit'i |
| barnsteen (de) | ქარვა | karva |

## 43. Horloges. Klokken

| | | |
|---|---|---|
| polshorloge (het) | საათი | saati |
| wijzerplaat (de) | ციფერბლატი | tsiperblat'i |
| wijzer (de) | ისარი | isari |
| metalen horlogeband (de) | სამაჯური | samajuri |
| horlogebandje (het) | თასმა | tasma |

| | | |
|---|---|---|
| batterij (de) | ბატარეა | bat'area |
| leeg zijn (ww) | დაჯდომა | dajdoma |
| batterij vervangen | ბატარეის გამოცვლა | bat'areis gamotsvla |

| | | |
|---|---|---|
| wandklok (de) | კედლის საათი | k'edlis saati |
| zandloper (de) | ქვიშის საათი | kvishis saati |
| zonnewijzer (de) | მზის საათი | mzis saati |
| wekker (de) | მაღვიძარა | maghvidzara |
| horlogemaker (de) | მესაათე | mesaate |
| repareren (ww) | გარემონტება | garemont'eba |

# Voedsel. Voeding

## 44. Voedsel

| | | |
|---|---|---|
| vlees (het) | ხორცი | khortsi |
| kip (de) | ქათამი | katami |
| kuiken (het) | წიწილა | ts'its'ila |
| eend (de) | იხვი | ikhvi |
| gans (de) | ბატი | bat'i |
| wild (het) | ნანადირევი | nanad revi |
| kalkoen (de) | ინდაური | indaur |
| | | |
| varkensvlees (het) | ღორის ხორცი | ghoris khortsi |
| kalfsvlees (het) | ხბოს ხორცი | khbos khortsi |
| schapenvlees (het) | ცხვრის ხორცი | tskhvris khortsi |
| rundvlees (het) | საქონლის ხორცი | sakonlis khortsi |
| konijnenvlees (het) | ბოცვრი | botsveri |
| | | |
| worst (de) | ძეხვი | dzekhvi |
| saucijs (de) | სოსისი | sosisi |
| spek (het) | ბეკონი | bek'ori |
| ham (de) | ლორი | lori |
| gerookte achterham (de) | ბარკალი | bark'a i |
| | | |
| paté, pastei (de) | პაშტეტი | p'asht'et'i |
| lever (de) | ღვიძლი | ghvidzli |
| gehakt (het) | ფარში | parshi |
| tong (de) | ენა | ena |
| | | |
| ei (het) | კვერცხი | k'vertskhi |
| eieren (mv.) | კვერცხები | k'vertskhebi |
| eiwit (het) | ცილა | tsila |
| eigeel (het) | კვერცხის გული | k'vertskhis guli |
| | | |
| vis (de) | თევზი | tevzi |
| zeevruchten (mv.) | ზღვის პროდუქტები | zghvis p'rodukt'ebi |
| schaaldieren (mv.) | კიბოსნაირნი | k'ibosnairni |
| kaviaar (de) | ხიზილალა | khizilala |
| | | |
| krab (de) | კიბორჩხალა | k'iborchkhala |
| garnaal (de) | კრევეტი | k'revet'i |
| oester (de) | ხამანწკა | khamants'k'a |
| langoest (de) | ლანგუსტი | langust'i |
| octopus (de) | რვაფეხა | rvapekha |
| inktvis (de) | კალმარი | k'almari |
| | | |
| steur (de) | თართი | tarti |
| zalm (de) | ორაგული | oragu i |
| heilbot (de) | პალტუსი | p'alt'usi |
| kabeljauw (de) | ვირთევზა | virtevza |

| makreel (de) | სკუმბრია | sk'umbria |
| tonijn (de) | თინუსი | tinusi |
| paling (de) | გველთევზა | gveltevza |

| forel (de) | კალმახი | k'almakhi |
| sardine (de) | სარდინი | sardini |
| snoek (de) | ქარიყლაპია | kariqlap'ia |
| haring (de) | ქაშაყი | kashaqi |

| brood (het) | პური | p'uri |
| kaas (de) | ყველი | qveli |
| suiker (de) | შაქარი | shakari |
| zout (het) | მარილი | marili |

| rijst (de) | ბრინჯი | brinji |
| pasta (de) | მაკარონი | mak'aroni |
| noedels (mv.) | ატრია | at'ria |

| boter (de) | კარაქი | k'araki |
| plantaardige olie (de) | მცენარეული ზეთი | mtsenarueli zeti |
| zonnebloemolie (de) | მზესუმზირის ზეთი | mzesumziris zeti |
| margarine (de) | მარგარინი | margarini |

| olijven (mv.) | ზეითუნი | zeituni |
| olijfolie (de) | ზეითუნის ზეთი | zeitunis zeti |

| melk (de) | რძე | rdze |
| gecondenseerde melk (de) | შესქელებული რძე | sheskelebuli rdze |
| yoghurt (de) | იოგურტი | iogurt'i |
| zure room (de) | არაჟანი | arazhani |
| room (de) | ნაღები | naghebi |

| mayonaise (de) | მაიონეზი | maionezi |
| crème (de) | კრემი | k'remi |

| graan (het) | ბურღული | burghuli |
| meel (het), bloem (de) | ფქვილი | pkvili |
| conserven (mv.) | კონსერვები | k'onservebi |

| maïsvlokken (mv.) | სიმინდის ბურბუშელა | simindis burbushela |
| honing (de) | თაფლი | tapli |
| jam (de) | ჯემი | jemi |
| kauwgom (de) | საღეჭი რეზინი | saghech'i rezini |

## 45. Drankjes

| water (het) | წყალი | ts'qali |
| drinkwater (het) | სასმელი წყალი | sasmeli ts'qali |
| mineraalwater (het) | მინერალური წყალი | mineraluri ts'qali |

| zonder gas | უგაზო | ugazo |
| koolzuurhoudend (bn) | გაზირებული | gazirebuli |
| bruisend (bn) | გაზიანი | gaziani |
| IJs (het) | ყინული | qinuli |

| | | |
|---|---|---|
| met ijs | ყინულით | qinulit |
| alcohol vrij (bn) | უალკოჰოლო | ualk'oholo |
| alcohol vrije drank (de) | უალკოჰოლო სასმელი | ualk'oholo sasmeli |
| frisdrank (de) | გამაგრილებელი სასმელი | gamagrilebeli sasmeli |
| limonade (de) | ლიმონათი | limonati |
| | | |
| alcoholische dranken (mv.) | ალკოჰოლიანი სასმელები | alk'oholiani sasmelebi |
| wijn (de) | ღვინო | ghvino |
| witte wijn (de) | თეთრი ღვინო | tetri ghvino |
| rode wijn (de) | წითელი ღვინო | ts'iteli ghvino |
| | | |
| likeur (de) | ლიქიორი | likiori |
| champagne (de) | შამპანური | shamp'anuri |
| vermout (de) | ვერმუტი | vermut'i |
| | | |
| whisky (de) | ვისკი | visk'i |
| wodka (de) | არაყი | araqi |
| gin (de) | ჯინი | jini |
| cognac (de) | კონიაკი | k'oniak'i |
| rum (de) | რომი | romi |
| | | |
| koffie (de) | ყავა | qava |
| zwarte koffie (de) | შავი ყავა | shavi qava |
| koffie (de) met melk | რძიანი ყავა | rdziani qava |
| cappuccino (de) | ნაღებიანი ყავა | naghebiani qava |
| oploskoffie (de) | ხსნადი ყავა | khsnadi qava |
| | | |
| melk (de) | რძე | rdze |
| cocktail (de) | კოკტეილი | k'ok't'eili |
| milkshake (de) | რძის კოკტეილი | rdzis k'ok't'eili |
| | | |
| sap (het) | წვენი | ts'veni |
| tomatensap (het) | ტომატის წვენი | t'omat'is ts'veni |
| sinaasappelsap (het) | ფორთოხლის წვენი | portokhlis ts'veni |
| vers geperst sap (het) | ახლადგამოწურული წვენი | akhladgamots'uruli ts'veni |
| | | |
| bier (het) | ლუდი | ludi |
| licht bier (het) | ღია ფერის ლუდი | ghia peris ludi |
| donker bier (het) | მუქი ლუდი | muki ludi |
| | | |
| thee (de) | ჩაი | chai |
| zwarte thee (de) | შავი ჩაი | shavi chai |
| groene thee (de) | მწვანე ჩაი | mts'vane chai |

## 46. Groenten

| | | |
|---|---|---|
| groenten (mv.) | ბოსტნეული | bost'neuli |
| verse kruiden (mv.) | მწვანილი | mts'vanili |
| | | |
| tomaat (de) | პომიდორი | p'omidori |
| augurk (de) | კიტრი | k'it'ri |
| wortel (de) | სტაფილო | st'apilo |
| aardappel (de) | კარტოფილი | k'art'opili |
| ui (de) | ხახვი | khakhvi |

| knoflook (de) | ნიორი | niori |
|---|---|---|
| kool (de) | კომბოსტო | k'ombost'o |
| bloemkool (de) | ყვავილოვანი კომბოსტო | qvavilovani k'ombost'o |
| spruitkool (de) | ბრიუსელის კომბოსტო | briuselis k'ombost'o |
| broccoli (de) | კომბოსტო ბროკოლი | k'ombost'o brok'oli |

| rode biet (de) | ჭარხალი | ch'arkhali |
|---|---|---|
| aubergine (de) | ბადრიჯანი | badrijani |
| courgette (de) | ყაბაყი | qabaqi |
| pompoen (de) | გოგრა | gogra |
| raap (de) | თალგამი | talgami |

| peterselie (de) | ოხრახუში | okhrakhushi |
|---|---|---|
| dille (de) | კამა | k'ama |
| sla (de) | სალათი | salati |
| selderij (de) | ნიახური | niakhuri |
| asperge (de) | სატაცური | sat'atsuri |
| spinazie (de) | ისპანახი | isp'anakhi |

| erwt (de) | ბარდა | barda |
|---|---|---|
| bonen (mv.) | პარკები | p'ark'ebi |
| maïs (de) | სიმინდი | simindi |
| boon (de) | ლობიო | lobio |

| peper (de) | წიწაკა | ts'its'ak'a |
|---|---|---|
| radijs (de) | ბოლოკი | bolok'i |
| artisjok (de) | არტიშოკი | art'ishok'i |

## 47. Vruchten. Noten

| vrucht (de) | ხილი | khili |
|---|---|---|
| appel (de) | ვაშლი | vashli |
| peer (de) | მსხალი | mskhali |
| citroen (de) | ლიმონი | limoni |
| sinaasappel (de) | ფორთოხალი | portokhali |
| aardbei (de) | მარწყვი | marts'qvi |

| mandarijn (de) | მანდარინი | mandarini |
|---|---|---|
| pruim (de) | ქლიავი | kliavi |
| perzik (de) | ატამი | at'ami |
| abrikoos (de) | გარგარი | gargari |
| framboos (de) | ჟოლო | zholo |
| ananas (de) | ანანასი | ananasi |

| banaan (de) | ბანანი | banani |
|---|---|---|
| watermeloen (de) | საზამთრო | sazamtro |
| druif (de) | ყურძენი | qurdzeni |
| zure kers (de) | ალუბალი | alubali |
| zoete kers (de) | ბალი | bali |
| meloen (de) | ნესვი | nesvi |

| grapefruit (de) | გრეიფრუტი | greiprut'i |
|---|---|---|
| avocado (de) | ავოკადო | avok'ado |
| papaja (de) | პაპაია | p'ap'aia |

| mango (de) | მანგო | mangc |
| granaatappel (de) | ბროწეული | brots'euli |

| rode bes (de) | წითელი მოცხარი | ts'iteli motskhari |
| zwarte bes (de) | შავი მოცხარი | shavi motskhari |
| kruisbes (de) | ხურტკმელი | khurt'k meli |
| bosbes (de) | მოცვი | motsvi |
| braambes (de) | მაყვალი | maqvali |

| rozijn (de) | ქიშმიში | kishmishi |
| vijg (de) | ლეღვი | leghvi |
| dadel (de) | ფინიკი | pinik'i |

| pinda (de) | მიწის თხილი | mits'is tkhili |
| amandel (de) | ნუში | nushi |
| walnoot (de) | კაკალი | k'ak'ali |
| hazelnoot (de) | თხილი | tkhili |
| kokosnoot (de) | ქოქოსის კაკალი | kokosis k'ak'ali |
| pistaches (mv.) | ფსტა | pst'a |

## 48. Brood. Snoep

| suikerbakkerij (de) | საკონდიტრო ნაწარმი | sak'ondit'ro nats'armi |
| brood (het) | პური | p'uri |
| koekje (het) | ნამცხვარი | namtskhvari |

| chocolade (de) | შოკოლადი | shok'cladi |
| chocolade- (abn) | შოკოლადისა | shok'cladisa |
| snoepje (het) | კანფეტი | k'anpet'i |
| cakeje (het) | ტკბილღვეზელა | t'k'bilghvezela |
| taart (bijv. verjaardags~) | ტორტი | t'ort'i |

| pastei (de) | ღვეზელი | ghvezeli |
| vulling (de) | შიგთავსი | shigtavsi |

| confituur (de) | მურაბა | muraba |
| marmelade (de) | მარმელადი | marmeladi |
| wafel (de) | ვაფლი | vapli |
| IJsje (het) | ნაყინი | naqini |
| pudding (de) | პუდინგი | p'udingi |

## 49. Bereide gerechten

| gerecht (het) | კერძი | k'erdzi |
| keuken (bijv. Franse ~) | სამზარეულო | samzareulo |
| recept (het) | რეცეპტი | retsep't'i |
| portie (de) | ულუფა | ulupa |

| salade (de) | სალათი | salati |
| soep (de) | წვნიანი | ts'vniani |
| bouillon (de) | ბულიონი | buliori |
| boterham (de) | ბუტერბროდი | but'erbrodi |

| spiegelei (het) | ერბო-კვერცხი | erbo-k'vertskhi |
| hamburger (de) | ჰამბურგერი | hamburgeri |
| biefstuk (de) | ბიფშტექსი | bivsht'eksi |

| garnering (de) | გარნირი | garniri |
| spaghetti (de) | სპაგეტი | sp'aget'i |
| aardappelpuree (de) | კარტოფილის პიურე | k'art'opilis p'iure |
| pizza (de) | პიცა | p'itsa |
| pap (de) | ფაფა | papa |
| omelet (de) | ომლეტი | omlet'i |

| gekookt (in water) | მოხარშული | mokharshuli |
| gerookt (bn) | შებოლილი | shebolili |
| gebakken (bn) | შემწვარი | shemts'vari |
| gedroogd (bn) | გამხმარი | gamkhmari |
| diepvries (bn) | გაყინული | gaqinuli |
| gemarineerd (bn) | მარინადში ჩადებული | marinadshi chadebuli |

| zoet (bn) | ტკბილი | t'k'bili |
| gezouten (bn) | მლაშე | mlashe |
| koud (bn) | ცივი | tsivi |
| heet (bn) | ცხელი | tskheli |
| bitter (bn) | მწარე | mts'are |
| lekker (bn) | გემრიელი | gemrieli |

| koken (in kokend water) | ხარშვა | kharshva |
| bereiden (avondmaaltijd ~) | მზადება | mzadeba |
| bakken (ww) | შეწვა | shets'va |
| opwarmen (ww) | გაცხელება | gatskheleba |

| zouten (ww) | მარილის მოყრა | marilis moqra |
| peperen (ww) | პილპილის მოყრა | p'ilp'ilis moqra |
| raspen (ww) | გახეხვა | gakhekhva |
| schil (de) | ქერქი | kerki |
| schillen (ww) | ფცქვნა | ptskvna |

## 50. Kruiden

| zout (het) | მარილი | marili |
| gezouten (bn) | მლაშე | mlashe |
| zouten (ww) | მარილის მოყრა | marilis moqra |

| zwarte peper (de) | პილპილი | p'ilp'ili |
| rode peper (de) | წიწაკა | ts'its'ak'a |
| mosterd (de) | მდოგვი | mdogvi |
| mierikswortel (de) | პირშუშხა | p'irshushkha |

| condiment (het) | სანელებელი | sanelebeli |
| specerij , kruiderij (de) | სუნელი | suneli |
| saus (de) | სოუსი | sousi |
| azijn (de) | ძმარი | dzmari |

| anijs (de) | ანისული | anisuli |
| basilicum (de) | რეჰანი | rehani |

| kruidnagel (de) | მიხაკი | mikhak'i |
|---|---|---|
| gember (de) | კოჭა | k'och'a |
| koriander (de) | ქინძი | kindzi |
| kaneel (de/het) | დარიჩინი | darichini |

| sesamzaad (het) | ქუნჯუტი | kunzhut'i |
|---|---|---|
| laurierblad (het) | დაფნის ფოთოლი | dapnis potoli |
| paprika (de) | წიწაკა | ts'its'ak'a |
| komijn (de) | კვლიავი | k'vliavi |
| saffraan (de) | ზაფრანა | zaprana |

## 51. Maaltijden

| eten (het) | საჭმელი | sach'meli |
|---|---|---|
| eten (ww) | ჭამა | ch'ama |

| ontbijt (het) | საუზმე | sauzme |
|---|---|---|
| ontbijten (ww) | საუზმობა | sauzmoba |
| lunch (de) | სადილი | sadili |
| lunchen (ww) | სადილობა | sadiloba |
| avondeten (het) | ვახშამი | vakhshami |
| souperen (ww) | ვახშმობა | vakhshmoba |

| eetlust (de) | მადა | mada |
|---|---|---|
| Eet smakelijk! | გაამოთ! | gaamot! |

| openen (een fles ~) | გახსნა | gakhsna |
|---|---|---|
| morsen (koffie, enz.) | დაღვრა | daghvra |
| zijn gemorst | დაღვრა | daghvra |

| koken (water kookt bij 100°C) | დუღილი | dughili |
|---|---|---|
| koken (Hoe om water te ~) | ადუღება | adugheba |
| gekookt (~ water) | ნადუღი | nadughi |

| afkoelen (koeler maken) | გაგრილება | gagrileba |
|---|---|---|
| afkoelen (koeler worden) | გაგრილება | gagrileba |

| smaak (de) | გემო | gemo |
|---|---|---|
| nasmaak (de) | გემო | gemo |

| volgen een dieet | გახდომა | gakhdoma |
|---|---|---|
| dieet (het) | დიეტა | diet'a |
| vitamine (de) | ვიტამინი | vit'amini |
| calorie (de) | კალორია | k'aloria |

| vegetariër (de) | ვეგეტარიანელი | vegetarianeli |
|---|---|---|
| vegetarisch (bn) | ვეგეტარიანული | vegetarianuli |

| vetten (mv.) | ცხიმები | tskhimebi |
|---|---|---|
| eiwitten (mv.) | ცილები | tsileb |
| koolhydraten (mv.) | ნახშირწყლები | nakhshirts'qlebi |
| snede (de) | ნაჭერი | nach'eri |
| stuk (bijv. een ~ taart) | ნაჭერი | nach'eri |
| kruimel (de) | ნამცეცი | namtsetsi |

## 52. Tafelschikking

| | | |
|---|---|---|
| lepel (de) | კოვზი | k'ovzi |
| mes (het) | დანა | dana |
| vork (de) | ჩანგალი | changali |
| | | |
| kopje (het) | ფინჯანი | pinjani |
| bord (het) | თეფში | tepshi |
| schoteltje (het) | ლამბაქი | lambaki |
| servet (het) | ხელსახოცი | khelsakhotsi |
| tandenstoker (de) | კბილსაჩიჩქნი | k'bilsachichkni |

## 53. Restaurant

| | | |
|---|---|---|
| restaurant (het) | რესტორანი | rest'orani |
| koffiehuis (het) | ყავახანა | qavakhana |
| bar (de) | ბარი | bari |
| tearoom (de) | ჩაის სალონი | chais saloni |
| | | |
| kelner, ober (de) | ოფიციანტი | opitsiant'i |
| serveerster (de) | ოფიციანტი | opitsiant'i |
| barman (de) | ბარმენი | barmeni |
| | | |
| menu (het) | მენიუ | meniu |
| wijnkaart (de) | ღვინის ბარათი | ghvinis barati |
| een tafel reserveren | მაგიდის დაჯავშნა | magidis dajavshna |
| | | |
| gerecht (het) | კერძი | k'erdzi |
| bestellen (eten ~) | შეკვეთა | shek'veta |
| een bestelling maken | შეკვეთის გაკეთება | shek'vetis gak'eteba |
| | | |
| aperitief (de/het) | აპერიტივი | ap'erit'ivi |
| voorgerecht (het) | საუზმეული | sauzmeuli |
| dessert (het) | დესერტი | desert'i |
| | | |
| rekening (de) | ანგარიში | angarishi |
| de rekening betalen | ანგარიშის გადახდა | angarishis gadakhda |
| wisselgeld teruggeven | ხურდის მიცემა | khurdis mitsema |
| fooi (de) | გასამრჯელო | gasamrjelo |

# Familie, verwanten en vrienden

## 54. Persoonlijke informatie. Formulieren

| naam (de) | სახელი | sakheli |
| achternaam (de) | გვარი | gvari |
| geboortedatum (de) | დაბადების თარიღი | dabadebis tarighi |
| geboorteplaats (de) | დაბადების ადგილი | dabadebis adgili |

| nationaliteit (de) | ეროვნება | erovnəba |
| woonplaats (de) | საცხოვრებელი ადგილი | satskhovrebeli adgili |
| land (het) | ქვეყანა | kveqana |
| beroep (het) | პროფესია | p'ropesia |

| geslacht (ov. het vrouwelijk ~) | სქესი | skesi |
| lengte (de) | სიმაღლე | simachle |
| gewicht (het) | წონა | ts'ona |

## 55. Familieleden. Verwanten

| moeder (de) | დედა | deda |
| vader (de) | მამა | mama |
| zoon (de) | ვაჟიშვილი | vazhishvili |
| dochter (de) | ქალიშვილი | kalishvili |

| jongste dochter (de) | უმცროსი ქალიშვილი | umtsrosi kalishvili |
| jongste zoon (de) | უმცროსი ვაჟიშვილი | umtsrosi vazhishvili |
| oudste dochter (de) | უფროსი ქალიშვილი | uprosi kalishvili |
| oudste zoon (de) | უფროსი ვაჟიშვილი | uprosi vazhishvili |

| broer (de) | ძმა | dzma |
| zuster (de) | და | da |

| mama (de) | დედა | deda |
| papa (de) | მამა | mama |
| ouders (mv.) | მშობლები | mshoblebi |
| kind (het) | შვილი | shvili |
| kinderen (mv.) | შვილები | shvilebi |

| oma (de) | ბებია | bebia |
| opa (de) | პაპა | p'ap'a |
| kleinzoon (de) | შვილიშვილი | shvilishvili |
| kleindochter (de) | შვილიშვილი | shvilishvili |
| kleinkinderen (mv.) | შვილიშვილები | shvilishvilebi |

| oom (de) | ბიძა | bidza |
| schoonmoeder (de) | სიდედრი | sidedri |

| | | |
|---|---|---|
| schoonvader (de) | მამამთილი | mamamtili |
| schoonzoon (de) | სიძე | sidze |
| stiefmoeder (de) | დედინაცვალი | dedinatsvali |
| stiefvader (de) | მამინაცვალი | maminatsvali |

| | | |
|---|---|---|
| zuigeling (de) | ძუძუმწოვარა ბავშვი | dzudzumts'ovara bavshvi |
| wiegenkind (het) | ჩვილი | chvili |
| kleuter (de) | ბიჭუნა | bich'una |

| | | |
|---|---|---|
| vrouw (de) | ცოლი | tsoli |
| man (de) | ქმარი | kmari |
| echtgenoot (de) | მეუღლე | meughle |
| echtgenote (de) | მეუღლე | meughle |

| | | |
|---|---|---|
| gehuwd (mann.) | ცოლიანი | tsoliani |
| gehuwd (vrouw.) | გათხოვილი | gatkhovili |
| ongehuwd (mann.) | უცოლშვილო | utsolshvilo |
| vrijgezel (de) | უცოლშვილო | utsolshvilo |
| gescheiden (bn) | განქორწინებული | gankorts'inebuli |
| weduwe (de) | ქვრივი | kvrivi |
| weduwnaar (de) | ქვრივი | kvrivi |

| | | |
|---|---|---|
| familielid (het) | ნათესავი | natesavi |
| dichte familielid (het) | ახლო ნათესავი | akhlo natesavi |
| verre familielid (het) | შორეული ნათესავი | shoreuli natesavi |
| familieleden (mv.) | ნათესავები | natesavebi |

| | | |
|---|---|---|
| wees (de), weeskind (het) | ობოლი | oboli |
| voogd (de) | მეურვე | meurve |
| adopteren (een jongen te ~) | შვილად აყვანა | shvilad aqvana |
| adopteren (een meisje te ~) | შვილად აყვანა | shvilad aqvana |

## 56. Vrienden. Collega's

| | | |
|---|---|---|
| vriend (de) | მეგობარი | megobari |
| vriendin (de) | მეგობარი | megobari |
| vriendschap (de) | მეგობრობა | megobroba |
| bevriend zijn (ww) | მეგობრობა | megobroba |

| | | |
|---|---|---|
| makker (de) | ძმაკაცი | dzmak'atsi |
| vriendin (de) | დაქალი | dakali |
| partner (de) | პარტნიორი | p'art'niori |
| chef (de) | შეფი | shepi |
| baas (de) | უფროსი | uprosi |
| ondergeschikte (de) | ხელქვეითი | khelkveiti |
| collega (de) | კოლეგა | k'olega |

| | | |
|---|---|---|
| kennis (de) | ნაცნობი | natsnobi |
| medereiziger (de) | თანამგზავრი | tanamgzavri |
| klasgenoot (de) | თანაკლასელი | tanak'laseli |

| | | |
|---|---|---|
| buurman (de) | მეზობელი | mezobeli |
| buurvrouw (de) | მეზობელი | mezobeli |
| buren (mv.) | მეზობლები | mezoblebi |

## 57. Man. Vrouw

| | | |
|---|---|---|
| vrouw (de) | ქალი | kali |
| meisje (het) | ქალიშვილი | kalishvili |
| bruid (de) | პატარძალი | p'at'ardzali |
| mooi(e) (vrouw, meisje) | ლამაზი | lamazi |
| groot, grote (vrouw, meisje) | მაღალი | maghali |
| slank(e) (vrouw, meisje) | ტანადი | t'anadi |
| korte, kleine (vrouw, meisje) | მორჩილი ტანისა | morchili t'anisa |
| blondine (de) | ქერა | kera |
| brunette (de) | შავგვრემანი | shavgvremani |
| dames- (abn) | ქალისა | kalisa |
| maagd (de) | ქალიშვილი | kalishvili |
| zwanger (bn) | ორსული | orsuli |
| man (de) | კაცი | k'atsi |
| blonde man (de) | ქერა | kera |
| bruinharige man (de) | შავგვრემანი | shavgvremani |
| groot (bn) | მაღალი | maghali |
| klein (bn) | მორჩილი ტანისა | morchili t'anisa |
| onbeleefd (bn) | უხეში | ukheshi |
| gedrongen (bn) | ჯმუხი | jmukh |
| robuust (bn) | მაგარი | magari |
| sterk (bn) | ძლიერი | dzlieri |
| sterkte (de) | ძალა | dzala |
| mollig (bn) | ჩასუქებული | chasuxebuli |
| getaand (bn) | შავგვრემანი | shavgvremani |
| slank (bn) | ტანადი | t'anadi |
| elegant (bn) | ელეგანტური | elegant'uri |

## 58. Leeftijd

| | | |
|---|---|---|
| leeftijd (de) | ასაკი | asak'i |
| jeugd (de) | სიჭაბუკე | sich'aɔuk'e |
| jong (bn) | ახალგაზრდა | akhalgazrda |
| jonger (bn) | უმცროსი | umtsrɔsi |
| ouder (bn) | უფროსი | upros |
| jongen (de) | ყმაწვილი | qmatsʼvili |
| tiener, adolescent (de) | მოზარდი | mozaˉdi |
| kerel (de) | ჭაბუკი | ch'abuk'i |
| oude man (de) | მოხუცი | mokhutsi |
| oude vrouw (de) | დედაბერი | dedaberi |
| volwassen (bn) | მოზრდილი | mozrdili |
| van middelbare leeftijd (bn) | საშუალო ასაკისა | sashualo asak'isa |

| bejaard (bn) | ხანში შესული | khanshi shesuli |
| oud (bn) | ბებერი | beberi |

| met pensioen gaan | პენსიაზე გასვლა | p'ensiaze gasvla |
| gepensioneerde (de) | პენსიონერი | p'ensioneri |

## 59. Kinderen

| kind (het) | ბავშვი | bavshvi |
| kinderen (mv.) | ბავშვები | bavshvebi |
| tweeling (de) | ტყუპები | t'qup'ebi |

| wieg (de) | აკვანი | ak'vani |
| rammelaar (de) | ჟღარუნა | zhgharuna |
| luier (de) | ამოსაფენი ჩვარი | amosapeni chvari |

| speen (de) | საწოვარა | sats'ovara |
| kinderwagen (de) | ეტლი | et'li |
| kleuterschool (de) | საბავშვო ბაღი | sabavshvo baghi |
| babysitter (de) | ძიძა | dzidza |

| kindertijd (de) | ბავშვობა | bavshvoba |
| pop (de) | თოჯინა | tojina |
| speelgoed (het) | სათამაშო | satamasho |
| bouwspeelgoed (het) | კონსტრუქტორი | k'onst'rukt'ori |

| welopgevoed (bn) | ზრდილი | zrdili |
| onopgevoed (bn) | უზრდელი | uzrdeli |
| verwend (bn) | განებივრებული | ganebivrebuli |

| stout zijn (ww) | ცელქობა | tselkoba |
| stout (bn) | ცელქი | tselki |
| stoutheid (de) | ცელქობა | tselkoba |
| stouterd (de) | ცელქი | tselki |

| gehoorzaam (bn) | დამჯერი | damjeri |
| ongehoorzaam (bn) | გაუგონარი | gaugonari |

| braaf (bn) | გონიერი | gonieri |
| slim (verstandig) | ჭკვიანი | ch'k'viani |
| wonderkind (het) | ვუნდერკინდი | vunderk'indi |

## 60. Gehuwde paren. Gezinsleven

| kussen (een kus geven) | კოცნა | k'otsna |
| elkaar kussen (ww) | ერთმანეთის კოცნა | ertmanetis k'otsna |
| gezin (het) | ოჯახი | ojakhi |
| gezins- (abn) | ოჯახური | ojakhuri |
| paar (het) | წყვილი | ts'qvili |
| huwelijk (het) | ქორწინება | korts'ineba |
| thuis (het) | სახლის კერა | sakhlis k'era |
| dynastie (de) | დინასტია | dinast'ia |

| date (de) | პაემანი | p'aemani |
| zoen (de) | კოცნა | k'otsna |

| liefde (de) | სიყვარული | siqvaruli |
| liefhebben (ww) | სიყვარული | siqvaruli |
| geliefde (bn) | საყვარელი | saqvareli |

| tederheid (de) | სინაზე | sinaze |
| teder (bn) | ნაზი | nazi |
| trouw (de) | ერთგულება | ertguleba |
| trouw (bn) | ერთგული | ertguli |
| zorg (bijv. bejaarden~) | ზრუნვა | zrunva |
| zorgzaam (bn) | მზრუნველი | mzrunveli |

| jonggehuwden (mv.) | ახლად დაქორწინებულნი | akhlac dakorts'inebulni |
| wittebroodsweken (mv.) | თაფლობის თვე | taplob s tve |
| trouwen (vrouw) | გათხოვება | gatkhoveba |
| trouwen (man) | ცოლის შერთვა | tsolis shertva |

| bruiloft (de) | ქორწილი | korts'ili |
| gouden bruiloft (de) | ოქროს ქორწილი | okros korts'ili |
| verjaardag (de) | წლისთავი | ts'listavi |

| minnaar (de) | საყვარელი | saqva˙eli |
| minnares (de) | საყვარელი | saqva˙eli |

| overspel (het) | ღალატი | ghalat i |
| overspel plegen (ww) | ღალატი | ghalat i |
| jaloers (bn) | ეჭვიანი | ech'viani |
| jaloers zijn (echtgenoot, enz.) | ეჭვიანობა | ech'vianoba |
| echtscheiding (de) | განქორწინება | gankorts'ineba |
| scheiden (ww) | განქორწინება | gankorts'ineba |

| ruzie hebben (ww) | წაჩხუბება | ts'achxhubeba |
| vrede sluiten (ww) | შერიგება | sherigeba |
| samen (bw) | ერთად | ertad |
| seks (de) | სექსი | seksi |

| geluk (het) | ბედნიერება | bedniereba |
| gelukkig (bn) | ბედნიერი | bednieri |
| ongeluk (het) | უბედურება | ubedureba |
| ongelukkig (bn) | უბედური | ubeduri |

# Karakter. Gevoelens. Emoties

## 61. Gevoelens. Emoties

| | | |
|---|---|---|
| gevoel (het) | გრძნობა | grdznoba |
| gevoelens (mv.) | გრძნობები | grdznobebi |
| voelen (ww) | გრძნობა | grdznoba |
| | | |
| honger (de) | შიმშილი | shimshili |
| dorst (de) | წყურვილი | ts'qurvili |
| slaperigheid (de) | მძინაროba | mdzinaroba |
| | | |
| moeheid (de) | დაღლილობა | daghliloba |
| moe (bn) | დაღლილი | daghlili |
| vermoeid raken (ww) | დაღლა | daghla |
| | | |
| stemming (de) | გუნება | guneba |
| verveling (de) | მოწყენილობა | mots'qeniloba |
| zich vervelen (ww) | მოწყენა | mots'qena |
| afzondering (de) | განმარტოeba | ganmart'oeba |
| zich afzonderen (ww) | განმარტოeba | ganmart'oeba |
| | | |
| bezorgd maken (ww) | შეწუხება | shets'ukheba |
| zich bezorgd maken | წუხილი | ts'ukhili |
| zorg (bijv. geld~en) | წუხილი | ts'ukhili |
| ongerustheid (de) | მღელვარება | mghelvareba |
| ongerust (bn) | შეფიქრიანებული | shepikrianebuli |
| zenuwachtig zijn (ww) | ნერვიულობა | nerviuloba |
| in paniek raken | პანიკიორობა | p'anik'ioroba |
| | | |
| hoop (de) | იმედი | imedi |
| hopen (ww) | იმედოვნება | imedovneba |
| | | |
| zekerheid (de) | რწმენა | rts'mena |
| zeker (bn) | დარწმუნებული | darts'munebuli |
| onzekerheid (de) | დაურწმუნებლობა | daurts'munebloba |
| onzeker (bn) | თავისი თავის | tavisi tavis |
| | რწმენის არმქონე | rts'menis armkone |
| | | |
| dronken (bn) | მთვრალი | mtvrali |
| nuchter (bn) | ფხიზელი | pkhizeli |
| zwak (bn) | სუსტი | sust'i |
| gelukkig (bn) | ბედნიერი | bednieri |
| doen schrikken (ww) | შეშინება | sheshineba |
| toorn (de) | გააფთრება | gaaptreba |
| woede (de) | გაშმაგება | gashmageba |
| | | |
| depressie (de) | დეპრესია | dep'resia |
| ongemak (het) | დისკომფორტი | disk'omport'i |
| gemak, comfort (het) | კომფორტი | k'omport'i |

| spijt hebben (ww) | სინანული | sinanuli |
| spijt (de) | სინანული | sinanuli |
| pech (de) | უიღბლობა | uighbloba |
| bedroefdheid (de) | გულისტკივილი | gulist'k'ivili |

| schaamte (de) | სირცხვილი | sirtskhvili |
| pret (de), plezier (het) | მხიარულება | mkhiaruleba |
| enthousiasme (het) | ენთუზიაზმი | entuziazmi |
| enthousiasteling (de) | ენთუზიასტი | entuziast'i |
| enthousiasme vertonen | ენთუზიაზმის გამოჩენა | entuziazmis gamovlena |

## 62. Karakter. Persoonlijkheid

| karakter (het) | ხასიათი | khasiati |
| karakterfout (de) | ნაკლი | nak'li |
| verstand (het) | ჭკუა | ch'k'ua |
| rede (de) | გონება | goneba |

| geweten (het) | სინდისი | sindisi |
| gewoonte (de) | ჩვევა | chveva |
| bekwaamheid (de) | უნარი | unari |
| kunnen (bijv., ~ zwemmen) | ცოდნა | tsodna |

| geduldig (bn) | მომთმენი | momtmeni |
| ongeduldig (bn) | მოუთმენელი | moutmeneli |
| nieuwsgierig (bn) | ცნობისმოყვარე | tsnobismoqvare |
| nieuwsgierigheid (de) | ცნობისმოყვარეობა | tsnobismoqvareoba |

| bescheidenheid (de) | თავმდაბლობა | tavmdabloba |
| bescheiden (bn) | თავმდაბალი | tavmdabali |
| onbescheiden (bn) | მოურიდებელი | mouridebeli |

| lui (bn) | ზარმაცი | zarmatsi |
| luiwammes (de) | ზარმაცი | zarmatsi |

| sluwheid (de) | ეშმაკობა | eshmak'oba |
| sluw (bn) | ეშმაკი | eshmak'i |
| wantrouwen (het) | უნდობლობა | undobloba |
| wantrouwig (bn) | უნდობელი | undobeli |

| gulheid (de) | გულუხვობა | gulukhvoba |
| gul (bn) | გულუხვი | gulukhvi |
| talentrijk (bn) | ნიჭიერი | nich'ieri |
| talent (het) | ნიჭი | nich'i |

| moedig (bn) | გულადი | guladi |
| moed (de) | გულადობა | guladoba |
| eerlijk (bn) | პატიოსანი | p'at'iosani |
| eerlijkheid (de) | პატიოსნება | p'at'iosneba |

| voorzichtig (bn) | ფრთხილი | prtkhili |
| manhaftig (bn) | გაბედული | gabeduli |
| ernstig (bn) | სერიოზული | seriozuli |
| streng (bn) | მკაცრი | mk'atsri |

| | | |
|---|---|---|
| resoluut (bn) | გაბედული | gabeduli |
| onzeker, irresoluut (bn) | გაუბედავი | gaubedavi |
| schuchter (bn) | გაუბედავი | gaubedavi |
| schuchterheid (de) | გაუბედაობა | gaubedaoba |

| | | |
|---|---|---|
| vertrouwen (het) | ნდობა | ndoba |
| vertrouwen (ww) | ნდობა | ndoba |
| goedgelovig (bn) | მიმნდობელი | mimndobeli |

| | | |
|---|---|---|
| oprecht (bw) | გულწრფელად | gults'rpelad |
| oprecht (bn) | გულწრფელი | gults'rpeli |
| oprechtheid (de) | გულწრფელობა | gults'rpeloba |
| open (bn) | გულღია | gulghia |

| | | |
|---|---|---|
| rustig (bn) | წყნარი | ts'qnari |
| openhartig (bn) | გულახდილი | gulakhdili |
| naïef (bn) | მიამიტი | miamit'i |
| verstrooid (bn) | დაბნეული | dabneuli |
| leuk, grappig (bn) | სასაცილო | sasatsilo |

| | | |
|---|---|---|
| gierigheid (de) | სიძუნწე | sidzunts'e |
| gierig (bn) | ძუნწი | dzunts'i |
| inhalig (bn) | ხელმოჭერილი | khelmoch'erili |
| kwaad (bn) | ბოროტი | borot'i |
| koppig (bn) | ჯიუტი | jiut'i |
| onaangenaam (bn) | არასასიამოვნო | arasasiamovno |

| | | |
|---|---|---|
| egoïst (de) | ეგოისტი | egoist'i |
| egoïstisch (bn) | ეგოისტური | egoist'uri |
| lafaard (de) | მშიშარა | mshishara |
| laf (bn) | მშიშარა | mshishara |

## 63. Slaap. Dromen

| | | |
|---|---|---|
| slapen (ww) | დაძინება | dadzineba |
| slaap (in ~ vallen) | ძილი | dzili |
| droom (de) | სიზმარი | sizmari |
| dromen (in de slaap) | სიზმრების ნახვა | sizmrebis nakhva |
| slaperig (bn) | მძინარე | mdzinare |

| | | |
|---|---|---|
| bed (het) | საწოლი | sats'oli |
| matras (de) | ლეიბი | leibi |
| deken (de) | საბანი | sabani |
| kussen (het) | ბალიში | balishi |
| laken (het) | ზეწარი | zets'ari |

| | | |
|---|---|---|
| slapeloosheid (de) | უძილობა | udziloba |
| slapeloos (bn) | უძილო | udzilo |
| slaapmiddel (het) | საძილე წამალი | sadzile ts'amali |
| slaapmiddel innemen | საძილე წამლის მიღება | sadzile ts'amlis migheba |

| | | |
|---|---|---|
| geeuwen (ww) | მთქნარება | mtknareba |
| gaan slapen | დასაძინებლად წასვლა | dasadzineblad ts'asvla |
| het bed opmaken | ლოგინის გაშლა | loginis gashla |

| inslapen (ww) | დაძინება | dadzineba |
|---|---|---|
| nachtmerrie (de) | კოშმარი | k'oshmari |
| gesnurk (het) | ხვრინვა | khvrinva |
| snurken (ww) | ხვრინვა | khvrinva |

| wekker (de) | მაღვიძარა | maghvidzara |
|---|---|---|
| wekken (ww) | გაღვიძება | gaghvidzeba |
| wakker worden (ww) | გაღვიძება | gaghvidzeba |
| opstaan (ww) | წამოდგომა | ts'amodgoma |
| zich wassen (ww) | ხელ-პირის დაბანა | khel-p'ris dabana |

## 64. Humor. Gelach. Blijdschap

| humor (de) | იუმორი | iumori |
|---|---|---|
| gevoel (het) voor humor | გრძნობა | grdznoba |
| plezier hebben (ww) | მხიარულება | mkhiaruleba |
| vrolijk (bn) | მხიარული | mkhiaruli |
| pret (de), plezier (het) | მხიარულება | mkhiaruleba |

| glimlach (de) | ღიმილი | ghimili |
|---|---|---|
| glimlachen (ww) | გაღიმება | gaghimeba |
| beginnen te lachen (ww) | გაცინება | gatsineba |
| lachen (ww) | სიცილი | sitsili |
| lach (de) | სიცილი | sitsili |

| mop (de) | ანეკდოტი | anek'dot'i |
|---|---|---|
| grappig (een ~ verhaal) | სასაცილო | sasatsilo |
| grappig (~e clown) | სასაცილო | sasatsilo |

| grappen maken (ww) | ხუმრობა | khumroba |
|---|---|---|
| grap (de) | ხუმრობა | khumroba |
| blijheid (de) | სიხარული | sikharuli |
| blij zijn (ww) | გახარება | gakhareba |
| blij (bn) | მხიარული | mkhiaruli |

## 65. Discussie, conversatie. Deel 1

| communicatie (de) | ურთიერთობა | urtiertoba |
|---|---|---|
| communiceren (ww) | ურთიერთობის კონა | urtiertobis kona |

| conversatie (de) | ლაპარაკი | lap'arak'i |
|---|---|---|
| dialoog (de) | დიალოგი | dialog |
| discussie (de) | დისკუსია | disk'usia |
| debat (het) | კამათი | k'amati |
| debatteren, twisten (ww) | კამათი | k'amati |

| gesprekspartner (de) | თანამოსაუბრე | tanamosaubre |
|---|---|---|
| thema (het) | თემა | tema |
| standpunt (het) | თვალსაზრისი | tvalsazrisi |
| mening (de) | აზრი | azri |
| toespraak (de) | სიტყვა | sit'qva |
| bespreking (de) | განხილვა | gankhilva |

61

| bespreken (spreken over) | განხილვა | gankhilva |
|---|---|---|
| gesprek (het) | საუბარი | saubari |
| spreken (converseren) | საუბარი | saubari |
| ontmoeting (de) | შეხვედრა | shekhvedra |
| ontmoeten (ww) | შეხვედრა | shekhvedra |

| spreekwoord (het) | ანდაზა | andaza |
|---|---|---|
| gezegde (het) | ანდაზური თქმა | andazuri tkma |
| raadsel (het) | ამოცანა | amotsana |
| een raadsel opgeven | გამოსაცნობად | gamosatsnobad |
| | გამოცანის მიცემა | gamotsanis mitsema |
| wachtwoord (het) | პაროლი | p'aroli |
| geheim (het) | საიდუმლო | saidumlo |

| eed (de) | ფიცი | pitsi |
|---|---|---|
| zweren (een eed doen) | დაფიცება | dapitseba |
| belofte (de) | პირობა | p'iroba |
| beloven (ww) | დაპირება | dap'ireba |

| advies (het) | რჩევა | rcheva |
|---|---|---|
| adviseren (ww) | რჩევა | rcheva |
| luisteren (gehoorzamen) | დაჯერება | dajereba |

| nieuws (het) | ახალი ამბავი | akhali ambavi |
|---|---|---|
| sensatie (de) | სენსაცია | sensatsia |
| informatie (de) | ცნობები | tsnobebi |
| conclusie (de) | დასკვნა | dask'vna |
| stem (de) | ხმა | khma |
| compliment (het) | კომპლიმენტი | k'omp'liment'i |
| vriendelijk (bn) | თავაზიანი | tavaziani |

| woord (het) | სიტყვა | sit'qva |
|---|---|---|
| zin (de), zinsdeel (het) | ფრაზა | praza |
| antwoord (het) | პასუხი | p'asukhi |

| waarheid (de) | სიმართლე | simartle |
|---|---|---|
| leugen (de) | ტყუილი | t'quili |

| gedachte (de) | აზროვნება | azrovneba |
|---|---|---|
| idee (de/het) | აზრი | azri |
| fantasie (de) | გამოგონება | gamogoneba |

## 66. Discussie, conversatie. Deel 2

| gerespecteerd (bn) | პატივცემული | p'at'ivtsemuli |
|---|---|---|
| respecteren (ww) | პატივისცემა | p'at'ivistsema |
| respect (het) | პატივისცემა | p'at'ivistsema |
| Geachte ... (brief) | პატივცემულო ... | p'at'ivtsemulo ... |

| voorstellen (Mag ik jullie ~) | გაცნობა | gatsnoba |
|---|---|---|
| intentie (de) | განზრახვა | ganzrakhva |
| intentie hebben (ww) | განზრახვა | ganzrakhva |
| wens (de) | სურვილი | survili |
| wensen (ww) | სურვილი | survili |

| verbazing (de) | გაკვირვება | gak'virveba |
| verbazen (verwonderen) | გაკვირვება | gak'virveba |
| verbaasd zijn (ww) | გაკვირვება | gak'virveba |

| geven (ww) | მიცემა | mitsema |
| nemen (ww) | აღება | agheba |
| teruggeven (ww) | დაბრუნება | dabrureba |
| retourneren (ww) | დაბრუნება | dabrureba |

| zich verontschuldigen | ბოდიშის მოხდა | bodishis mokhda |
| verontschuldiging (de) | ბოდიშის მოხდა | bodishis mokhda |
| vergeven (ww) | პატიება | p'at'ieba |

| spreken (ww) | ლაპარაკი | lap'arak'i |
| luisteren (ww) | მოსმენა | mosmena |
| aanhoren (ww) | მოსმენა | mosmena |
| begrijpen (ww) | გაგება | gageba |

| tonen (ww) | ჩვენება | chveneba |
| kijken naar ... | ყურება | qureba |
| roepen (vragen te komen) | დაძახება | dadzakheba |

| storen (lastigvallen) | ხელის შეშლა | khelis sheshla |
| doorgeven (ww) | გადაცემა | gadatsema |

| verzoek (het) | თხოვნა | tkhovra |
| verzoeken (ww) | თხოვნა | tkhovra |

| eis (de) | მოთხოვნა | motkhovna |
| eisen (met klem vragen) | მოთხოვნა | motkhovna |

| beledigen | გაბრაზება | gabrazeba |
| (beledigende namen geven) | | |
| uitlachen (ww) | დაცინვა | datsinva |

| spot (de) | დაცინვა | datsinva |
| bijnaam (de) | მეტსახელი | met'sakheli |

| zinspeling (de) | გადაკრული სიტყვა | gadak'ruli sit'qva |
| zinspelen (ww) | სიტყვის გადაკვრა | sit'qvis gadak'vra |
| impliceren (duiden op) | გულისხმობა | guliskhmoba |

| beschrijving (de) | აღწერა | aghts'era |
| beschrijven (ww) | აღწერა | aghts'era |

| lof (de) | ქება | keba |
| loven (ww) | შექება | shekeba |

| teleurstelling (de) | იმედის გაცრუება | imedis gatsrueba |
| teleurstellen (ww) | იმედის გაცრუება | imedis gatsrueba |
| teleurgesteld zijn (ww) | იმედის გაცრუება | imedis gatsrueba |

| veronderstelling (de) | ვარაუდი | varaudi |
| veronderstellen (ww) | ვარაუდი | varaudi |
| waarschuwing (de) | გაფრთხილება | gaprtkhileba |
| waarschuwen (ww) | გაფრთხილება | gaprtkhileba |

## 67. Discussie, conversatie. Deel 3

| aanpraten (ww) | დათანხმება | datankhmeba |
| kalmeren (kalm maken) | დამშვიდება | damshvideba |

| stilte (de) | დუმილი | dumili |
| zwijgen (ww) | დუმილი | dumili |
| fluisteren (ww) | ჩურჩული | churchuli |
| gefluister (het) | ჩურჩული | churchuli |

| open, eerlijk (bw) | გულახდილად | gulakhdilad |
| volgens mij ... | ჩემის აზრით ... | chemis azrit ... |

| detail (het) | წვრილმანი | ts'vrilmani |
| gedetailleerd (bn) | დაწვრილებითი | dats'vrilebiti |
| gedetailleerd (bw) | დაწვრილებით | dats'vrilebit |

| hint (de) | კარნახი | k'arnakhi |
| een hint geven | კარნახი | k'arnakhi |

| blik (de) | გამოხედვა | gamokhedva |
| een kijkje nemen | შეხედვა | shekhedva |
| strak (een ~ke blik) | უსიცოცხლო | usitsotskhlo |
| knipperen (ww) | თვალის ხამხამი | tvalis khamkhami |
| knipogen (ww) | თვალის ჩაკვრა | tvalis chak'vra |
| knikken (ww) | თავის ქნევა | tavis kneva |

| zucht (de) | ამოოხვრა | amookhvra |
| zuchten (ww) | ამოოხვრა | amookhvra |
| huiveren (ww) | შეკრთომა | shek'rtoma |
| gebaar (het) | ჟესტი | zhest'i |
| aanraken (ww) | შეხება | shekheba |
| grijpen (ww) | ხელის ჩაჭიდება | khelis chach'ideba |
| een schouderklopje geven | დაკვრა | dak'vra |

| Kijk uit! | ფრთხილად! | prtkhilad! |
| Echt? | ნუთუ? | nutu? |
| Bent je er zeker van? | დარწმუნებული ხარ? | darts'munebuli khar? |
| Succes! | იღბალს გისურვებ! | ighbals gisurveb! |
| Juist, ja! | გასაგებია! | gasagebia! |
| Wat jammer! | სამწუხაროა! | samts'ukharoa! |

## 68. Overeenstemming. Weigering

| instemming (het) | თანხმობა | tankhmoba |
| instemmen (akkoord gaan) | დათანხმება | datankhmeba |
| goedkeuring (de) | მოწონება | mots'oneba |
| goedkeuren (ww) | მოწონება | mots'oneba |
| weigering (de) | უარი | uari |
| weigeren (ww) | უარის თქმა | uaris tkma |

| Geweldig! | კარგი! | k'argi! |
| Goed! | კარგი! | k'argi! |

| Akkoord! | კარგი! | k'argi! |
|---|---|---|
| verboden (bn) | აკრძალული | ak'rdzaluli |
| het is verboden | არ შეიძლება | ar shedzleba |
| het is onmogelijk | შეუძლებელია | sheudzlebelia |
| onjuist (bn) | არასწორი | arastsori |

| afwijzen (ww) | უარის თქმა | uaris tkma |
|---|---|---|
| steunen | მხარდაჭერა | mkhardach'era |
| (een goed doel, enz.) | | |
| aanvaarden (excuses ~) | მიღება | migheoa |

| bevestigen (ww) | დადასტურება | dadast'ureba |
|---|---|---|
| bevestiging (de) | დადასტურება | dadast'ureba |

| toestemming (de) | ნებართვა | nebarva |
|---|---|---|
| toestaan (ww) | ნების დართვა | nebis dartva |
| beslissing (de) | გადაწყვეტილება | gadats'qvet'ileba |
| z'n mond houden (ww) | გაჩუმება | gachumeba |

| voorwaarde (de) | პირობა | p'iroba |
|---|---|---|
| smoes (de) | მომიზეზება | momizezeba |
| lof (de) | ქება | keba |
| loven (ww) | შექება | shekeba |

## 69. Succes. Veel geluk. Mislukking

| succes (het) | წარმატება | ts'armat'eba |
|---|---|---|
| succesvol (bw) | წარმეტიბით | ts'armet'ibit |
| succesvol (bn) | წარმატებული | ts'armat'ebuli |

| geluk (het) | ბედი | bedi |
|---|---|---|
| Succes! | იღბალს გისურვებ! | ighbals gisurveb! |

| geluks- (bn) | წარმატებული | ts'armat'ebuli |
|---|---|---|
| gelukkig (fortuinlijk) | იღბლიანი | ighbliani |

| mislukking (de) | წარუმატებლობა | ts'arumat'ebloba |
|---|---|---|
| tegenslag (de) | უიღბლობა | uighbloba |
| pech (de) | უიღბლობა | uighbloba |

| zonder succes (bn) | ფუჭი | puch'i |
|---|---|---|
| catastrofe (de) | კატასტროფა | k'at'ast'ropa |

| fierheid (de) | სიამაყე | siamaqe |
|---|---|---|
| fier (bn) | ამაყი | amaci |
| fier zijn (ww) | ამაყობა | amacoba |

| winnaar (de) | გამარჯვებული | gamarjvebuli |
|---|---|---|
| winnen (ww) | გამარჯვება | gamarjveba |

| verliezen (ww) | წაგება | ts'ageba |
|---|---|---|
| poging (de) | ცდა | tsda |
| pogen, proberen (ww) | ცდა | tsda |
| kans (de) | შანსი | shansi |

## 70. Ruzies. Negatieve emoties

| | | |
|---|---|---|
| schreeuw (de) | ყვირილი | qvirili |
| schreeuwen (ww) | ყვირილი | qvirili |
| beginnen te schreeuwen | დაყვირება | daqvireba |

| | | |
|---|---|---|
| ruzie (de) | ჩხუბი | chkhubi |
| ruzie hebben (ww) | წაჩხუბება | ts'achkhubeba |
| schandaal (het) | ჩხუბი | chkhubi |
| schandaal maken (ww) | ჩხუბი | chkhubi |
| conflict (het) | კონფლიქტი | k'onplikt'i |
| misverstand (het) | გაუგებრობა | gaugebroba |

| | | |
|---|---|---|
| belediging (de) | შეურაცხყოფა | sheuratskhqopa |
| beledigen | შეურაცხყოფა | sheuratskhqopa |
| (met scheldwoorden) | | |
| beledigd (bn) | შეურაცხყოფილი | sheuratskhqopili |
| krenking (de) | წყენა | ts'qena |
| krenken (beledigen) | წყენინება | ts'qenineba |
| gekwetst worden (ww) | წყენა | ts'qena |

| | | |
|---|---|---|
| verontwaardiging (de) | აღშფოთება | aghshpoteba |
| verontwaardigd zijn (ww) | აღშფოთება | aghshpoteba |
| klacht (de) | ჩივილი | chivili |
| klagen (ww) | ჩივილი | chivili |

| | | |
|---|---|---|
| verontschuldiging (de) | ბოდიშის მოხდა | bodishis mokhda |
| zich verontschuldigen | ბოდიშის მოხდა | bodishis mokhda |
| excuus vragen | პატიების თხოვნა | p'at'iebis tkhovna |

| | | |
|---|---|---|
| kritiek (de) | კრიტიკა | k'rit'ik'a |
| bekritiseren (ww) | გაკრიტიკება | gak'rit'ik'eba |
| beschuldiging (de) | ბრალდება | braldeba |
| beschuldigen (ww) | დაბრალება | dabraleba |

| | | |
|---|---|---|
| wraak (de) | შურისძიება | shurisdzieba |
| wreken (ww) | შურისძიება | shurisdzieba |
| wraak nemen (ww) | სამაგიეროს გადახდა | samagieros gadakhda |

| | | |
|---|---|---|
| minachting (de) | ზიზღი | zizghi |
| minachten (ww) | ზიზღი | zizghi |
| haat (de) | სიძულვილი | sidzulvili |
| haten (ww) | სიძულვილი | sidzulvili |

| | | |
|---|---|---|
| zenuwachtig (bn) | ნერვიული | nerviuli |
| zenuwachtig zijn (ww) | ნერვიულობა | nerviuloba |
| boos (bn) | გაბრაზებული | gabrazebuli |
| boos maken (ww) | გაბრაზება | gabrazeba |

| | | |
|---|---|---|
| vernedering (de) | დამცირება | damtsireba |
| vernederen (ww) | დამცირება | damtsireba |
| zich vernederen (ww) | დამცირება | damtsireba |

| | | |
|---|---|---|
| schok (de) | შოკი | shok'i |
| schokken (ww) | შეცბუნება | shetsbuneba |

| onaangenaamheid (de) | უსიამოვნება | usiamovneba |
| onaangenaam (bn) | არასასიამოვნო | arasasamovno |

| vrees (de) | შიში | shishi |
| vreselijk (bijv. ~ onweer) | საშინელი | sashinəli |
| eng (bn) | საშინელი | sashinəli |
| gruwel (de) | საშინელება | sashinəleba |
| vreselijk (~ nieuws) | საშინელი | sashinəli |

| beginnen te beven | აკანკალება | ak'ankaleba |
| huilen (wenen) | ტირილი | t'irili |
| beginnen te huilen (wenen) | ატირeბა | at'ireba |
| traan (de) | ცრემლი | tsremli |

| schuld (~ geven aan) | ბრალი | brali |
| schuldgevoel (het) | ბრალი | brali |
| schande (de) | სირცხვილი | sirtskhvili |
| protest (het) | პროტესტი | p'rot'est'i |
| stress (de) | სტრესი | st'resi |

| storen (lastigvallen) | ხელის შეშლა | khelis sheshla |
| kwaad zijn (ww) | გაბრაზება | gabrazeba |
| kwaad (bn) | გაბრაზებული | gabrazebuli |
| beëindigen (een relatie ~) | შეწყვეტა | shets'qvet'a |
| vloeken (ww) | ლანძღვა | landzchva |

| schrikken (schrik krijgen) | შeშინeბა | sheshineba |
| slaan (iemand ~) | დართყმა | dart'qma |
| vechten (ww) | ჩხუბი | chkhubi |

| regelen (conflict) | მოგვარება | mogvareba |
| ontevreden (bn) | უკმაყოფილო | uk'maqopilo |
| woedend (bn) | გააფთრებული | gaaptrebuli |

| Dat is niet goed! | ეს ცუდია! | es tsudia! |
| Dat is slecht! | ეს ცუდია! | es tsudia! |

# Geneeskunde

## 71. Ziekten

| | | |
|---|---|---|
| ziekte (de) | ავადმყოფობა | avadmqopoba |
| ziek zijn (ww) | ავადმყოფობა | avadmqopoba |
| gezondheid (de) | ჯანმრთელობა | janmrteloba |

| | | |
|---|---|---|
| snotneus (de) | სურდო | surdo |
| angina (de) | ანგინა | angina |
| verkoudheid (de) | გაციება | gatsiveba |
| verkouden raken (ww) | გაციება | gatsiveba |

| | | |
|---|---|---|
| bronchitis (de) | ბრონქიტი | bronkit'i |
| longontsteking (de) | ფილტვების ანთება | pilt'vebis anteba |
| griep (de) | გრიპი | grip'i |

| | | |
|---|---|---|
| bijziend (bn) | ახლომხედველი | akhlomkhedveli |
| verziend (bn) | შორსმხედველი | shorsmkhedveli |
| scheelheid (de) | სიელმე | sielme |
| scheel (bn) | ელამი | elami |
| grauwe staar (de) | კატარაქტა | k'at'arakt'a |
| glaucoom (het) | გლაუკომა | glauk'oma |

| | | |
|---|---|---|
| beroerte (de) | ინსულტი | insult'i |
| hartinfarct (het) | ინფარქტი | inparkt'i |
| myocardiaal infarct (het) | მიოკარდის ინფარქტი | miok'ardis inparkt'i |
| verlamming (de) | დამბლა | dambla |
| verlammen (ww) | დამბლის დაცემა | damblis datsema |

| | | |
|---|---|---|
| allergie (de) | ალერგია | alergia |
| astma (de/het) | ასთმა | astma |
| diabetes (de) | დიაბეტი | diabet'i |

| | | |
|---|---|---|
| tandpijn (de) | კბილის ტკივილი | k'bilis t'k'ivili |
| tandbederf (het) | კარიესი | k'ariesi |

| | | |
|---|---|---|
| diarree (de) | დიარეა | diarea |
| constipatie (de) | კუჭში შეკრულობა | k'uch'shi shek'ruloba |
| maagstoornis (de) | კუჭის აშლილობა | k'uch'is ashliloba |
| voedselvergiftiging (de) | მოწამვლა | mots'amvla |
| voedselvergiftiging oplopen | მოწამვლა | mots'amvla |

| | | |
|---|---|---|
| artritis (de) | ართრიტი | artrit'i |
| rachitis (de) | რაქიტი | rakit'i |
| reuma (het) | რევმატიზმი | revmat'izmi |
| arteriosclerose (de) | ათეროსკლეროზი | aterosk'lerozi |

| | | |
|---|---|---|
| gastritis (de) | გასტრიტი | gast'rit'i |
| blindedarmontsteking (de) | აპენდიციტი | ap'enditsit'i |

| | | |
|---|---|---|
| galblaasontsteking (de) | ქოლეცისტიტი | koletsist'it'i |
| zweer (de) | წყლული | ts'qluli |

| | | |
|---|---|---|
| mazelen (mv.) | წითელა | ts'itela |
| rodehond (de) | წითურა | ts'itura |
| geelzucht (de) | სიყვითლე | siqvitle |
| leverontsteking (de) | ჰეპატიტი | hep'at'it'i |

| | | |
|---|---|---|
| schizofrenie (de) | შიზოფრენია | shizoprenia |
| dolheid (de) | ცოფი | tsopi |
| neurose (de) | ნევროზი | nevrozi |
| hersenschudding (de) | ტვინის შერყევა | t'vinis sherqeva |

| | | |
|---|---|---|
| kanker (de) | კიბო | k'ibo |
| sclerose (de) | სკლეროზი | sk'lerozi |
| multiple sclerose (de) | გაფანტული სკლეროზი | gapant'uli sk'lerozi |

| | | |
|---|---|---|
| alcoholisme (het) | ალკოჰოლიზმი | alk'oholizmi |
| alcoholicus (de) | ალკოჰოლიკი | alk'oholik'i |
| syfilis (de) | სიფილისი | sipilisi |
| AIDS (de) | შიდსი | shidsi |

| | | |
|---|---|---|
| tumor (de) | სიმსივნე | simsivne |
| koorts (de) | ციება | tsieba |
| malaria (de) | მალარია | malaria |
| gangreen (het) | განგრენა | gangrena |
| zeeziekte (de) | ზღვის ავადმყოფობა | zghvis avadmqopoba |
| epilepsie (de) | ეპილეფსია | ep'ilepsia |

| | | |
|---|---|---|
| epidemie (de) | ეპიდემია | ep'idemia |
| tyfus (de) | ტიფი | t'ipi |
| tuberculose (de) | ტუბერკულოზი | t'uberk'ulozi |
| cholera (de) | ქოლერა | kolera |
| pest (de) | შავი ჭირი | shavi ch'iri |

## 72. Symptomen. Behandelingen. Deel 1

| | | |
|---|---|---|
| symptoom (het) | სიმპტომი | simp'tomi |
| temperatuur (de) | სიცხე | sitskhe |
| verhoogde temperatuur (de) | მაღალი სიცხე | maghali sitskhe |
| polsslag (de) | პულსი | p'ulsi |

| | | |
|---|---|---|
| duizeling (de) | თავბრუსხვევა | tavbruskhveva |
| heet (erg warm) | ცხელი | tskheli |
| koude rillingen (mv.) | შეცივება | shetsieba |
| bleek (bn) | ფერმიხდილი | permikhdili |

| | | |
|---|---|---|
| hoest (de) | ხველა | khvela |
| hoesten (ww) | ხველება | khveleba |
| niezen (ww) | ცხვირის ცემინება | tskhviris tsemineba |
| flauwte (de) | გულის წასვლა | gulis s'asvla |
| flauwvallen (ww) | გულის წასვლა | gulis s'asvla |
| blauwe plek (de) | ლები | lebi |
| buil (de) | კოპი | k'op'i |

| zich stoten (ww) | დაჯახება | dajakheba |
| kneuzing (de) | დაჟეჟილობა | dazhezhiloba |
| kneuzen (gekneusd zijn) | დაჟეჟვა | dazhezhva |

| hinken (ww) | კოჭლობა | k'och'loba |
| verstuiking (de) | ღრძობა | ghrdzoba |
| verstuiken (enkel, enz.) | ღრძობა | ghrdzoba |
| breuk (de) | მოტეხილობა | mot'ekhiloba |
| een breuk oplopen | მოტეხა | mot'ekha |

| snijwond (de) | ჭრილობა | ch'riloba |
| zich snijden (ww) | გაჭრა | gach'ra |
| bloeding (de) | სისხლდენა | siskhldena |

| brandwond (de) | დამწვრობა | damts'vroba |
| zich branden (ww) | დაწვა | dats'va |

| prikken (ww) | ჩხვლეტა | chkhvlet'a |
| zich prikken (ww) | ჩხვლეტა | chkhvlet'a |
| blesseren (ww) | დაზიანება | dazianeba |
| blessure (letsel) | დაზიანება | dazianeba |
| wond (de) | ჭრილობა | ch'riloba |
| trauma (het) | ტრავმა | t'ravma |

| IJlen (ww) | ბოდვა | bodva |
| stotteren (ww) | ბორძიკით ლაპარაკი | bordzik'it lap'arak'i |
| zonnesteek (de) | მზის დაკვრა | mzis dak'vra |

## 73. Symptomen. Behandelingen. Deel 2

| pijn (de) | ტკივილი | t'k'ivili |
| splinter (de) | ბიწვი | khits'vi |

| zweet (het) | ოფლი | opli |
| zweten (ww) | გაოფლიანება | gaoplianeba |
| braking (de) | პირღებინება | p'irghebineba |
| stuiptrekkingen (mv.) | კრუნჩხვები | k'runchkhvebi |

| zwanger (bn) | ორსული | orsuli |
| geboren worden (ww) | დაბადება | dabadeba |
| geboorte (de) | მშობიარობა | mshobiaroba |
| baren (ww) | გაჩენა | gachena |
| abortus (de) | აბორტი | abort'i |

| ademhaling (de) | სუნთქვა | suntkva |
| inademing (de) | შესუნთქვა | shesuntkva |
| uitademing (de) | ამოსუნთქვა | amosuntkva |
| uitademen (ww) | ამოსუნთქვა | amosuntkva |
| inademen (ww) | შესუნთქვა | shesuntkva |

| invalide (de) | ინვალიდი | invalidi |
| gehandicapte (de) | ხეიბარი | kheibari |
| drugsverslaafde (de) | ნარკომანი | nark'omani |
| doof (bn) | ყრუ | qru |

| stom (bn) | მუნჯი | munji |
|---|---|---|
| doofstom (bn) | ყრუ-მუნჯი | qru-munji |

| krankzinnig (bn) | გიჟი | gizhi |
|---|---|---|
| krankzinnige (man) | გიჟი | gizhi |
| krankzinnige (vrouw) | გიჟი | gizhi |
| krankzinnig worden | ჭკუაზე შეშლა | ch'k'uaze sheshla |

| gen (het) | გენი | geni |
|---|---|---|
| immuniteit (de) | იმუნიტეტი | imunitet'i |
| erfelijk (bn) | მემკვიდრეობითი | memk'vidreobiti |
| aangeboren (bn) | თანდაყოლილი | tandaqolili |

| virus (het) | ვირუსი | virusi |
|---|---|---|
| microbe (de) | მიკრობი | mik'robi |
| bacterie (de) | ბაქტერია | bakt'eria |
| infectie (de) | ინფექცია | inpektsia |

## 74. Symptomen. Behandelingen. Deel 3

| ziekenhuis (het) | საავადმყოფო | saavadmqopo |
|---|---|---|
| patiënt (de) | პაციენტი | p'atsient'i |

| diagnose (de) | დიაგნოზი | diagnozi |
|---|---|---|
| genezing (de) | მკურნალობა | mk'urnaloba |
| onder behandeling zijn | მკურნალობა | mk'urnaloba |
| behandelen (ww) | მკურნალობა | mk'urnaloba |
| zorgen (zieken ~) | მოვლა | movla |
| ziekenzorg (de) | მოვლა | movla |

| operatie (de) | ოპერაცია | op'eratsia |
|---|---|---|
| verbinden (een arm ~) | შეხვევა | shekhveva |
| verband (het) | სახვევი | sakhvevi |

| vaccin (het) | აცრა | atsra |
|---|---|---|
| inenten (vaccineren) | აცრის გაკეთება | atsris gak'eteba |
| injectie (de) | ნემსი | nemsi |
| een injectie geven | ნემსის გაკეთება | nemsis gak'eteba |

| aanval (de) | შეტევა | shet'eva |
|---|---|---|
| amputatie (de) | ამპუტაცია | amp'ut'atsia |
| amputeren (ww) | ამპუტირება | amp'ut'ireba |
| coma (het) | კომა | k'oma |
| in coma liggen | კომაში ყოფნა | k'omashi qopna |
| intensieve zorg, ICU (de) | რეანიმაცია | reanimatsia |

| zich herstellen (ww) | გამოჯანმრთელება | gamojanmrteleba |
|---|---|---|
| toestand (de) | მდგომარეობა | mdgomareoba |
| bewustzijn (het) | ცნობიერება | tsnobiereba |
| geheugen (het) | მეხსიერება | mekhsiereba |

| trekken (een kies ~) | ამოღება | amogheba |
|---|---|---|
| vulling (de) | ბჟენი | bzheni |
| vullen (ww) | დაბჟენა | dabzhena |

| hypnose (de) | ჰიპნოზი | hip'nozi |
| hypnotiseren (ww) | ჰიპნოტიზირება | hip'not'izireba |

## 75. Artsen

| dokter, arts (de) | ექიმი | ekimi |
| ziekenzuster (de) | მედდა | medda |
| lijfarts (de) | პირადი ექიმი | p'iradi ekimi |

| tandarts (de) | დანტისტი | dant'ist'i |
| oogarts (de) | ოკულისტი | ok'ulist'i |
| therapeut (de) | თერაპევტი | terap'evt'i |
| chirurg (de) | ქირურგი | kirurgi |

| psychiater (de) | ფსიქიატრი | psikiat'ri |
| pediater (de) | პედიატრი | p'ediat'ri |
| psycholoog (de) | ფსიქოლოგი | psikologi |
| gynaecoloog (de) | გინეკოლოგი | ginek'ologi |
| cardioloog (de) | კარდიოლოგი | k'ardiologi |

## 76. Geneeskunde. Medicijnen. Accessoires

| geneesmiddel (het) | წამალი | ts'amali |
| middel (het) | საშუალება | sashualeba |
| voorschrijven (ww) | გამოწერა | gamots'era |
| recept (het) | რეცეპტი | retsep't'i |

| tablet (de/het) | აბი | abi |
| zalf (de) | მალამო | malamo |
| ampul (de) | ამპულა | amp'ula |
| drank (de) | მიქსტურა | mikst'ura |
| siroop (de) | სიროფი | siropi |
| pil (de) | აბი | abi |
| poeder (de/het) | ფხვნილი | pkhvnili |

| verband (het) | ბინტი | bint'i |
| watten (mv.) | ბამბა | bamba |
| jodium (het) | იოდი | iodi |

| pleister (de) | ლეიკოპლასტირი | leik'op'last'iri |
| pipet (de) | პიპეტი | p'ip'et'i |
| thermometer (de) | სიცხის საზომი | sitskhis sazomi |
| spuit (de) | შპრიცი | shp'ritsi |

| rolstoel (de) | ეტლი | et'li |
| krukken (mv.) | ყავარჯნები | qavarjnebi |

| pijnstiller (de) | ტკივილგამაყუჩებელი | t'k'ivilgamaquchebeli |
| laxeermiddel (het) | საასქმებელი | sasakmebeli |
| spiritus (de) | სპირტი | sp'irt'i |
| medicinale kruiden (mv.) | ბალახი | balakhi |
| kruiden- (abn) | ბალახისა | balakhisa |

## 77. Roken. Tabaksproducten

| | | |
|---|---|---|
| tabak (de) | თამბაქო | tambako |
| sigaret (de) | სიგარეტი | sigareti |
| sigaar (de) | სიგარა | sigara |
| pijp (de) | ჩიბუხი | chibukhi |
| pakje (~ sigaretten) | კოლოფი | k'olopi |

| | | |
|---|---|---|
| lucifers (mv.) | ასანთი | asanti |
| luciferdoosje (het) | ასანთის კოლოფი | asantis k'olopi |
| aansteker (de) | სანთებელა | santebela |
| asbak (de) | საფერფლე | saperple |
| sigarettendoosje (het) | პორტსიგარი | p'ort'sigari |

| | | |
|---|---|---|
| sigarettenpijpje (het) | მუნდშტუკი | mundsht'uk'i |
| filter (de/het) | ფილტრი | pilt'ri |

| | | |
|---|---|---|
| roken (ww) | მოწევა | mots'eva |
| een sigaret opsteken | მოკიდება | mok'ideba |
| roken (het) | მოწევა | mots'eva |
| roker (de) | მწეველი | mts'eveli |

| | | |
|---|---|---|
| peuk (de) | ნამწვი | namts'vi |
| rook (de) | კვამლი | k'vamli |
| as (de) | ფერფლი | perpli |

# HET MENSELIJKE LEEFGEBIED

## Stad

### 78. Stad. Het leven in de stad

| | | |
|---|---|---|
| stad (de) | ქალაქი | kalaki |
| hoofdstad (de) | დედაქალაქი | dedakalaki |
| dorp (het) | სოფელი | sopeli |
| | | |
| plattegrond (de) | ქალაქის გეგმა | kalakis gegma |
| centrum (ov. een stad) | ქალაქის ცენტრი | kalakis tsent'ri |
| voorstad (de) | გარეუბანი | gareubani |
| voorstads- (abn) | გარეუბნისა | gareubnisa |
| | | |
| randgemeente (de) | გარეუბანი | gareubani |
| omgeving (de) | მიდამოები | midamoebi |
| blok (huizenblok) | კვარტალი | k'vart'ali |
| woonwijk (de) | საცხოვრებელი კვარტალი | satskhovrebeli k'vart'ali |
| | | |
| verkeer (het) | ქუჩაში მოძრაობა | kuchashi modzraoba |
| verkeerslicht (het) | შუქნიშანი | shuknishani |
| openbaar vervoer (het) | ქალაქის ტრანსპორტი | kalakis t'ransp'ort'i |
| kruispunt (het) | გზაჯვარედინი | gzajvaredini |
| | | |
| zebrapad (oversteekplaats) | საქვეითო გადასასვლელი | sakveito gadasasvleli |
| onderdoorgang (de) | მიწისქვეშა გადასასვლელი | mits'iskvesha gadasasvleli |
| oversteken (de straat ~) | გადასვლა | gadasvla |
| voetganger (de) | ფეხით მოსიარულე | pekhit mosiarule |
| trottoir (het) | ტროტუარი | t'rot'uari |
| | | |
| brug (de) | ხიდი | khidi |
| dijk (de) | სანაპირო | sanap'iro |
| | | |
| allee (de) | ხეივანი | kheivani |
| park (het) | პარკი | p'ark'i |
| boulevard (de) | ბულვარი | bulvari |
| plein (het) | მოედანი | moedani |
| laan (de) | გამზირი | gamziri |
| straat (de) | ქუჩა | kucha |
| zijstraat (de) | შესახვევი | shesakhvevi |
| doodlopende straat (de) | ჩიხი | chikhi |
| | | |
| huis (het) | სახლი | sakhli |
| gebouw (het) | შენობა | shenoba |
| wolkenkrabber (de) | ცათამბჯენი | tsatambjeni |
| | | |
| gevel (de) | ფასადი | pasadi |
| dak (het) | სახურავი | sakhuravi |

| venster (het) | ფანჯარა | panjara |
| boog (de) | თაღი | taghi |
| pilaar (de) | სვეტი | svet'i |
| hoek (ov. een gebouw) | კუთხე | k'utkhe |

| vitrine (de) | ვიტრინა | vit'rina |
| gevelreclame (de) | აბრა | abra |
| affiche (de/het) | აფიშა | apisha |
| reclameposter (de) | სარეკლამო პლაკატი | sarek'lamo p'lak'at'i |
| aanplakbord (het) | სარეკლამო ფარი | sarek'lamo pari |

| vuilnis (de/het) | ნაგავი | nagavi |
| vuilnisbak (de) | ურნა | urna |
| afval weggooien (ww) | მონაგვიანება | monacvianeba |
| stortplaats (de) | ნაგავსაყრელი | nagavsaqreli |

| telefooncel (de) | სატელეფონო ჯიხური | sat'elepono jikhuri |
| straatlicht (het) | ფარნის ბოძი | parnis bodzi |
| bank (de) | სკამი | sk'ami |

| politieagent (de) | პოლიციელი | p'olitsieli |
| politie (de) | პოლიცია | p'olitsia |
| zwerver (de) | მათხოვარი | matkhovari |
| dakloze (de) | უსახლკარო | usakh k'aro |

## 79. Stedelijke instellingen

| winkel (de) | მაღაზია | maghazia |
| apotheek (de) | აფთიაქი | aptiak |
| optiek (de) | ოპტიკა | op't'ik'a |
| winkelcentrum (het) | სავაჭრო ცენტრი | savac'ro tsent'ri |
| supermarkt (de) | სუპერმარკეტი | sup'ermark'et'i |

| bakkerij (de) | საფუნთუშე | sapuntushe |
| bakker (de) | მცხობელი | mtskhobeli |
| banketbakkerij (de) | საკონდიტრო | sak'ondit'ro |
| kruidenier (de) | საბაყლო | sabaclo |
| slagerij (de) | საყასბე | saqasbe |

| groentewinkel (de) | ბოსტნეულის დუქანი | bost'neulis dukani |
| markt (de) | ბაზარი | bazar |

| koffiehuis (het) | ყავახანა | qavakhana |
| restaurant (het) | რესტორანი | rest'orani |
| bar (de) | ლუდხანა | ludkhana |
| pizzeria (de) | პიცერია | p'itseria |

| kapperssalon (de/het) | საპარიკმახერო | sap'arik'makhero |
| postkantoor (het) | ფოსტა | post'a |
| stomerij (de) | ქიმწმენდა | kimts'menda |
| fotostudio (de) | ფოტოატელიე | pot'oat'elie |

| schoenwinkel (de) | ფეხსაცმლის მაღაზია | pekhsatsmlis maghazia |
| boekhandel (de) | წიგნების მაღაზია | ts'ignebis maghazia |

| | | |
|---|---|---|
| sportwinkel (de) | სპორტული მაღაზია | sp'ort'uli maghazia |
| kledingreparatie (de) | ტანსაცმლის შეკეთება | t'ansatsmlis shek'eteba |
| kledingverhuur (de) | ტანსაცმლის გაქირავება | t'ansatsmlis gakiraveba |
| videotheek (de) | ფილმების გაქირავება | pilmebis gakiraveba |
| | | |
| circus (de/het) | ცირკი | tsirk'i |
| dierentuin (de) | ზოოპარკი | zoop'ark'i |
| bioscoop (de) | კინოთეატრი | k'inoteat'ri |
| museum (het) | მუზეუმი | muzeumi |
| bibliotheek (de) | ბიბლიოთეკა | bibliotek'a |
| | | |
| theater (het) | თეატრი | teat'ri |
| opera (de) | ოპერა | op'era |
| nachtclub (de) | ღამის კლუბი | ghamis k'lubi |
| casino (het) | სამორინე | samorine |
| | | |
| moskee (de) | მეჩეთი | mecheti |
| synagoge (de) | სინაგოგა | sinagoga |
| kathedraal (de) | ტაძარი | t'adzari |
| tempel (de) | ტაძარი | t'adzari |
| kerk (de) | ეკლესია | ek'lesia |
| | | |
| instituut (het) | ინსტიტუტი | inst'it'ut'i |
| universiteit (de) | უნივერსიტეტი | universit'et'i |
| school (de) | სკოლა | sk'ola |
| | | |
| gemeentehuis (het) | პრეფექტურა | p'repekt'ura |
| stadhuis (het) | მერია | meria |
| hotel (het) | სასტუმრო | sast'umro |
| bank (de) | ბანკი | bank'i |
| | | |
| ambassade (de) | საელჩო | saelcho |
| reisbureau (het) | ტურისტული სააგენტო | t'urist'uli saagent'o |
| informatieloket (het) | ცნობათა ბიურო | tsnobata biuro |
| wisselkantoor (het) | გაცვლითი პუნქტი | gatsvliti p'unkt'i |
| | | |
| metro (de) | მეტრო | met'ro |
| ziekenhuis (het) | საავადმყოფო | saavadmqopo |
| | | |
| benzinestation (het) | ბენზინგასამართი სადგური | benzingasamarti sadguri |
| parking (de) | ავტოსადგომი | avt'osadgomi |

## 80. Borden

| | | |
|---|---|---|
| gevelreclame (de) | აბრა | abra |
| opschrift (het) | წარწერა | ts'arts'era |
| poster (de) | პლაკატი | p'lak'at'i |
| wegwijzer (de) | მაჩვენებელი | machvenebeli |
| pijl (de) | ისარი | isari |
| | | |
| waarschuwing (verwittiging) | გაფრთხილება | gaprtkhileba |
| waarschuwingsbord (het) | გაფრთხილება | gaprtkhileba |
| waarschuwen (ww) | გაფრთხილება | gaprtkhileba |
| vrije dag (de) | დასვენების დღე | dasvenebis dghe |

| dienstregeling (de) | განრიგი | ganrig |
| openingsuren (mv.) | სამუშაო საათები | samushao saatebi |

| WELKOM! | კეთილი იყოს თქვენი მობრძანება! | k'etili iqos tkveni mobrdzaneba! |
| INGANG | შესასვლელი | shesasvleli |
| UITGANG | გასასვლელი | gasasvleli |

| DUWEN | თქვენგან | tkvengan |
| TREKKEN | თქვენსკენ | tkvensk'en |
| OPEN | ღია | ghiaa |
| GESLOTEN | დაკეტილია | dak'etilia |

| DAMES | ქალების ათვის | kalebisatvis |
| HEREN | კაცებისათვის | k'atsebisatvis |

| KORTING | ფასდაკლებები | pasdak'lebebi |
| UITVERKOOP | გაყიდვა | gaqidva |
| NIEUW! | სიახლე! | siakhle! |
| GRATIS | უფასოდ | upasod |

| PAS OP! | ყურადღება! | quradgheba! |
| VOLGEBOEKT | ადგილები არ არის | adgilebi ar aris |
| GERESERVEERD | დარეზერვირებულია | darezervirebulia |

| ADMINISTRATIE | ადმინისტრაცია | admirist'ratsia |
| ALLEEN VOOR PERSONEEL | მხოლოდ პერსონალისათვის | mkholod p'ersonalisatvis |

| GEVAARLIJKE HOND | ავი ძაღლი | avi dzaghli |
| VERBODEN TE ROKEN! | ნუ მოსწევთ! | nu mosts'evt! |
| NIET AANRAKEN! | ხელით ნუ შეეხებით! | khelit nu sheekhebit! |

| GEVAARLIJK | საშიშია | sashishia |
| GEVAAR | საფრთხე | saprtkhe |
| HOOGSPANNING | მაღალი ძაბვა | maghali dzabva |
| VERBODEN TE ZWEMMEN | ბანაობა აკრძალულია | banaoba ak'rdzalu ia |
| BUITEN GEBRUIK | არ მუშაობს | ar mushaobs |

| ONTVLAMBAAR | ცეცხლსაშიშია | tsetskhlsashishia |
| VERBODEN | აკრძალულია | ak'rdzalulia |
| DOORGANG VERBODEN | გასვლა აკრძალულია | gasvla ak'rdzalulia |
| OPGELET PAS GEVERFD | შეღებილია | sheghebilia |

## 81. Stedelijk vervoer

| bus, autobus (de) | ავტობუსი | avt'obusi |
| tram (de) | ტრამვაი | t'ramvai |
| trolleybus (de) | ტროლეიბუსი | t'roleibusi |
| route (de) | მარშრუტი | marsrut'i |
| nummer (busnummer, enz.) | ნომერი | nomeri |

| rijden met ... | მგზავრობა | mgzavroba |
| stappen (in de bus ~) | ჩაჯდომა | chajcoma |

| afstappen (ww) | ჩამოსვლა | chamosvla |
| halte (de) | გაჩერება | gachereba |
| volgende halte (de) | შემდეგი გაჩერება | shemdegi gachereba |
| eindpunt (het) | ბოლო გაჩერება | bolo gachereba |
| dienstregeling (de) | განრიგი | ganrigi |
| wachten (ww) | ლოდინი | lodini |

| kaartje (het) | ბილეთი | bileti |
| reiskosten (de) | ბილეთის ღირებულება | biletis ghirebuleba |

| kassier (de) | მოლარე | molare |
| kaartcontrole (de) | კონტროლი | k'ont'roli |
| controleur (de) | კონტროლიორი | k'ont'roliori |

| te laat zijn (ww) | დაგვიანება | dagvianeba |
| missen (de bus ~) | დაგვიანება | dagvianeba |
| zich haasten (ww) | აჩქარება | achkareba |

| taxi (de) | ტაქსი | t'aksi |
| taxichauffeur (de) | ტაქსისტი | t'aksist'i |
| met de taxi (bw) | ტაქსით | t'aksit |
| taxistandplaats (de) | ტაქსის სადგომი | t'aksis sadgomi |
| een taxi bestellen | ტაქსის გამოძახება | t'aksis gamodzakheba |
| een taxi nemen | ტაქსის აყვანა | t'aksis aqvana |

| verkeer (het) | ქუჩაში მოძრაობა | kuchashi modzraoba |
| file (de) | საცობი | satsobi |
| spitsuur (het) | პიკის საათები | p'ik'is saatebi |
| parkeren (on.ww.) | პარკირება | p'ark'ireba |
| parkeren (ov.ww.) | პარკირება | p'ark'ireba |
| parking (de) | სადგომი | sadgomi |

| metro (de) | მეტრო | met'ro |
| halte (bijv. kleine treinhalte) | სადგური | sadguri |
| de metro nemen | მეტროთი მგზავრობა | met'roti mgzavroba |
| trein (de) | მატარებელი | mat'arebeli |
| station (treinstation) | ვაგზალი | vagzali |

## 82. Bezienswaardigheden

| monument (het) | ძეგლი | dzegli |
| vesting (de) | ციხე-სიმაგრე | tsikhe-simagre |
| paleis (het) | სასახლე | sasakhle |
| kasteel (het) | ციხე-დარბაზი | tsikhe-darbazi |
| toren (de) | კოშკი | k'oshk'i |
| mausoleum (het) | მავზოლეუმი | mavzoleumi |

| architectuur (de) | არქიტექტურა | arkit'ekt'ura |
| middeleeuws (bn) | შუა საუკუნეებისა | shua sauk'uneebisa |
| oud (bn) | ძველებური | dzveleburi |
| nationaal (bn) | ეროვნული | erovnuli |
| bekend (bn) | ცნობილი | tsnobili |
| toerist (de) | ტურისტი | t'urist'i |
| gids (de) | გიდი | gidi |

| | | |
|---|---|---|
| rondleiding (de) | ექსკურსია | eksk'ursia |
| tonen (ww) | ჩვენება | chveneba |
| vertellen (ww) | მოთხრობა | motkhroba |

| | | |
|---|---|---|
| vinden (ww) | პოვნა | p'ovna |
| verdwalen (de weg kwijt zijn) | დაკარგვა | dak'argva |
| plattegrond (~ van de metro) | სქემა | skema |
| plattegrond (~ van de stad) | გეგმა | gegma |

| | | |
|---|---|---|
| souvenir (het) | სუვენირი | suveniri |
| souvenirwinkel (de) | სუვენირების მაღაზია | suvenirebis maghazia |
| een foto maken (ww) | სურათის გადაღება | suratis gadagheba |
| zich laten fotograferen | სურათის გადაღება | suratis gadagheba |

## 83. Winkelen

| | | |
|---|---|---|
| kopen (ww) | ყიდვა | qidva |
| aankoop (de) | ნაყიდი | naqidi |
| winkelen (het) | შოპინგი | shop'ingi |

| | | |
|---|---|---|
| open zijn (ov. een winkel, enz.) | მუშაობა | mushaoba |
| gesloten zijn (ww) | დაკეტვა | dak'et'va |

| | | |
|---|---|---|
| schoeisel (het) | ფეხსაცმელი | pekhsatsmeli |
| kleren (mv.) | ტანსაცმელი | t'ansatsmeli |
| cosmetica (de) | კოსმეტიკა | k'osmet'ik'a |
| voedingswaren (mv.) | პროდუქტები | p'rodukt'ebi |
| geschenk (het) | საჩუქარი | sachukari |

| | | |
|---|---|---|
| verkoper (de) | გამყიდველი | gamqidveli |
| verkoopster (de) | გამყიდველი | gamqidveli |

| | | |
|---|---|---|
| kassa (de) | სალარო | salaro |
| spiegel (de) | სარკე | sark'e |
| toonbank (de) | დახლი | dakhli |
| paskamer (de) | მოსაზომი ოთახი | mosazomi otakhi |

| | | |
|---|---|---|
| aanpassen (ww) | მოზომება | mozomeba |
| passen (ov. kleren) | მორგება | morgeba |
| bevallen (prettig vinden) | მოწონება | mots'oneba |

| | | |
|---|---|---|
| prijs (de) | ფასი | pasi |
| prijskaartje (het) | საფასური | sapasuri |
| kosten (ww) | ღირება | ghireba |
| Hoeveel? | რამდენი? | ramdeni? |
| korting (de) | ფასდაკლება | pasdak'leba |

| | | |
|---|---|---|
| niet duur (bn) | საკმაოდ იაფი | sak'maod iapi |
| goedkoop (bn) | იაფი | iapi |
| duur (bn) | ძვირი | dzviri |
| Dat is duur. | ეს ძვირია | es dzviria |
| verhuur (de) | გაქირავება | gakiraveba |
| huren (smoking, enz.) | ქირით აღება | kirit agheba |

| krediet (het) | კრედიტი | k'redit'i |
| op krediet (bw) | სესხად | seskhad |

## 84. Geld

| geld (het) | ფული | puli |
| ruil (de) | გაცვლა | gatsvla |
| koers (de) | კურსი | k'ursi |
| geldautomaat (de) | ბანკომატი | bank'omat'i |
| muntstuk (de) | მონეტა | monet'a |

| dollar (de) | დოლარი | dolari |
| euro (de) | ევრო | evro |

| lire (de) | ლირა | lira |
| Duitse mark (de) | მარკა | mark'a |
| frank (de) | ფრანკი | prank'i |
| pond sterling (het) | გირვანქა სტერლინგი | girvanka st'erlingi |
| yen (de) | იენა | iena |

| schuld (geldbedrag) | ვალი | vali |
| schuldenaar (de) | მოვალე | movale |
| uitlenen (ww) | ნისიად მიცემა | nisiad mitsema |
| lenen (geld ~) | ნისიად აღება | nisiad agheba |

| bank (de) | ბანკი | bank'i |
| bankrekening (de) | ანგარიში | angarishi |
| op rekening storten | ანგარიშზე დადება | angarishze dadeba |
| opnemen (ww) | ანგარიშიდან მოხსნა | angarishidan mokhsna |

| kredietkaart (de) | საკრედიტო ბარათი | sak'redit'o barati |
| baar geld (het) | ნაღდი ფული | naghdi puli |
| cheque (de) | ჩეკი | chek'i |
| een cheque uitschrijven | ჩეკის გამოწერა | chek'is gamots'era |
| chequeboekje (het) | ჩეკების წიგნაკი | chek'ebis ts'ignak'i |

| portefeuille (de) | საფულე | sapule |
| geldbeugel (de) | საფულე | sapule |
| safe (de) | სეიფი | seipi |

| erfgenaam (de) | მემკვიდრე | memk'vidre |
| erfenis (de) | მემკვიდრეობა | memk'vidreoba |
| fortuin (het) | ქონება | koneba |

| huur (de) | იჯარა | ijara |
| huurprijs (de) | ბინის ქირა | binis kira |
| huren (huis, kamer) | დაქირავება | dakiraveba |

| prijs (de) | ფასი | pasi |
| kostprijs (de) | ღირებულება | ghirebuleba |
| som (de) | თანხა | tankha |

| uitgeven (geld besteden) | ხარჯვა | kharjva |
| kosten (mv.) | ხარჯები | kharjebi |

| bezuinigen (ww) | დაზოგვა | dazogva |
| zuinig (bn) | მომჭირნე | momch'irne |

| betalen (ww) | გადახდა | gadakhda |
| betaling (de) | საზღაური | sazghauri |
| wisselgeld (het) | ხურდა | khurda |

| belasting (de) | გადასახადი | gadasakhadi |
| boete (de) | ჯარიმა | jarima |
| beboeten (bekeuren) | დაჯარიმება | dajarimeba |

## 85. Post. Postkantoor

| postkantoor (het) | ფოსტა | post'a |
| post (de) | ფოსტა | post'a |
| postbode (de) | ფოსტალიონი | post'al oni |
| openingsuren (mv.) | სამუშაო საათები | samushao saatebi |

| brief (de) | წერილი | ts'erili |
| aangetekende brief (de) | დაზღვეული წერილი | dazghveuli ts'erili |
| briefkaart (de) | ღია ბარათი | ghia barati |
| telegram (het) | დეპეშა | dep'esha |
| postpakket (het) | ამანათი | amanati |
| overschrijving (de) | ფულადი გზავნილი | puladi gzavnili |

| ontvangen (ww) | მიღება | migheba |
| sturen (zenden) | გაგზავნა | gagzavna |
| verzending (de) | გაგზავნა | gagzavna |

| adres (het) | მისამართი | misamarti |
| postcode (de) | ინდექსი | indeksi |
| verzender (de) | გამგზავნი | gamgzavni |
| ontvanger (de) | მიმღები | mimghebi |

| naam (de) | სახელი | sakheli |
| achternaam (de) | გვარი | gvari |

| tarief (het) | ტარიფი | t'aripi |
| standaard (bn) | ჩვეულებრივი | chveulebrivi |
| zuinig (bn) | ეკონომიური | ek'onomiuri |

| gewicht (het) | წონა | ts'ona |
| afwegen (op de weegschaal) | აწონვა | ats'onva |
| envelop (de) | კონვერტი | k'onvert'i |
| postzegel (de) | მარკა | mark'a |

# Woning. Huis. Thuis

## 86. Huis. Woning

| | | |
|---|---|---|
| huis (het) | სახლი | sakhli |
| thuis (bw) | შინ | shin |
| cour (de) | ეზო | ezo |
| omheining (de) | გალავანი | galavani |
| baksteen (de) | აგური | aguri |
| van bakstenen | აგურისა | agurisa |
| steen (de) | ქვა | kva |
| stenen (bn) | ქვისა | kvisa |
| beton (het) | ბეტონი | bet'oni |
| van beton | ბეტონისა | bet'onisa |
| nieuw (bn) | ახალი | akhali |
| oud (bn) | ძველი | dzveli |
| vervallen (bn) | ძველი | dzveli |
| modern (bn) | თანამედროვე | tanamedrove |
| met veel verdiepingen | მრავალსართულიანი | mravalsartuliani |
| hoog (bn) | მაღალი | maghali |
| verdieping (de) | სართული | sartuli |
| met een verdieping | ერთსართულიანი | ertsartuliani |
| laagste verdieping (de) | ქვედა სართული | kveda sartuli |
| bovenverdieping (de) | ზედა სართული | zeda sartuli |
| dak (het) | სახურავი | sakhuravi |
| schoorsteen (de) | მილი | mili |
| dakpan (de) | კრამიტი | k'ramit'i |
| pannen- (abn) | კრამიტისა | k'ramit'isa |
| zolder (de) | სხვენი | skhveni |
| venster (het) | ფანჯარა | panjara |
| glas (het) | მინა | mina |
| vensterbank (de) | ფანჯრის რაფა | panjris rapa |
| luiken (mv.) | დარაბები | darabebi |
| muur (de) | კედელი | k'edeli |
| balkon (het) | აივანი | aivani |
| regenpijp (de) | წყალსადინარი მილი | ts'qalsadinari mili |
| boven (bw) | ზევით | zevit |
| naar boven gaan (ww) | ასვლა | asvla |
| afdalen (on.ww.) | ჩასვლა | chasvla |
| verhuizen (ww) | გადასვლა | gadasvla |

## 87. Huis. Ingang. Lift

| | | |
|---|---|---|
| ingang (de) | სადარბაზო | sadarbazo |
| trap (de) | კიბე | k'ibe |
| treden (mv.) | საფეხურები | sapekhurebi |
| trapleuning (de) | მოაჯირი | moajir |
| hal (de) | ჰოლი | holi |

| | | |
|---|---|---|
| postbus (de) | საფოსტო ყუთი | sapost'o quti |
| vuilnisbak (de) | სანაგვე ბაკი | sanagve bak'i |
| vuilniskoker (de) | ნაგავსატარი | nagavsat'ari |

| | | |
|---|---|---|
| lift (de) | ლიფტი | lipt'i |
| goederenlift (de) | სატვირთო ლიფტი | sat'virto lipt'i |
| liftcabine (de) | კაბინა | k'abina |
| de lift nemen | ლიფტით მგზავრობა | lipt'it mgzavroba |

| | | |
|---|---|---|
| appartement (het) | ბინა | bina |
| bewoners (mv.) | მობინადრეები | mobinadreebi |
| buren (mv.) | მეზობლები | mezoblebi |

## 88. Huis. Elektriciteit

| | | |
|---|---|---|
| elektriciteit (de) | ელექტრობა | elekt'roba |
| lamp (de) | ნათურა | natura |
| schakelaar (de) | ამომრთველი | amomrtveli |
| zekering (de) | საცობი | satsobi |

| | | |
|---|---|---|
| draad (de) | სადენი | sadeni |
| bedrading (de) | გაყვანილობა | gaqvaniloba |
| elektriciteitsmeter (de) | მრიცხველი | mritskhveli |
| gegevens (mv.) | ჩვენება | chveneba |

## 89. Huis. Deuren. Sloten

| | | |
|---|---|---|
| deur (de) | კარი | k'ari |
| toegangspoort (de) | ჭიშკარი | ch'ishk'ari |
| deurkruk (de) | სახელური | sakheluri |
| ontsluiten (ontgrendelen) | გაღება | gagheba |
| openen (ww) | გაღება | gagheba |
| sluiten (ww) | დაკეტვა | dak'et'va |

| | | |
|---|---|---|
| sleutel (de) | გასაღები | gasaghebi |
| sleutelbos (de) | ასხმულა | askhmula |
| knarsen (bijv. scharnier) | ჭრიალი | ch'riali |
| knarsgeluid (het) | ჭრიალი | ch'riali |
| scharnier (het) | ანჯამა | anjama |
| deurmat (de) | პატარა ნოხი | p'at'ara nokhi |

| | | |
|---|---|---|
| slot (het) | საკეტი | sak'et'i |
| sleutelgat (het) | საკლიტე | sak'lit'e |

| | | |
|---|---|---|
| grendel (de) | ურდული | urduli |
| schuif (de) | ურდული | urduli |
| hangslot (het) | ბოქლომი | boklomi |

| | | |
|---|---|---|
| aanbellen (ww) | რეკვა | rek'va |
| bel (geluid) | ზარი | zari |
| deurbel (de) | ზარი | zari |
| belknop (de) | ღილაკი | ghilak'i |
| geklop (het) | კაკუნი | k'ak'uni |
| kloppen (ww) | კაკუნი | k'ak'uni |

| | | |
|---|---|---|
| code (de) | კოდი | k'odi |
| cijferslot (het) | კოდის საკეტი | k'odis sak'et'i |
| parlofoon (de) | დომოფონი | domoponi |
| nummer (het) | ნომერი | nomeri |
| naambordje (het) | ფირნიში | pirnishi |
| deurspion (de) | საათვალთვალო | satvaltvalo |

## 90. Huis op het platteland

| | | |
|---|---|---|
| dorp (het) | სოფელი | sopeli |
| moestuin (de) | ბოსტანი | bost'ani |
| hek (het) | ღობე | ghobe |
| houten hekwerk (het) | ღობე | ghobe |
| tuinpoortje (het) | პატარა ჭიშკარი | p'at'ara ch'ishk'ari |

| | | |
|---|---|---|
| graanschuur (de) | ბეღელი | begheli |
| wortelkelder (de) | სარდაფი | sardapi |
| schuur (de) | ფარდული | parduli |
| waterput (de) | ჭა | ch'a |

| | | |
|---|---|---|
| kachel (de) | ღუმელი | ghumeli |
| de kachel stoken | დანთება | danteba |
| brandhout (het) | შეშა | shesha |
| houtblok (het) | ნაპობი | nap'obi |

| | | |
|---|---|---|
| veranda (de) | ვერანდა | veranda |
| terras (het) | ტერასა | t'erasa |
| bordes (het) | პარმაღი | p'armaghi |
| schommel (de) | საქანელა | sakanela |

## 91. Villa. Herenhuis

| | | |
|---|---|---|
| landhuisje (het) | ქალაქგარეთა სახლი | kalakgareta sakhli |
| villa (de) | ვილა | vila |
| vleugel (de) | ფრთა | prta |

| | | |
|---|---|---|
| tuin (de) | ბაღი | baghi |
| park (het) | პარკი | p'ark'i |
| oranjerie (de) | ორანჟერეა | oranzherea |
| onderhouden (tuin, enz.) | მოვლა | movla |
| zwembad (het) | აუზი | auzi |

| gym (het) | სპორტული დარბაზი | sp'ort'uli darbazi |
| tennisveld (het) | ჩოგბურთის კორტი | chogburtis k'ort'i |
| bioscoopkamer (de) | კინოთეატრი | k'inoteat'ri |
| garage (de) | ავტოფარები | avt'oparekhi |

| privé-eigendom (het) | კერძო საკუთრება | k'erdzo sak'utreba |
| eigen terrein (het) | კერძო სამფლობელოები | k'erdzo samplobeloebi |

| waarschuwing (de) | გაფრთხილება | gaprtkhileba |
| waarschuwingsbord (het) | გამაფრთხილებელი წარწერა | gamaprtkhilebeli ts'arts'era |

| bewaking (de) | დაცვა | datsva |
| bewaker (de) | მცველი | mtsvel |
| inbraakalarm (het) | სიგნალიზაცია | signalizatsia |

## 92. Kasteel. Paleis

| kasteel (het) | ციხე-დარბაზი | tsikhe-darbazi |
| paleis (het) | სასახლე | sasakhle |
| vesting (de) | ციხე-სიმაგრე | tsikhe-simagre |

| ringmuur (de) | გალავანი | galavani |
| toren (de) | კოშკი | k'oshk'i |
| donjon (de) | მთავარი კოშკი | mtavari k'oshk'i |

| valhek (het) | ასაწევი ჭიშკარი | asats'evi ch'ishk'ari |
| onderaardse gang (de) | მიწისქვეშა გასასვლელი | mits'iskvesha gasasvleli |
| slotgracht (de) | თხრილი | tkhrili |
| ketting (de) | ჯაჭვი | jach'vi |
| schietgat (het) | სათოფური | satopuri |

| prachtig (bn) | ჩინებული | chinebuli |
| majestueus (bn) | დიდებული | didebuli |
| onneembaar (bn) | მიუდგომელი | miudgomeli |
| middeleeuws (bn) | შუა საუკუნეების | shua sauk'uneebisa |

## 93. Appartement

| appartement (het) | ბინა | bina |
| kamer (de) | ოთახი | otakhi |
| slaapkamer (de) | საწოლი ოთახი | sats'oli otakhi |
| eetkamer (de) | სასადილო ოთახი | sasadilo otakhi |
| salon (de) | სასტუმრო ოთახი | sast'umro otakhi |
| studeerkamer (de) | კაბინეტი | k'abinet'i |

| gang (de) | წინა ოთახი | ts'ina otakhi |
| badkamer (de) | საააბაზანო ოთახი | saabazano otakhi |
| toilet (het) | საპირფარეშო | sap'irparesho |

| plafond (het) | ჭერი | ch'eri |
| vloer (de) | იატაკი | iat'ak' |
| hoek (de) | კუთხე | k'utkhe |

## 94. Appartement. Schoonmaken

| schoonmaken (ww) | დალაგება | dalageba |
|---|---|---|
| opbergen (in de kast, enz.) | აღება | agheba |
| stof (het) | მტვერი | mt'veri |
| stoffig (bn) | მტვრიანი | mt'vriani |
| stoffen (ww) | მტვრის მოწმენდა | mt'vris mots'menda |
| stofzuiger (de) | მტვერსასრუტი | mt'versasrut'i |
| stofzuigen (ww) | მტვერსასრუტით მოწმენდა | mt'versasrut'it mots'menda |

| vegen (de vloer ~) | დაგვა | dagva |
|---|---|---|
| veegsel (het) | ნაგავი | nagavi |
| orde (de) | წესრიგი | ts'esrigi |
| wanorde (de) | უწესრიგობა | uts'esrigoba |

| zwabber (de) | შვაბრა | shvabra |
|---|---|---|
| poetsdoek (de) | ჩვარი | chvari |
| veger (de) | ცოცხი | tsotskhi |
| stofblik (het) | აქანდაზი | akandazi |

## 95. Meubels. Interieur

| meubels (mv.) | ავეჯი | aveji |
|---|---|---|
| tafel (de) | მაგიდა | magida |
| stoel (de) | სკამი | sk'ami |
| bed (het) | საწოლი | sats'oli |
| bankstel (het) | დივანი | divani |
| fauteuil (de) | სავარძელი | savardzeli |

| boekenkast (de) | კარადა | k'arada |
|---|---|---|
| boekenrek (het) | თარო | taro |

| kledingkast (de) | კარადა | k'arada |
|---|---|---|
| kapstok (de) | საკიდი | sak'idi |
| staande kapstok (de) | საკიდი | sak'idi |

| commode (de) | კომოდი | k'omodi |
|---|---|---|
| salontafeltje (het) | ჟურნალების მაგიდა | zhurnalebis magida |

| spiegel (de) | სარკე | sark'e |
|---|---|---|
| tapijt (het) | ხალიჩა | khalicha |
| tapijtje (het) | პატარა ნოხი | p'at'ara nokhi |

| haard (de) | ბუხარი | bukhari |
|---|---|---|
| kaars (de) | სანთელი | santeli |
| kandelaar (de) | შანდალი | shandali |

| gordijnen (mv.) | ფარდები | pardebi |
|---|---|---|
| behang (het) | შპალери | shp'aleri |
| jaloezie (de) | ჟალუზი | zhaluzi |

| bureaulamp (de) | მაგიდის ლამპა | magidis lamp'a |
|---|---|---|
| wandlamp (de) | ლამპარი | lamp'ari |

| staande lamp (de) | ტორშერი | t'orsheri |
| luchter (de) | ჭაღი | ch'agh |

| poot (ov. een tafel, enz.) | ფეხი | pekhi |
| armleuning (de) | საიდაყვე | saidaqve |
| rugleuning (de) | ზურგი | zurgi |
| la (de) | უჯრა | ujra |

## 96. Beddengoed

| beddengoed (het) | თეთრეული | tetreul |
| kussen (het) | ბალიში | balishi |
| kussenovertrek (de) | ბალიშისპირი | balishisp'iri |
| deken (de) | საბანი | sabani |
| laken (het) | ზეწარი | zets'ari |
| sprei (de) | გადასაფარებელი | gadasaparebeli |

## 97. Keuken

| keuken (de) | სამზარეულო | samzareulo |
| gas (het) | აირი | airi |
| gasfornuis (het) | გაზქურა | gazkura |
| elektrisch fornuis (het) | ელექტროქურა | elekt'rokura |
| oven (de) | ფურნაკი | purnak'i |
| magnetronoven (de) | მიკროტალღოვანი ღუმელი | mik'ro alghovani ghumeli |

| koelkast (de) | მაცივარი | matsivari |
| diepvriezer (de) | საყინულე | saqinule |
| vaatwasmachine (de) | ჭურჭლის სარეცხი მანქანა | ch'urch'lis saretskh mankana |

| vleesmolen (de) | ხორცსაკეპი | khortssak'ep'i |
| vruchtenpers (de) | წვენსაწური | ts'vensats'uri |
| toaster (de) | ტოსტერი | t'ost'eri |
| mixer (de) | მიქსერი | mikseri |

| koffiemachine (de) | ყავის სახარში | qavis sakharshi |
| koffiepot (de) | ყავადანი | qavadani |
| koffiemolen (de) | ყავის საფქვავი | qavis sapkvavi |

| fluitketel (de) | ჩაიდანი | chaidani |
| theepot (de) | ჩაიდანი | chaidani |
| deksel (de/het) | ხუფი | khupi |
| theezeefje (het) | საწური | sats'uri |

| lepel (de) | კოვზი | k'ovzi |
| theelepeltje (het) | ჩაის კოვზი | chais k'ovzi |
| eetlepel (de) | სადილის კოვზი | sadilis k'ovzi |
| vork (de) | ჩანგალი | chançali |
| mes (het) | დანა | dana |

| vaatwerk (het) | ჭურჭელი | ch'urch'eli |
| bord (het) | თეფში | tepsh |

| | | |
|---|---|---|
| schoteltje (het) | ლამბაქი | lambaki |
| likeurglas (het) | სირჩა | sircha |
| glas (het) | ჭიქა | ch'ika |
| kopje (het) | ფინჯანი | pinjani |

| | | |
|---|---|---|
| suikerpot (de) | საშაქრე | sashakre |
| zoutvat (het) | სამარილე | samarile |
| pepervat (het) | საპილპილე | sap'ilp'ile |
| boterschaaltje (het) | საკარაქე | sak'arake |

| | | |
|---|---|---|
| steelpan (de) | ქვაბი | kvabi |
| bakpan (de) | ტაფა | t'apa |
| pollepel (de) | ჩამჩა | chamcha |
| vergiet (de/het) | თუშფალანგი | tushpalangi |
| dienblad (het) | ლანგარი | langari |

| | | |
|---|---|---|
| fles (de) | ბოთლი | botli |
| glazen pot (de) | ქილა | kila |
| blik (conserven~) | ქილა | kila |

| | | |
|---|---|---|
| flesopener (de) | გასახსნელი | gasakhsneli |
| blikopener (de) | გასახსნელი | gasakhsneli |
| kurkentrekker (de) | შტოპორი | sht'op'ori |
| filter (de/het) | ფილტრი | pilt'ri |
| filteren (ww) | ფილტვრა | pilt'vra |

| | | |
|---|---|---|
| huisvuil (het) | ნაგავი | nagavi |
| vuilnisemmer (de) | სანაგვე ვედრო | sanagve vedro |

## 98. Badkamer

| | | |
|---|---|---|
| badkamer (de) | საabაზანო ოთახი | saabazano otakhi |
| water (het) | წყალი | ts'qali |
| kraan (de) | ონკანი | onk'ani |
| warm water (het) | ცხელი წყალი | tskheli ts'qali |
| koud water (het) | ცივი წყალი | tsivi ts'qali |

| | | |
|---|---|---|
| tandpasta (de) | კბილის პასტა | k'bilis p'ast'a |
| tanden poetsen (ww) | კბილების წმენდა | k'bilebis ts'menda |

| | | |
|---|---|---|
| zich scheren (ww) | პარსვა | p'arsva |
| scheercrème (de) | საპარსი კაფი | sap'arsi kapi |
| scheermes (het) | სამართებელი | samartebeli |

| | | |
|---|---|---|
| wassen (ww) | რეცხვა | retskhva |
| een bad nemen | დაბანა | dabana |
| douche (de) | შხაპი | shkhap'i |
| een douche nemen | შხაპის მიღება | shkhap'is migheba |

| | | |
|---|---|---|
| bad (het) | აბაზანა | abazana |
| toiletpot (de) | უნიტაზი | unit'azi |
| wastafel (de) | ნიჟარა | nizhara |
| zeep (de) | საპონი | sap'oni |
| zeepbakje (het) | სასაპნე | sasap'ne |

| spons (de) | ღრუბელი | ghrubeli |
| shampoo (de) | შამპუნი | shamp'uni |
| handdoek (de) | პირსახოცი | p'irsakhotsi |
| badjas (de) | ხალათი | khalati |

| was (bijv. handwas) | რეცხვა | retskhva |
| wasmachine (de) | სარეცხი მანქანა | saretskhi mankana |
| de was doen | თეთრეულის რეცხვა | tetreulis retsvkha |
| waspoeder (de) | სარეცხი ფხვნილი | saretskhi pkhvnili |

## 99. Huishoudelijke apparaten

| televisie (de) | ტელევიზორი | t'elevizori |
| cassettespeler (de) | მაგნიტოფონი | magnit'oponi |
| videorecorder (de) | ვიდეომაგნიტოფონი | videomagnit'oponi |
| radio (de) | მიმღები | mimghebi |
| speler (de) | ფლეერი | pleeri |

| videoprojector (de) | ვიდეოპროექტორი | videop'roekt'ori |
| home theater systeem (het) | სახლის კინოთეატრი | sakhlis k'inoteat'ri |
| DVD-speler (de) | DVD-საკრავი | DVD-sak'ravi |
| versterker (de) | გამამლიერებელი | gamamdzlierebeli |
| spelconsole (de) | სათამაშო მისადგამი | satamasho misadgami |

| videocamera (de) | ვიდეოკამერა | videok'amera |
| fotocamera (de) | ფოტოაპარატი | pot'oap'arat'i |
| digitale camera (de) | ციფრული ფოტოაპარატი | tsipru i pot'oap'arat'i |

| stofzuiger (de) | მტვერსასრუტი | mt'versasrut'i |
| strijkijzer (het) | უთო | uto |
| strijkplank (de) | საუთოებელი დაფა | sautoebeli dapa |

| telefoon (de) | ტელეფონი | t'eleponi |
| mobieltje (het) | მობილური ტელეფონი | mobiluri t'eleponi |
| schrijfmachine (de) | მანქანა | mankana |
| naaimachine (de) | მანქანა | mankana |

| microfoon (de) | მიკროფონი | mik'roponi |
| koptelefoon (de) | საყურისი | saquirisi |
| afstandsbediening (de) | პულტი | p'ult'i |

| CD (de) | CD-დისკი | CD-disk'i |
| cassette (de) | კასეტი | k'aset'i |
| vinylplaat (de) | ფირფიტა | pirpit'a |

## 100. Reparaties. Renovatie

| renovatie (de) | რემონტი | remont'i |
| renoveren (ww) | რემონტის კეთება | remont'is k'eteba |
| repareren (ww) | გარემონტება | garemont'eba |
| op orde brengen | წესრიგში მოყვანა | ts'esrigshi moqvana |
| overdoen (ww) | გადაკეთება | gadak'eteba |

| verf (de) | საღებავი | saghebavi |
| verven (muur ~) | ღებვა | ghebva |
| schilder (de) | მღებავი | mghebavi |
| kwast (de) | ფუნჯი | punji |

| kalk (de) | თეთრა | tetra |
| kalken (ww) | შეთეთრება | shetetreba |

| behang (het) | შპალერი | shp'aleri |
| behangen (ww) | შპალერის გაკვრა | shp'aleris gak'vra |
| lak (de/het) | ლაქი | laki |
| lakken (ww) | გალაქვა | galakva |

## 101. Loodgieterswerk

| water (het) | წყალი | ts'qali |
| warm water (het) | ცხელი წყალი | tskheli ts'qali |
| koud water (het) | ცივი წყალი | tsivi ts'qali |
| kraan (de) | ონკანი | onk'ani |

| druppel (de) | წვეთი | ts'veti |
| druppelen (ww) | წვეთა | ts'veta |
| lekken (een lek hebben) | დინება | dineba |
| lekkage (de) | გადენა | gadena |
| plasje (het) | გუბე | gube |

| buis, leiding (de) | მილი | mili |
| stopkraan (de) | ვენტილი | vent'ili |
| verstopt raken (ww) | გაჭედვა | gach'edva |

| gereedschap (het) | ხელსაწყოები | khelsats'qoebi |
| Engelse sleutel (de) | ქანჩის გასაღები | kanchis gasaghebi |
| losschroeven (ww) | მოშვება | moshveba |
| aanschroeven (ww) | მოჭერა | moch'era |

| ontstoppen (riool, enz.) | გამოწმენდა | gamots'menda |
| loodgieter (de) | სანტექნიკოსი | sant'eknik'osi |
| kelder (de) | სარდაფი | sardapi |
| riolering (de) | კანალიზაცია | k'analizatsia |

## 102. Brand. Vuurzee

| vuur (het) | ცეცხლი | tsetskhli |
| vlam (de) | ალი | ali |
| vonk (de) | ნაპერწკალი | nap'erts'k'ali |
| rook (de) | კვამლი | k'vamli |
| fakkel (de) | ჩირაღდანი | chiraghdani |
| kampvuur (het) | კოცონი | k'otsoni |

| benzine (de) | ბენზინი | benzini |
| kerosine (de) | ნავთი | navti |
| brandbaar (bn) | საწვავი | sats'vavi |

| ontplofbaar (bn) | ფეთქებადსაშიში | petkebadsashishi |
| VERBODEN TE ROKEN! | წუ მოსწევთ! | nu mosts'evt! |

| veiligheid (de) | უსაფრთხოება | usaprtkhoeba |
| gevaar (het) | საშიშროება | sashishroeba |
| gevaarlijk (bn) | საშიში | sashishi |

| in brand vliegen (ww) | ცეცხლის მოკიდება | tsetskhlis mok'ideba |
| explosie (de) | აფეთქება | apetkeba |
| in brand steken (ww) | ცეცხლის წაკიდება | tsetskhlis ts'ak'ideba |
| brandstichter (de) | ცეცხლის წამკიდებელი | tsetskhlis ts'amk'idebeli |
| brandstichting (de) | ცეცხლის წაკიდება | tsetskhlis ts'ak'ideba |

| vlammen (ww) | ბრიალი | briali |
| branden (ww) | წვა | ts'va |
| afbranden (ww) | დაწვა | dats'va |

| de brandweer bellen | მეხანძრეების გამოძახება | mekhandzreebis gamoczakheba |
| brandweerman (de) | მეხანძრე | mekhandzre |
| brandweerwagen (de) | სახანძრო მანქანა | sakhandzro mankana |
| brandweer (de) | სახანძრო რაზმი | sakhandzro razmi |
| uitschuifbare ladder (de) | სახანძრო კიბე | sakhandzro k'ibe |

| brandslang (de) | შლანგი | shlanci |
| brandblusser (de) | ცეცხლსაქრობი | tsetskhlsakrobi |
| helm (de) | კასკა | k'ask'a |
| sirene (de) | სირენა | sirena |

| roepen (ww) | ყვირილი | qvirili |
| hulp roepen | დასახმარებლად დაძახება | dasakhmareblad dadzakheba |
| redder (de) | მაშველი | mashveli |
| redden (ww) | გადარჩენა | gadarchena |

| aankomen (per auto, enz.) | მოსვლა | mosvla |
| blussen (ww) | ჩაქრობა | chakroba |
| water (het) | წყალი | ts'qali |
| zand (het) | ქვიშა | kvisha |

| ruïnes (mv.) | ნანგრევები | nangrevebi |
| instorten (gebouw, enz.) | ჩანგრევა | chancreva |
| ineenstorten (ww) | ჩამონგრევა | chamongreva |
| inzakken (ww) | ჩამონგრევა | chamongreva |

| brokstuk (het) | ნამტვრევი | namt'vrevi |
| as (de) | ფერფლი | perpli |

| verstikken (ww) | გაგუდვა | gagudva |
| omkomen (ww) | დაღუპვა | daghup'va |

# MENSELIJKE ACTIVITEITEN

## Baan. Business. Deel 1

### 103. Kantoor. Op kantoor werken

| | | |
|---|---|---|
| kantoor (het) | ოფისი | opisi |
| kamer (de) | კაბინეტი | k'abinet'i |
| receptie (de) | რესეფშენი | resepsheni |
| secretaris (de) | მდივანი | mdivani |
| directeur (de) | დირექტორი | direkt'ori |
| manager (de) | მენეჯერი | menejeri |
| boekhouder (de) | ბუღალტერი | bughalt'eri |
| werknemer (de) | თანამშრომელი | tanamshromeli |
| meubilair (het) | ავეჯი | aveji |
| tafel (de) | მაგიდა | magida |
| bureaustoel (de) | სავარძელი | savardzeli |
| ladeblok (het) | ტუმბა | t'umba |
| kapstok (de) | საკიდი | sak'idi |
| computer (de) | კომპიუტერი | k'omp'iut'eri |
| printer (de) | პრინტერი | p'rint'eri |
| fax (de) | ფაქსი | paksi |
| kopieerapparaat (het) | ასლის გადამღები აპარატი | aslis gadamghebi ap'arat'i |
| papier (het) | ქაღალდი | kaghaldi |
| kantoorartikelen (mv.) | საკანცელარიო ნივთები | sak'antselario nivtebi |
| muismat (de) | კვეშსადები | kveshsadebi |
| blad (het) | ფურცელი | purtseli |
| ordner (de) | საქაღალდე | sakaghalde |
| catalogus (de) | კატალოგი | k'at'alogi |
| telefoongids (de) | ცნობარი | tsnobari |
| documentatie (de) | დოკუმენტაცია | dok'ument'atsia |
| brochure (de) | ბროშურა | broshura |
| flyer (de) | ფურცელი | purtseli |
| monster (het), staal (de) | ნიმუში | nimushi |
| training (de) | ტრენინგი | t'reningi |
| vergadering (de) | თათბირი | tatbiri |
| lunchpauze (de) | სასადილო შესვენება | sasadilo shesveneba |
| een kopie maken | ასლის გაკეთება | aslis gak'eteba |
| de kopieën maken | გამრავლება | gamravleba |
| een fax ontvangen | ფაქსის მიღება | paksis migheba |
| een fax versturen | ფაქსის გაგზავნა | paksis gagzavna |
| opbellen (ww) | რეკვა | rek'va |

| | | |
|---|---|---|
| antwoorden (ww) | პასუხის გაცემა | p'asukhis gatsema |
| doorverbinden (ww) | შეერთება | sheerteba |

| | | |
|---|---|---|
| afspreken (ww) | დანიშვნა | danishvna |
| demonstreren (ww) | დემონსტრირება | demonst'rireba |
| absent zijn (ww) | არდასწრება | ardasts'reba |
| afwezigheid (de) | გაცდენა | gatsdena |

## 104. Bedrijfsprocessen. Deel 1

| | | |
|---|---|---|
| zaak (de), beroep (het) | საქმე | sakme |
| firma (de) | ფირმა | pirma |
| bedrijf (maatschap) | კომპანია | k'omp'ania |
| corporatie (de) | კორპორაცია | k'orp'oratsia |
| onderneming (de) | საწარმო | sats'armo |
| agentschap (het) | სააგენტო | saagent'o |

| | | |
|---|---|---|
| overeenkomst (de) | ხელშეკრულება | khelshek'ruleba |
| contract (het) | კონტრაქტი | k'ont'rakt'i |
| transactie (de) | გარიგება | garigeba |
| bestelling (de) | შეკვეთა | shek'veta |
| voorwaarde (de) | პირობა | p'iroba |

| | | |
|---|---|---|
| in het groot (bw) | ბითუმად | bitumad |
| groothandels- (abn) | საბითუმო | sabitumo |
| groothandel (de) | ბითუმად გაყიდვა | bitumad gaqidva |
| kleinhandels- (abn) | საცალო | satsalo |
| kleinhandel (de) | ცალობით გაყიდვა | tsalobit gaqidva |

| | | |
|---|---|---|
| concurrent (de) | კონკურენტი | k'onk'urent'i |
| concurrentie (de) | კონკურენცია | k'onk'urentsia |
| concurreren (ww) | კონკურენციის გაწევა | k'onk'urentsiis gats'eva |

| | | |
|---|---|---|
| partner (de) | პარტნიორი | p'art'niori |
| partnerschap (het) | პარტნიორობა | p'art'nioroba |

| | | |
|---|---|---|
| crisis (de) | კრიზისი | k'rizis |
| bankroet (het) | გაკოტრება | gak'o·'reba |
| bankroet gaan (ww) | გაკოტრება | gak'o·'reba |
| moeilijkheid (de) | სიძნელე | sidznele |
| probleem (het) | პრობლემა | p'roblema |
| catastrofe (de) | კატასტროფა | k'at'ast'ropa |

| | | |
|---|---|---|
| economie (de) | ეკონომიკა | ek'onomik'a |
| economisch (bn) | ეკონომიკური | ek'onomik'uri |
| economische recessie (de) | ეკონომიკური ვარდნა | ek'onomik'uri vardna |

| | | |
|---|---|---|
| doel (het) | მიზანი | mizani |
| taak (de) | ამოცანა | amotsana |

| | | |
|---|---|---|
| handelen (handel drijven) | ვაჭრობა | vach'roba |
| netwerk (het) | ქსელი | kseli |
| voorraad (de) | საწყობი | sats'qobi |
| assortiment (het) | ასორტიმენტი | asort iment'i |

| leider (de) | ლიდერი | lideri |
| groot (bn) | მსხვილი | mskhvili |
| monopolie (het) | მონოპოლია | monop'olia |

| theorie (de) | თეორია | teoria |
| praktijk (de) | პრაქტიკა | p'rakt'ik'a |
| ervaring (de) | გამოცდილება | gamotsdileba |
| tendentie (de) | ტენდენცია | t'endentsia |
| ontwikkeling (de) | განვითარება | ganvitareba |

## 105. Bedrijfsprocessen. Deel 2

| voordeel (het) | სარგებლობა | sargebloba |
| voordelig (bn) | სარგებლიანი | sargebliani |

| delegatie (de) | დელეგაცია | delegatsia |
| salaris (het) | ხელფასი | khelpasi |
| corrigeren (fouten ~) | გამოსწორება | gamosts'oreba |
| zakenreis (de) | მივლინება | mivlineba |
| commissie (de) | კომისია | k'omisia |

| controleren (ww) | კონტროლის გაწევა | k'ont'rolis gats'eva |
| conferentie (de) | კონფერენცია | k'onperentsia |
| licentie (de) | ლიცენზია | litsenzia |
| betrouwbaar (partner, enz.) | საიმედო | saimedo |

| aanzet (de) | წამოწყება | ts'amots'qeba |
| norm (bijv. ~ stellen) | ნორმა | norma |
| omstandigheid (de) | გარემოება | garemoeba |
| taak, plicht (de) | მოვალეობა | movaleoba |

| organisatie (bedrijf, zaak) | ორგანიზაცია | organizatsia |
| organisatie (proces) | ორგანიზება | organizeba |
| georganiseerd (bn) | ორგანიზებული | organizebuli |
| afzegging (de) | გაუქმება | gaukmeba |
| afzeggen (ww) | გაუქმება | gaukmeba |
| verslag (het) | ანგარიში | angarishi |

| patent (het) | პატენტი | p'at'ent'i |
| patenteren (ww) | დაპატენტება | dap'at'ent'eba |
| plannen (ww) | დაგეგმვა | dagegmva |

| premie (de) | პრემია | p'remia |
| professioneel (bn) | პროფესიული | p'ropesiuli |
| procedure (de) | პროცედურა | p'rotsedura |

| onderzoeken (contract, enz.) | განხილვა | gankhilva |
| berekening (de) | ანგარიშსწორება | angarishsts'oreba |
| reputatie (de) | რეპუტაცია | rep'ut'atsia |
| risico (het) | რისკი | risk'i |

| beheren (managen) | ხელმძღვანელობა | khelmdzghvaneloba |
| informatie (de) | ცნობები | tsnobebi |
| eigendom (bezit) | საკუთრება | sak'utreba |

| unie (de) | კავშირი | k'avsh ri |
| levensverzekering (de) | სიცოცხლის დაზღვევა | sitsotskhlis dazghveva |
| verzekeren (ww) | დაზღვევა | dazghveva |
| verzekering (de) | დაზღვევა | dazghveva |

| veiling (de) | საჯარო ვაჭრობა | sajaro vach'roba |
| verwittigen (ww) | შეტყობინება | shet'qobineba |
| beheer (het) | მართვა | martva |
| dienst (de) | სამსახური | samsakhuri |

| forum (het) | ფორუმი | porumi |
| functioneren (ww) | ფუნქციონირება | punktsionireba |
| stap, etappe (de) | ეტაპი | et'ap'i |
| juridisch (bn) | იურიდიული | iuridiui |
| jurist (de) | იურისტი | iurist'i |

## 106. Productie. Werken

| industriële installatie (fabriek) | ქარხანა | karkhana |
| fabriek (de) | ფაბრიკა | pabrik'a |
| werkplaatsruimte (de) | საამქრო | saamkro |
| productielocatie (de) | წარმოება | ts'armoeba |

| industrie (de) | მრეწველობა | mretsveloba |
| industrieel (bn) | სამრეწველო | samrets'velo |
| zware industrie (de) | მძიმე მრეწველობა | mdzime mrets'veloba |
| lichte industrie (de) | მსუბუქი მრეწველობა | msubuki mrets'veloba |

| productie (de) | პროდუქცია | p'roduktsia |
| produceren (ww) | წარმოება | ts'armoeba |
| grondstof (de) | ნედლეული | nedleuli |

| voorman, ploegbaas (de) | ბრიგადირი | brigadiri |
| ploeg (de) | ბრიგადა | brigada |
| arbeider (de) | მუშა | musha |

| werkdag (de) | სამუშაო დღე | samushao dghe |
| pauze (de) | შეჩერება | shechereba |
| samenkomst (de) | კრება | k'reba |
| bespreken (spreken over) | განხილვა | gankhilva |

| plan (het) | გეგმა | gegma |
| het plan uitvoeren | გეგმის შესრულება | gegmis shesruleba |
| productienorm (de) | გამომუშავების ნორმა | gamomushavebis norma |
| kwaliteit (de) | ხარისხი | khariskhi |
| controle (de) | კონტროლი | k'ont'roli |
| kwaliteitscontrole (de) | ხარისხის კონტროლი | khariskhis k'ont'roi |

| arbeidsveiligheid (de) | შრომის უსაფრთხოება | shromis usaprtkhoeba |
| discipline (de) | დისციპლინა | dists p'lina |
| overtreding (de) | დარღვევა | dargveva |
| overtreden (ww) | დარღვევა | dargveva |
| staking (de) | გაფიცვა | gapitsva |
| staker (de) | გაფიცული | gapitsuli |

| | | |
|---|---|---|
| staken (ww) | გაფიცვა | gapitsva |
| vakbond (de) | პროფკავშირი | p'ropk'avshiri |

| | | |
|---|---|---|
| uitvinden (machine, enz.) | გამოგონება | gamogoneba |
| uitvinding (de) | გამოგონება | gamogoneba |
| onderzoek (het) | გამოკვლევა | gamok'vleva |
| verbeteren (beter maken) | გაუმჯობესება | gaumjobeseba |
| technologie (de) | ტექნოლოგია | t'eknologia |
| technische tekening (de) | ნახაზი | nakhazi |

| | | |
|---|---|---|
| vracht (de) | ტვირთი | t'virti |
| lader (de) | მტვირთავი | mt'virtavi |
| laden (vrachtwagen) | დატვირთვა | dat'virtva |
| laden (het) | დატვირთვა | dat'virtva |
| lossen (ww) | დაცლა | datsla |
| lossen (het) | დაცლა | datsla |

| | | |
|---|---|---|
| transport (het) | ტრანსპორტი | t'ransp'ort'i |
| transportbedrijf (de) | სატრანსპორტო კომპანია | sat'ransp'ort'o k'omp'ania |
| transporteren (ww) | ტრანსპორტირება | t'ransp'ort'ireba |

| | | |
|---|---|---|
| goederenwagon (de) | ვაგონი | vagoni |
| tank (bijv. ketelwagen) | ცისტერნა | tsist'erna |
| vrachtwagen (de) | სატვირთო მანქანა | sat'virto mankana |

| | | |
|---|---|---|
| machine (de) | დაზგა | dazga |
| mechanisme (het) | მექანიზმი | mekanizmi |

| | | |
|---|---|---|
| industrieel afval (het) | ნარჩენები | narchenebi |
| verpakking (de) | შეფუთვა | sheputva |
| verpakken (ww) | შეფუთვა | sheputva |

## 107. Contract. Overeenstemming

| | | |
|---|---|---|
| contract (het) | კონტრაქტი | k'ont'rakt'i |
| overeenkomst (de) | შეთანხმება | shetankhmeba |
| bijlage (de) | დანართი | danarti |

| | | |
|---|---|---|
| een contract sluiten | კონტრაქტის დადება | k'ont'rakt'is dadeba |
| handtekening (de) | ხელმოწერა | khelmots'era |
| ondertekenen (ww) | ხელის მოწერა | khelis mots'era |
| stempel (de) | ბეჭედი | bech'edi |

| | | |
|---|---|---|
| voorwerp (het) van de overeenkomst | ხელშეკრულების საგანი | khelshek'rulebis sagani |
| clausule (de) | პუნქტი | p'unkt'i |
| partijen (mv.) | მხარეები | mkhareebi |
| vestigingsadres (het) | იურიდიული მისამართი | iuridiuli misamarti |

| | | |
|---|---|---|
| het contract verbreken (overtreden) | კონტრაქტის დარღვევა | k'ont'rakt'is darghveva |
| verplichting (de) | ვალდებულება | valdebuleba |
| verantwoordelijkheid (de) | პასუხისმგებლობა | p'asukhismgebloba |
| overmacht (de) | ფორს-მაჟორი | pors-mazhori |

| geschil (het) | დავა | dava |
|---|---|---|
| sancties (mv.) | საჯარიმო სანქციები | sajarimo sanktsiebi |

## 108. Import & Export

| import (de) | იმპორტი | imp'ort'i |
|---|---|---|
| importeur (de) | იმპორტიორი | imp'ort'iori |
| importeren (ww) | იმპორტირება | imp'ort ireba |
| import- (abn) | იმპორტული | imp'ort uli |

| exporteur (de) | ექსპორტიორი | eksp'ort'iori |
|---|---|---|
| exporteren (ww) | ექსპორტირება | eksp'ort'ireba |

| goederen (mv.) | საქონელი | sakoneli |
|---|---|---|
| partij (de) | პარტია | p'art'ia |

| gewicht (het) | წონა | ts'ona |
|---|---|---|
| volume (het) | მოცულობა | motsuloba |
| kubieke meter (de) | კუბური მეტრი | k'uburi met'ri |

| producent (de) | მწარმოებელი | mts'armoebeli |
|---|---|---|
| transportbedrijf (de) | სატრანსპორტო კომპანია | sat'ransp'ort'o k'omp'ania |
| container (de) | კონტეინერი | k'ont'e neri |

| grens (de) | საზღვარი | sazghvari |
|---|---|---|
| douane (de) | საბაჟო | sabazho |
| douanerecht (het) | საბაჟო გადასახადი | sabazho gadasakhadi |
| douanier (de) | მებაჟე | mebazhe |
| smokkelen (het) | კონტრაბანდა | k'ont'rabanda |
| smokkelwaar (de) | კონტრაბანდა | k'ont'rabanda |

## 109. Financiën

| aandeel (het) | აქცია | aktsia |
|---|---|---|
| obligatie (de) | ობლიგაცია | obligatsia |
| wissel (de) | თამასუქი | tamasuki |

| beurs (de) | ბირჟა | birzha |
|---|---|---|
| aandelenkoers (de) | აქციების კურსი | aktsiebis k'ursi |

| dalen (ww) | გაიაფება | gaiapeba |
|---|---|---|
| stijgen (ww) | გაძვირება | gadzvireba |

| meerderheidsbelang (het) | საკონტროლო პაკეტი | sak'ont'rolo p'ak'et'i |
|---|---|---|
| investeringen (mv.) | ინვესტიციები | invest'itsiebi |
| investeren (ww) | ინვესტირება | invest'ireba |
| procent (het) | პროცენტი | p'rotsent'i |
| rente (de) | პროცენტები | p'rotsent'ebi |

| winst (de) | მოგება | mogeba |
|---|---|---|
| winstgevend (bn) | მომგებიანი | momgebiani |
| belasting (de) | გადასახადი | gadasakhadi |

| valuta (vreemde ~) | ვალუტა | valut'a |
| nationaal (bn) | ეროვნული | erovnuli |
| ruil (de) | გაცვლა | gatsvla |

| boekhouder (de) | ბუღალტერი | bughalt'eri |
| boekhouding (de) | ბუღალტერია | bughalt'eria |

| bankroet (het) | გაკოტრება | gak'ot'reba |
| ondergang (de) | გაკოტრება | gak'ot'reba |
| faillissement (het) | გაკოტრება | gak'ot'reba |
| geruïneerd zijn (ww) | გაკოტრება | gak'ot'reba |
| inflatie (de) | ინფლაცია | inplatsia |
| devaluatie (de) | დევალვაცია | devalvatsia |

| kapitaal (het) | კაპიტალი | k'ap'it'ali |
| inkomen (het) | შემოსავალი | shemosavali |
| omzet (de) | ბრუნვა | brunva |
| middelen (mv.) | რესურსები | resursebi |
| financiële middelen (mv.) | ფულადი სახსრები | puladi sakhsrebi |

| operationele kosten (mv.) | ზედნადები ხარჯები | zednadebi kharjebi |
| reduceren (kosten ~) | შემცირება | shemtsireba |

## 110. Marketing

| marketing (de) | მარკეტინგი | mark'et'ingi |
| markt (de) | ბაზარი | bazari |
| marktsegment (het) | ბაზრის სეგმენტი | bazris segment'i |
| product (het) | პროდუქტი | p'rodukt'i |
| goederen (mv.) | საქონელი | sakoneli |

| handelsmerk (het) | სავაჭრო მარკა | savach'ro mark'a |
| beeldmerk (het) | საფირმო ნიშანი | sapirmo nishani |
| logo (het) | ლოგოტიპი | logot'ip'i |

| vraag (de) | მოთხოვნა | motkhovna |
| aanbod (het) | შეთავაზება | shetavazeba |
| behoefte (de) | მოთხოვნილება | motkhovnileba |
| consument (de) | მომხმარებელი | momkhmarebeli |
| analyse (de) | ანალიზი | analizi |
| analyseren (ww) | გაანალიზება | gaanalizeba |
| positionering (de) | პოზიციონირება | p'ozitsionireba |
| positioneren (ww) | პოზიციონირება | p'ozitsionireba |

| prijs (de) | ფასი | pasi |
| prijspolitiek (de) | ფასების პოლიტიკა | pasebis p'olit'ik'a |
| prijsvorming (de) | ფასწარმოქმნა | pasts'armokmna |

## 111. Reclame

| reclame (de) | რეკლამა | rek'lama |
| adverteren (ww) | რეკლამირება | rek'lamireba |

| budget (het) | ბიუჯეტი | biujet'i |
| advertentie, reclame (de) | რეკლამა | rek'lama |
| TV-reclame (de) | ტელერეკლამა | t'elerek'lama |
| radioreclame (de) | რეკლამა რადიოში | rek'lama radioshi |
| buitenreclame (de) | გარე რეკლამა | gare rek'lama |

| massamedia (de) | მასობრივი ინფორმაციის საშუალებები | masobrivi inpormatsiis sashualebebi |
| periodiek (de) | პერიოდული გამოცემა | p'erioduli gamotsema |
| imago (het) | იმიჯი | imiji |

| slagzin (de) | ლოზუნგი | lozungi |
| motto (het) | დევიზი | devizi |

| campagne (de) | კამპანია | k'amp'ania |
| reclamecampagne (de) | სარეკლამო კამპანია | sarek'lamo k'amp'ania |
| doelpubliek (het) | მიზნობრივი აუდიტორია | miznobrivi audit'oria |

| visitekaartje (het) | სავიზიტო ბარათი | savizit'o barati |
| flyer (de) | ფურცელი | purtseli |
| brochure (de) | ბროშურა | broshura |
| folder (de) | ბუკლეტი | buk'let'i |
| nieuwsbrief (de) | ბიულეტენი | biulet'eni |

| gevelreclame (de) | აბრა | abra |
| poster (de) | პლაკატი | p'lak'at'i |
| aanplakbord (het) | სარეკლამო ფარი | sarek' amo pari |

## 112. Bankieren

| bank (de) | ბანკი | bank'i |
| bankfiliaal (het) | განყოფილება | ganqopileba |

| bankbediende (de) | კონსულტანტი | k'onsult'ant'i |
| manager (de) | მმართველი | mmartveli |

| bankrekening (de) | ანგარიში | angarishi |
| rekeningnummer (het) | ანგარიშის ნომერი | angarishis nomeri |
| lopende rekening (de) | მიმდინარე ანგარიში | mimdinare angarishi |
| spaarrekening (de) | დამაგროვებელი ანგარიში | damagrovebeli angarishi |

| een rekening openen | ანგარიშის გახსნა | angarishis gakhsna |
| de rekening sluiten | ანგარიშის დახურვა | angarishis dakhurva |
| op rekening storten | ანგარიშზე დადება | angarishze dadeba |
| opnemen (ww) | ანგარიშიდან მოხსნა | angarishidan mokhsna |

| storting (de) | ანაბარი | anabari |
| een storting maken | ანაბრის გაკეთება | anabris gak'eteba |
| overschrijving (de) | გზავნილი | gzavnili |
| een overschrijving maken | გზავნილის გაკეთება | gzavnilis gak'eteba |

| som (de) | თანხა | tankha |
| Hoeveel? | რამდენი? | ramdeni? |
| handtekening (de) | ხელმოწერა | khelmots'era |

| ondertekenen (ww) | ხელის მოწერა | khelis mots'era |
| kredietkaart (de) | საკრედიტო ბარათი | sak'redit'o barati |
| code (de) | კოდი | k'odi |
| kredietkaartnummer (het) | საკრედიტო ბარათის ნომერი | sak'redit'o baratis nomeri |
| geldautomaat (de) | ბანკომატი | bank'omat'i |

| cheque (de) | ჩეკი | chek'i |
| een cheque uitschrijven | ჩეკის გამოწერა | chek'is gamots'era |
| chequeboekje (het) | ჩეკების წიგნაკი | chek'ebis ts'ignak'i |

| lening, krediet (de) | კრედიტი | k'redit'i |
| een lening aanvragen | კრედიტისათვის მიმართვა | k'redit'isatvis mimartva |
| een lening nemen | კრედიტის აღება | k'redit'is agheba |
| een lening verlenen | კრედიტის წარდგენა | k'redit'is ts'ardgena |
| garantie (de) | გარანტია | garant'ia |

## 113. Telefoon. Telefoongesprek

| telefoon (de) | ტელეფონი | t'eleponi |
| mobieltje (het) | მობილური ტელეფონი | mobiluri t'eleponi |
| antwoordapparaat (het) | ავტომპასუხე | avt'omop'asukhe |

| bellen (ww) | რეკვა | rek'va |
| belletje (telefoontje) | ზარი | zari |

| een nummer draaien | ნომრის აკრეფა | nomris ak'repa |
| Hallo! | ალო! | alo! |
| vragen (ww) | კითხვა | k'itkhva |
| antwoorden (ww) | პასუხის გაცემა | p'asukhis gatsema |

| horen (ww) | სმენა | smena |
| goed (bw) | კარგად | k'argad |
| slecht (bw) | ცუდად | tsudad |
| storingen (mv.) | ხარვეზები | kharvezebi |

| hoorn (de) | ყურმილი | qurmili |
| opnemen (ww) | ყურმილის აღება | qurmilis agheba |
| ophangen (ww) | ყურმილის დადება | qurmilis dadeba |

| bezet (bn) | დაკავებული | dak'avebuli |
| overgaan (ww) | რეკვა | rek'va |
| telefoonboek (het) | სატელეფონო წიგნი | sat'elepono ts'igni |

| lokaal (bn) | ადგილობრივი | adgilobrivi |
| interlokaal (bn) | საქალაქთაშორისო | sakalaktashoriso |
| buitenlands (bn) | საერთაშორისო | saertashoriso |

## 114. Mobiele telefoon

| mobieltje (het) | მობილური ტელეფონი | mobiluri t'eleponi |
| scherm (het) | დისპლეი | disp'lei |

| toets, knop (de) | დილაკი | ghilak' |
| simkaart (de) | SIM-ბარათი | SIM-barati |

| batterij (de) | ბატარეა | bat'area |
| leeg zijn (ww) | განმუხტვა | ganmukht'va |
| acculader (de) | დასამუჭტი მოწყობილობა | dasamukht'i mots'qobiloba |

| menu (het) | მენიუ | meniu |
| instellingen (mv.) | აწყობა | ats'qoba |
| melodie (beltoon) | მელოდია | melodia |
| selecteren (ww) | არჩევა | archeva |

| rekenmachine (de) | კალკულატორი | k'alk'ulat'ori |
| voicemail (de) | ავტომპასუხე | avt'omop'asukhe |
| wekker (de) | მაღვიძარა | maghvidzara |
| contacten (mv.) | სატელეფონო წიგნი | sat'elepono ts'igni |

| SMS-bericht (het) | SMS-შეტყობინება | SMS-shet'qobineba |
| abonnee (de) | აბონენტი | abonent'i |

## 115. Schrijfbehoeften

| balpen (de) | ავტოკალამი | avt'ok'alami |
| vulpen (de) | კალამი | k'alami |

| potlood (het) | ფანქარი | pankari |
| marker (de) | მარკერი | mark'eri |
| viltstift (de) | ფლომასტერი | plomast'eri |

| notitieboekje (het) | ბლოკნოტი | blok'rot'i |
| agenda (boekje) | დღიური | dghiuri |

| liniaal (de/het) | სახაზავი | sakhazavi |
| rekenmachine (de) | კალკულატორი | k'alk'ulat'ori |
| gom (de) | საშლელი | sashleli |
| punaise (de) | ჭიკარტი | ch'ik'art'i |
| paperclip (de) | სამაგრი | samagri |

| lijm (de) | წებო | ts'ebo |
| nietmachine (de) | სტეპლერი | st'ep'leri |
| perforator (de) | სახვრეტელა | sakhvret'ela |
| potloodslijper (de) | სათლელი | satlei |

## 116. Verschillende soorten documenten

| verslag (het) | ანგარიში | angarishi |
| overeenkomst (de) | შეთანხმება | shetankhmeba |
| aanvraagformulier (het) | განაცხადი | ganatskhadi |
| origineel, authentiek (bn) | ნამდვილი | namdvili |
| badge, kaart (de) | ბეჯი | beji |
| visitekaartje (het) | სავიზიტო ბარათი | savizit'o barati |
| certificaat (het) | სერტიფიკატი | sert'ipik'at'i |

| | | |
|---|---|---|
| cheque (de) | ჩეკი | chek'i |
| rekening (in restaurant) | ანგარიში | angarishi |
| grondwet (de) | კონსტიტუცია | k'onst'it'utsia |
| contract (het) | ხელშეკრულება | khelshek'ruleba |
| kopie (de) | ასლი | asli |
| exemplaar (het) | ეგზემპლარი | egzemp'lari |
| douaneaangifte (de) | დეკლარაცია | dek'laratsia |
| document (het) | საბუთი | sabuti |
| rijbewijs (het) | მართვის მოწმობა | martvis mots'moba |
| bijlage (de) | დანართი | danarti |
| formulier (het) | ანკეტა | ank'et'a |
| identiteitskaart (de) | მოწმობა | mots'moba |
| aanvraag (de) | შეკითხვა | shek'itkhva |
| uitnodigingskaart (de) | მოსაწვევი ბარათი | mosats'vevi barati |
| factuur (de) | ანგარიში | angarishi |
| wet (de) | კანონი | k'anoni |
| brief (de) | წერილი | ts'erili |
| briefhoofd (het) | ბლანკი | blank'i |
| lijst (de) | სია | sia |
| manuscript (het) | ხელნაწერი | khelnats'eri |
| nieuwsbrief (de) | ბიულეტენი | biulet'eni |
| briefje (het) | ბარათი | barati |
| pasje (voor personeel, enz.) | საშვი | sashvi |
| paspoort (het) | პასპორტი | p'asp'ort'i |
| vergunning (de) | ნებართვა | nebartva |
| CV, curriculum vitae (het) | რეზიუმე | reziume |
| schuldbekentenis (de) | ხელწერილი | khelts'erili |
| kwitantie (de) | ქვითარი | kvitari |
| bon (kassabon) | ჩეკი | chek'i |
| rapport (het) | პატაკი | p'at'ak'i |
| tonen (paspoort, enz.) | წარდგენა | ts'ardgena |
| ondertekenen (ww) | ხელის მოწერა | khelis mots'era |
| handtekening (de) | ხელმოწერა | khelmots'era |
| stempel (de) | ბეჭედი | bech'edi |
| tekst (de) | ტექსტი | t'ekst'i |
| biljet (het) | ბილეთი | bileti |
| doorhalen (doorstrepen) | გადახაზვა | gadakhazva |
| invullen (een formulier ~) | შევსება | shevseba |
| vrachtbrief (de) | ზედნადები | zednadebi |
| testament (het) | ანდერძი | anderdzi |

## 117. Soorten bedrijven

| | | |
|---|---|---|
| uitzendbureau (het) | კადრების სააგენტო | k'adrebis saagent'o |
| bewakingsfirma (de) | დაცვის სააგენტო | datsvis saagent'o |
| persbureau (het) | საინფორმაციო სააგენტო | sainpormatsio saagent'o |

| reclamebureau (het) | სარეკლამო სააგენტო | sarek'lamo saagent'o |
| antiek (het) | ანტიკვარიატი | ant'ik'variat'i |
| verzekering (de) | დაზღვევა | dazghveva |
| naaiatelier (het) | ატელიე | at'elie |

| banken (mv.) | საბანკო ბიზნესი | sabank'o biznesi |
| bar (de) | ბარი | bari |
| bouwbedrijven (mv.) | მშენებლობა | mshenebloba |
| juwelen (mv.) | საიუველირო ნაკეთობები | saiuveliro nak'etobei |
| juwelier (de) | იუველირი | iuveliri |

| wasserette (de) | სამრეცხაო | samretskhao |
| alcoholische dranken (mv.) | სპირტიანი სასმელები | sp'irt'iani sasmelebi |
| nachtclub (de) | ღამის კლუბი | ghamis k'lubi |
| handelsbeurs (de) | ბირჟა | birzha |
| bierbrouwerij (de) | ლუდსახარში | ludsakharshi |
| uitvaartcentrum (het) | დამკრძალავი ბიურო | damk'rdzalavi biuro |

| casino (het) | სამორინე | samorine |
| zakencentrum (het) | ბიზნეს-ცენტრი | biznes-tsent'ri |
| bioscoop (de) | კინოთეატრი | k'inoteat'ri |
| airconditioning (de) | კონდიციონერები | k'onditsionerebi |

| handel (de) | ვაჭრობა | vach'roba |
| luchtvaartmaatschappij (de) | ავიაკომპანია | aviak'omp'ania |
| adviesbureau (het) | კონსალტინგი | k'onsalt'ingi |
| koerierdienst (de) | კურიერის სამსახური | k'uriers samsakhuri |

| tandheelkunde (de) | სტომატოლოგია | st'omat'ologia |
| design (het) | დიზაინი | dizaini |
| business school (de) | ბიზნეს-სკოლა | biznes-sk'ola |
| magazijn (het) | საწყობი | sats'qobi |
| kunstgalerie (de) | გალერეა | galerea |
| IJsje (het) | ნაყინი | naqini |
| hotel (het) | სასტუმრო | sast'umro |

| vastgoed (het) | უძრავი ქონება | udzravi koneba |
| drukkerij (de) | პოლიგრაფია | p'oligrapia |
| industrie (de) | მრეწველობა | mretsveloba |
| Internet (het) | ინტერნეტი | int'ernet'i |
| investeringen (mv.) | ინვესტიციები | investitsiebi |

| krant (de) | გაზეთი | gazet |
| boekhandel (de) | წიგნების მაღაზია | ts'ignebis maghazia |
| lichte industrie (de) | მსუბუქი მრეწველობა | msubuki mretsveloba |

| winkel (de) | მაღაზია | maghazia |
| uitgeverij (de) | გამომცემლობა | gamomtsemloba |
| medicijnen (mv.) | მედიცინა | meditsina |
| meubilair (het) | ავეჯი | aveji |
| museum (het) | მუზეუმი | muzeumi |

| olie (aardolie) | ნავთობი | navtobi |
| apotheek (de) | აფთიაქი | aptiaki |
| geneesmiddelen (mv.) | ფარმაცევტიკა | parmatsevt'ik'a |
| zwembad (het) | აუზი | auzi |

| | | |
|---|---|---|
| stomerij (de) | ქიმწმენდა | kimts'menda |
| voedingswaren (mv.) | კვების პროდუქტები | k'vebis p'rodukt'ebi |
| reclame (de) | რეკლამა | rek'lama |

| | | |
|---|---|---|
| radio (de) | რადიო | radio |
| afvalinzameling (de) | ნაგვის გატანა | nagvis gat'ana |
| restaurant (het) | რესტორანი | rest'orani |
| tijdschrift (het) | ჟურნალი | zhurnali |

| | | |
|---|---|---|
| schoonheidssalon (de/het) | სილამაზის სალონი | silamazis saloni |
| financiële diensten (mv.) | საფინანსო მომსახურება | sapinanso momsakhureba |
| juridische diensten (mv.) | იურიდიული მომსახურება | iuridiuli momsakhureba |
| boekhouddiensten (mv.) | საბუღალტრო მომსახურება | sabughalt'ro momsakhureba |
| audit diensten (mv.) | აუდიტორული მომსახურება | audit'oruli momsakhureba |

| | | |
|---|---|---|
| sport (de) | სპორტი | sp'ort'i |
| supermarkt (de) | სუპერმარკეტი | sup'ermark'et'i |

| | | |
|---|---|---|
| televisie (de) | ტელევიზია | t'elevizia |
| theater (het) | თეატრი | teat'ri |
| toerisme (het) | ტურიზმი | t'urizmi |
| transport (het) | გადაზიდვები | gadazidvebi |

| | | |
|---|---|---|
| postorderbedrijven (mv.) | კატალოგით ვაჭრობა | k'at'alogit vach'roba |
| kleding (de) | ტანსაცმელი | t'ansatsmeli |
| dierenarts (de) | ვეტერინარი | vet'erinari |

# Baan. Business. Deel 2

## 118. Show. Tentoonstelling

| | | |
|---|---|---|
| beurs (de) | გამოფენა | gamopena |
| vakbeurs, handelsbeurs (de) | საჯარო გამოფენა | savach'ro gamopena |
| | | |
| deelneming (de) | მონაწილეობა | monats'ileoba |
| deelnemen (ww) | მონაწილეობა | monats'ileoba |
| deelnemer (de) | მონაწილე | monats'ile |
| | | |
| directeur (de) | დირექტორი | direkt'ori |
| organisatiecomité (het) | დირექცია, | direktsia, |
| | საორგანიზაციო კომიტეტი | saorganizatsio k'omit'et'i |
| organisator (de) | ორგანიზატორი | organizat'ori |
| organiseren (ww) | ორგანიზება | organizeba |
| | | |
| deelnemingsaanvraag (de) | განაცხადი მონაწილეობაზე | ganatskhadi monats'ileobaze |
| invullen (een formulier ~) | შევსება | shevseba |
| details (mv.) | დეტალები | det'alebi |
| informatie (de) | ინფორმაცია | inpormatsia |
| | | |
| prijs (de) | ფასი | pasi |
| inclusief (bijv. ~ BTW) | ჩათვლით | chatvlit |
| inbegrepen (alles ~) | ჩათვლა | chatvla |
| betalen (ww) | გადახდა | gadakhda |
| registratietarief (het) | სარეგისტრაციო შესატანი | saregist'ratsio shesat'ani |
| | | |
| ingang (de) | შესასვლელი | shesasvleli |
| paviljoen (het), hal (de) | პავილიონი | p'avilioni |
| registreren (ww) | რეგისტრაციაში გატარება | regist'ratsiashi gat'areba |
| badge, kaart (de) | ბეჯი | beji |
| | | |
| beursstand (de) | სტენდი | st'endi |
| reserveren (een stand ~) | რეზერვირება | rezervireba |
| | | |
| vitrine (de) | ვიტრინა | vit'rina |
| licht (het) | ლამპარი | lamp'ari |
| design (het) | დიზაინი | dizairi |
| plaatsen (ww) | განლაგება | ganlageba |
| geplaatst zijn (ww) | განლაგება | ganlageba |
| | | |
| distributeur (de) | დისტრიბიუტორი | dist'ribiut'ori |
| leverancier (de) | მიმწოდებელი | mimts'odebeli |
| leveren (ww) | მიწოდება | mits'odeba |
| | | |
| land (het) | ქვეყანა | kveqana |
| buitenlands (bn) | უცხოური | utskhouri |
| product (het) | პროდუქტი | p'rodukt'i |
| associatie (de) | ასოციაცია | asotsiatsia |

| | | |
|---|---|---|
| conferentiezaal (de) | საკონფერენციო დარბაზი | sak'onperentsio darbazi |
| congres (het) | კონგრესი | k'ongresi |
| wedstrijd (de) | კონკურსი | k'onk'ursi |
| | | |
| bezoeker (de) | მომსვლელი | momsvleli |
| bezoeken (ww) | ნახვა | nakhva |
| afnemer (de) | შემკვეთი | shemk'veti |

## 119. Massamedia

| | | |
|---|---|---|
| krant (de) | გაზეთი | gazeti |
| tijdschrift (het) | ჟურნალი | zhurnali |
| pers (gedrukte media) | პრესა | p'resa |
| radio (de) | რადიო | radio |
| radiostation (het) | რადიოსადგური | radiosadguri |
| televisie (de) | ტელევიზია | t'elevizia |
| | | |
| presentator (de) | წამყვანი | ts'amqvani |
| nieuwslezer (de) | დიქტორი | dikt'ori |
| commentator (de) | კომენტატორი | k'oment'at'ori |
| | | |
| journalist (de) | ჟურნალისტი | zhurnalist'i |
| correspondent (de) | კორესპონდენტი | k'oresp'ondent'i |
| fotocorrespondent (de) | ფოტოკორესპონდენტი | pot'ok'oresp'ondent'i |
| reporter (de) | რეპორტიორი | rep'ort'iori |
| | | |
| redacteur (de) | რედაქტორი | redakt'ori |
| chef-redacteur (de) | მთავარი რედაქტორი | mtavari redakt'ori |
| | | |
| zich abonneren op | გამოწერა | gamots'era |
| abonnement (het) | გამოწერა | gamots'era |
| abonnee (de) | გამომწერი | gamomts'eri |
| lezen (ww) | კითხვა | k'itkhva |
| lezer (de) | მკითხველი | mk'itkhveli |
| | | |
| oplage (de) | ტირაჟი | t'irazhi |
| maand-, maandelijks (bn) | ყოველთვიური | qoveltviuri |
| wekelijks (bn) | ყოველკვირეული | qovelk'vireuli |
| nummer (het) | ნომერი | nomeri |
| vers (~ van de pers) | ახალი | akhali |
| | | |
| kop (de) | სათაური | satauri |
| korte artikel (het) | ცნობა | tsnoba |
| rubriek (de) | რუბრიკა | rubrik'a |
| artikel (het) | სტატია | st'at'ia |
| pagina (de) | გვერდი | gverdi |
| | | |
| reportage (de) | რეპორტაჟი | rep'ort'azhi |
| gebeurtenis (de) | მოვლენა | movlena |
| sensatie (de) | სენსაცია | sensatsia |
| schandaal (het) | სკანდალი | sk'andali |
| schandalig (bn) | სკანდალური | sk'andaluri |
| groot (~ schandaal, enz.) | გახმაურებული | gakhmaurebuli |
| programma (het) | გადაცემა | gadatsema |

| interview (het) | ინტერვიუ | int'erviu |
| live uitzending (de) | პირდაპირი ტრანსლაცია | p'irdapiri t'ranslatsia |
| kanaal (het) | არხი | arkhi |

## 120. Landbouw

| landbouw (de) | სოფლის მეურნეობა | soplis meurneoba |
| boer (de) | გლეხი | glekhi |
| boerin (de) | გლეხი | glekhi |
| landbouwer (de) | ფერმერი | permeri |

| tractor (de) | ტრაქტორი | t'rakt'cri |
| maaidorser (de) | კომბაინი | k'ombaini |

| ploeg (de) | გუთანი | gutani |
| ploegen (ww) | ხვნა | khvna |
| akkerland (het) | ნახნავი | nakhnavi |
| voor (de) | კვალი | k'vali |

| zaaien (ww) | თესვა | tesva |
| zaaimachine (de) | სათესი მანქანა | satesi mankana |
| zaaien (het) | თესვა | tesva |

| zeis (de) | ცელი | tseli |
| maaien (ww) | თიბვა | tibva |

| schop (de) | ნიჩაბი | nichabi |
| spitten (ww) | ბარვა | barva |

| schoffel (de) | თოხი | tokhi |
| wieden (ww) | გამარგვლა | gamargvla |
| onkruid (het) | სარეველა | sarevela |

| gieter (de) | წურწურა | ts'urts'ura |
| begieten (water geven) | მორწყვა | morts'qva |
| bewatering (de) | მორწყვა | morts'qva |

| riek, hooivork (de) | ფუცხი | putskhi |
| hark (de) | ფოცხი | potskhi |

| meststof (de) | სასუქი | sasuki |
| bemesten (ww) | სასუქის შეტანა | sasukis shet'ana |
| mest (de) | ნაკელი | nak'eli |

| veld (het) | მინდორი | mindori |
| wei (de) | მდელო | mdelo |
| moestuin (de) | ბოსტანი | bost'ani |
| boomgaard (de) | ბაღი | baghi |

| weiden (ww) | მწყემსვა | mts'qemsva |
| herder (de) | მწყემსი | mts'qemsi |
| weiland (de) | საძოვარი | sadzovari |
| veehouderij (de) | მეცხოველეობა | metskhoveleoba |
| schapenteelt (de) | მეცხვარეობა | metskhvareoba |

| plantage (de) | პლანტაცია | p'lant'atsia |
| rijtje (het) | კვალი | k'vali |
| broeikas (de) | კვალსათბური | k'valsatburi |

| droogte (de) | გვალვა | gvalva |
| droog (bn) | გვალვიანი | gvalviani |

| graangewassen (mv.) | მარცვლეული | martsvleuli |
| oogsten (ww) | აღება | agheba |

| molenaar (de) | მეწისქვილე | mets'iskvile |
| molen (de) | წისქვილი | ts'iskvili |
| malen (graan ~) | მარცვლის დაფქვა | martsvlis dapkva |
| bloem (bijv. tarwebloem) | ფქვილი | pkvili |
| stro (het) | ჩალა | chala |

## 121. Gebouw. Bouwproces

| bouwplaats (de) | მშენებლობა | mshenebloba |
| bouwen (ww) | აშენება | asheneba |
| bouwvakker (de) | მშენებელი | mshenebeli |

| project (het) | პროექტი | p'roekt'i |
| architect (de) | არქიტექტორი | arkit'ekt'ori |
| arbeider (de) | მუშა | musha |

| fundering (de) | საძირკველი | sadzirk'veli |
| dak (het) | სახურავი | sakhuravi |
| heipaal (de) | ხიმინჯი | khiminji |
| muur (de) | კედელი | k'edeli |

| betonstaal (het) | არმატურა | armat'ura |
| steigers (mv.) | სამშენებლო ხარაჩო | samsheneblo kharacho |

| beton (het) | ბეტონი | bet'oni |
| graniet (het) | გრანიტი | granit'i |
| steen (de) | ქვა | kva |
| baksteen (de) | აგური | aguri |

| zand (het) | ქვიშა | kvisha |
| cement (de/het) | ცემენტი | tsement'i |
| pleister (het) | ბათქაში | batkashi |
| pleisteren (ww) | ბათქაშით შელესვა | batkashit shelesva |
| verf (de) | საღებავი | saghebavi |
| verven (muur ~) | ღებვა | ghebva |
| ton (de) | კასრი | k'asri |

| kraan (de) | ამწე | amts'e |
| heffen, hijsen (ww) | აწევა | ats'eva |
| neerlaten (ww) | დაშვება | dashveba |

| bulldozer (de) | ბულდოზერი | buldozeri |
| graafmachine (de) | ექსკავატორი | eksk'avat'ori |
| graafbak (de) | ციცხვი | tsitskhvi |

| graven (tunnel, enz.) | ამოთხრა | amotkhra |
| helm (de) | კასკა | k'ask'a |

## 122. Wetenschap. Onderzoek. Wetenschappers

| wetenschap (de) | მეცნიერება | metsniereba |
| wetenschappelijk (bn) | სამეცნიერო | sametsniero |
| wetenschapper (de) | მეცნიერი | metsnieri |
| theorie (de) | თეორია | teoria |

| axioma (het) | აქსიომა | aksioma |
| analyse (de) | ანალიზი | analizi |
| analyseren (ww) | გაანალიზება | gaanalzeba |
| argument (het) | არგუმენტი | argument'i |
| substantie (de) | ნივთიერება | nivtiereba |

| hypothese (de) | ჰიპოთეზა | hip'oteza |
| dilemma (het) | დილემა | dilema |
| dissertatie (de) | დისერტაცია | disert'atsia |
| dogma (het) | დოგმა | dogma |

| doctrine (de) | დოქტრინა | dokt'rina |
| onderzoek (het) | გამოკვლევა | gamok'vleva |
| onderzoeken (ww) | გამოკვლევა | gamok'vleva |
| toetsing (de) | კონტროლი | k'ont'roli |
| laboratorium (het) | ლაბორატორია | labora'oria |

| methode (de) | მეთოდი | metod |
| molecule (de/het) | მოლეკულა | molek'ula |
| monitoring (de) | მონიტორინგი | monit'oringi |
| ontdekking (de) | აღმოჩენა | aghmochena |

| postulaat (het) | პოსტულატი | p'ost'ulat'i |
| principe (het) | პრინციპი | p'rints p'i |
| voorspelling (de) | პროგნოზი | p'rognozi |
| een prognose maken | პროგნოზირება | p'rognozireba |

| synthese (de) | სინთეზი | sintez |
| tendentie (de) | ტენდენცია | t'endentsia |
| theorema (het) | თეორემა | teorema |

| leerstellingen (mv.) | მომდგრება | modzghvreba |
| feit (het) | ფაქტი | pakt'i |
| expeditie (de) | ექსპედიცია | eksp'editsia |
| experiment (het) | ექსპერიმენტი | eksp'eriment'i |

| academicus (de) | აკადემიკოსი | ak'ademik'osi |
| bachelor (bijv. BA, LLB) | ბაკალავრი | bak'alavri |
| doctor (de) | დოქტორი | dokt'cri |
| universitair docent (de) | დოცენტი | dotsent'i |
| master, magister (de) | მაგისტრი | magist'ri |
| professor (de) | პროფესორი | p'ropesori |

# Beroepen en ambachten

## 123. Zoeken naar werk. Ontslag

| | | |
|---|---|---|
| baan (de) | სამუშაო | samushao |
| personeel (het) | შტატი | sht'at'i |
| | | |
| carrière (de) | კარიერა | k'ariera |
| vooruitzichten (mv.) | პერსპექტივა | p'ersp'ekt'iva |
| meesterschap (het) | ოსტატობა | ost'at'oba |
| | | |
| keuze (de) | შერჩევა | shercheva |
| uitzendbureau (het) | კადრების სააგენტო | k'adrebis saagent'o |
| CV, curriculum vitae (het) | რეზიუმე | reziume |
| sollicitatiegesprek (het) | გასაუბრება | gasaubreba |
| vacature (de) | ვაკანსია | vak'ansia |
| | | |
| salaris (het) | ხელფასი | khelpasi |
| vaste salaris (het) | ხელფასი | khelpasi |
| loon (het) | საზღაური | sazghauri |
| | | |
| betrekking (de) | თანამდებობა | tanamdeboba |
| taak, plicht (de) | მოვალეობა | movaleoba |
| takenpakket (het) | არე | are |
| bezig (~ zijn) | დაკავებული | dak'avebuli |
| | | |
| ontslagen (ww) | დათხოვნა | datkhovna |
| ontslag (het) | დათხოვნა | datkhovna |
| | | |
| werkloosheid (de) | უმუშევრობა | umushevroba |
| werkloze (de) | უმუშევარი | umushevari |
| pensioen (het) | პენსია | p'ensia |
| met pensioen gaan | პენსიაზე გასვლა | p'ensiaze gasvla |

## 124. Zakenmensen

| | | |
|---|---|---|
| directeur (de) | დირექტორი | direkt'ori |
| beheerder (de) | მმართველი | mmartveli |
| hoofd (het) | ხელმძღვანელი | khelmdzghvaneli |
| | | |
| baas (de) | უფროსი | uprosi |
| superieuren (mv.) | უფროსობა | uprosoba |
| president (de) | პრეზიდენტი | p'rezident'i |
| voorzitter (de) | თავმჯდომარე | tavmjdomare |
| | | |
| adjunct (de) | მოადგილე | moadgile |
| assistent (de) | თანაშემწე | tanashemts'e |
| secretaris (de) | მდივანი | mdivani |

| persoonlijke assistent (de) | პირადი მდივანი | p'iradi mdivani |
| zakenman (de) | ბიზნესმენი | biznesmeni |
| ondernemer (de) | მეწარმე | mets'arme |
| oprichter (de) | დამაარსებელი | damaarsebeli |
| oprichten (een nieuw bedrijf ~) | დაარსება | daarseba |

| stichter (de) | დამფუძნებელი | dampudznebeli |
| partner (de) | პარტნიორი | p'art'niori |
| aandeelhouder (de) | აქციონერი | aktsioneri |

| miljonair (de) | მილიონერი | milioneri |
| miljardair (de) | მილიარდერი | miliarderi |
| eigenaar (de) | მფლობელი | mplobeli |
| landeigenaar (de) | მიწათმფლობელი | mits'atmplobeli |

| klant (de) | კლიენტი | k'lient'i |
| vaste klant (de) | მუდმივი კლიენტი | mudmivi k'lient'i |
| koper (de) | მყიდველი | mqidveli |
| bezoeker (de) | მომსვლელი | momsvleli |

| professioneel (de) | პროფესიონალი | p'rofesionali |
| expert (de) | ექსპერტი | eksp'ert'i |
| specialist (de) | სპეციალისტი | sp'etsialist'i |

| bankier (de) | ბანკირი | bank'iri |
| makelaar (de) | ბროკერი | brok'eri |

| kassier (de) | მოლარე | molare |
| boekhouder (de) | ბუღალტერი | bughalt'eri |
| bewaker (de) | მცველი | mtsveli |

| investeerder (de) | ინვესტორი | investori |
| schuldenaar (de) | მოვალე | movale |
| crediteur (de) | კრედიტორი | k'reditori |
| lener (de) | მსესხებელი | mseskhebeli |

| importeur (de) | იმპორტიორი | imp'ort'iori |
| exporteur (de) | ექსპორტიორი | eksp'ort'iori |

| producent (de) | მწარმოებელი | mts'armoebeli |
| distributeur (de) | დისტრიბიუტორი | dist'ribiut'ori |
| bemiddelaar (de) | შუამავალი | shuamavali |

| adviseur, consulent (de) | კონსულტანტი | k'onsult'ant'i |
| vertegenwoordiger (de) | წარმომადგენელი | ts'armomadgeneli |
| agent (de) | აგენტი | agent'i |
| verzekeringsagent (de) | დაზღვევის აგენტი | dazghvevis agent'i |

## 125. Dienstverlenende beroepen

| kok (de) | მზარეული | mzareuli |
| chef-kok (de) | შეფ-მზარეული | shep-mzareuli |
| bakker (de) | მცხობელი | mtskhobeli |

111

| | | |
|---|---|---|
| barman (de) | ბარმენი | barmeni |
| kelner, ober (de) | ოფიციანტი | opitsiant'i |
| serveerster (de) | ოფიციანტი | opitsiant'i |

| | | |
|---|---|---|
| advocaat (de) | ადვოკატი | advok'at'i |
| jurist (de) | იურისტი | iurist'i |
| notaris (de) | ნოტარიუსი | not'ariusi |

| | | |
|---|---|---|
| elektricien (de) | ელექტრიკოსი | elekt'rik'osi |
| loodgieter (de) | სანტექნიკოსი | sant'eknik'osi |
| timmerman (de) | ხურო | khuro |

| | | |
|---|---|---|
| masseur (de) | მასაჟისტი | masazhist'i |
| masseuse (de) | მასაჟისტი | masazhist'i |
| dokter, arts (de) | ექიმი | ekimi |

| | | |
|---|---|---|
| taxichauffeur (de) | ტაქსისტი | t'aksist'i |
| chauffeur (de) | მძღოლი | mdzgholi |
| koerier (de) | კურიერი | k'urieri |

| | | |
|---|---|---|
| kamermeisje (het) | მოახლე | moakhle |
| bewaker (de) | მცველი | mtsveli |
| stewardess (de) | სტიუარდესა | st'iuardesa |

| | | |
|---|---|---|
| meester (de) | მასწავლებელი | masts'avlebeli |
| bibliothecaris (de) | ბიბლიოთეკარი | bibliotek'ari |
| vertaler (de) | მთარგმნელი | mtargmneli |
| tolk (de) | თარჯიმანი | tarjimani |
| gids (de) | გიდი | gidi |

| | | |
|---|---|---|
| kapper (de) | პარიკმახერი | p'arik'makheri |
| postbode (de) | ფოსტალიონი | post'alioni |
| verkoper (de) | გამყიდველი | gamqidveli |

| | | |
|---|---|---|
| tuinman (de) | მებაღე | mebaghe |
| huisbediende (de) | მსახური | msakhuri |
| dienstmeisje (het) | მოახლე | moakhle |
| schoonmaakster (de) | დამლაგებელი | damlagebeli |

## 126. Militaire beroepen en rangen

| | | |
|---|---|---|
| soldaat (rang) | რიგითი | rigiti |
| sergeant (de) | სერჟანტი | serzhant'i |
| luitenant (de) | ლეიტენანტი | leit'enant'i |
| kapitein (de) | კაპიტანი | k'ap'it'ani |

| | | |
|---|---|---|
| majoor (de) | მაიორი | maiori |
| kolonel (de) | პოლკოვნიკი | p'olk'ovnik'i |
| generaal (de) | გენერალი | generali |
| maarschalk (de) | მარშალი | marshali |
| admiraal (de) | ადმირალი | admirali |

| | | |
|---|---|---|
| militair (de) | სამხედრო | samkhedro |
| soldaat (de) | ჯარისკაცი | jarisk'atsi |

| officier (de) | ოფიცერი | opitseri |
|---|---|---|
| commandant (de) | მეთაური | metauri |

| grenswachter (de) | მესაზღვრე | mesazghvre |
|---|---|---|
| marconist (de) | რადისტი | radist'i |
| verkenner (de) | მზვერავი | mzveravi |
| sappeur (de) | მესანგრე | mesangre |
| schutter (de) | მსროლელი | msroleli |
| stuurman (de) | შტურმანი | sht'urmani |

## 127. Ambtenaren. Priesters

| koning (de) | მეფე | mepe |
|---|---|---|
| koningin (de) | დედოფალი | dedopali |

| prins (de) | პრინცი | p'rintsi |
|---|---|---|
| prinses (de) | პრინცესა | p'rintsesa |

| tsaar (de) | მეფე | mepe |
|---|---|---|
| tsarina (de) | მეფე | mepe |

| president (de) | პრეზიდენტი | p'rezident'i |
|---|---|---|
| minister (de) | მინისტრი | minist'ri |
| eerste minister (de) | პრემიერ-მინისტრი | p'rem er-minist'ri |
| senator (de) | სენატორი | senat ori |

| diplomaat (de) | დიპლომატი | dip'lomat'i |
|---|---|---|
| consul (de) | კონსული | k'onsuli |
| ambassadeur (de) | ელჩი | elchi |
| adviseur (de) | მრჩეველი | mrcheveli |

| ambtenaar (de) | მოხელე | mokhele |
|---|---|---|
| prefect (de) | პრეფექტი | p'repekt'i |
| burgemeester (de) | მერი | meri |

| rechter (de) | მოსამართლე | mosamartle |
|---|---|---|
| aanklager (de) | პროკურორი | p'rok'urori |

| missionaris (de) | მისიონერი | misicneri |
|---|---|---|
| monnik (de) | ბერი | beri |
| abt (de) | აბატი | abat' |
| rabbi, rabbijn (de) | რაბინი | rabini |

| vizier (de) | ვეზირი | veziri |
|---|---|---|
| sjah (de) | შახი | shakhi |
| sjeik (de) | შეიხი | sheikhi |

## 128. Agrarische beroepen

| imker (de) | მეფუტკრე | meput'k're |
|---|---|---|
| herder (de) | მწყემსი | mts'qemsi |
| landbouwkundige (de) | აგრონომი | agronomi |

| | | |
|---|---|---|
| veehouder (de) | მეცხვეელი | metskhovele |
| dierenarts (de) | ვეტერინარი | vet'erinari |
| landbouwer (de) | ფერმერი | permeri |
| wijnmaker (de) | მეღვინე | meghvine |
| zoöloog (de) | ზოოლოგი | zoologi |
| cowboy (de) | კოვბოი | k'ovboi |

## 129. Kunst beroepen

| | | |
|---|---|---|
| acteur (de) | მსახიობი | msakhiobi |
| actrice (de) | მსახიობი | msakhiobi |
| zanger (de) | მომღერალი | momgherali |
| zangeres (de) | მომღერალი | momgherali |
| danser (de) | მოცეკვავე | motsek'vave |
| danseres (de) | მოცეკვავე | motsek'vave |
| artiest (mann.) | არტისტი | art'ist'i |
| artiest (vrouw.) | არტისტი | art'ist'i |
| muzikant (de) | მუსიკოსი | musik'osi |
| pianist (de) | პიანისტი | p'ianist'i |
| gitarist (de) | გიტარისტი | git'arist'i |
| orkestdirigent (de) | დირიჟორი | dirizhori |
| componist (de) | კომპოზიტორი | k'omp'ozit'ori |
| impresario (de) | იმპრესარიო | imp'resario |
| filmregisseur (de) | რეჟისორი | rezhisori |
| filmproducent (de) | პროდიუსერი | p'rodiuseri |
| scenarioschrijver (de) | სცენარისტი | stsenarist'i |
| criticus (de) | კრიტიკოსი | k'rit'ik'osi |
| schrijver (de) | მწერალი | mts'erali |
| dichter (de) | პოეტი | p'oet'i |
| beeldhouwer (de) | მოქანდაკე | mokandak'e |
| kunstenaar (de) | მხატვარი | mkhat'vari |
| jongleur (de) | ჟონგლიორი | zhongliori |
| clown (de) | ჯამბაზი | jambazi |
| acrobaat (de) | აკრობატი | ak'robat'i |
| goochelaar (de) | ფოკუსნიკი | pok'usnik'i |

## 130. Verschillende beroepen

| | | |
|---|---|---|
| dokter, arts (de) | ექიმი | ekimi |
| ziekenzuster (de) | მედდა | medda |
| psychiater (de) | ფსიქიატრი | psikiat'ri |
| tandarts (de) | სტომატოლოგი | st'omat'ologi |
| chirurg (de) | ქირურგი | kirurgi |

| | | |
|---|---|---|
| astronaut (de) | ასტრონავტი | ast'ronavt'i |
| astronoom (de) | ასტრონომი | ast'ronomi |
| | | |
| chauffeur (de) | მძღოლი | mdzgholi |
| machinist (de) | მემანქანე | memankane |
| mecanicien (de) | მექანიკოსი | mekanik'osi |
| | | |
| mijnwerker (de) | მეშახტე | meshakht'e |
| arbeider (de) | მუშა | musha |
| bankwerker (de) | ზეინკალი | zeink'a i |
| houtbewerker (de) | დურგალი | durgali |
| draaier (de) | ხარატი | kharat'i |
| bouwvakker (de) | მშენებელი | mshenebeli |
| lasser (de) | შემდუღებელი | shemdughebeli |
| | | |
| professor (de) | პროფესორი | p'ropesori |
| architect (de) | არქიტექტორი | arkit'ekt'ori |
| historicus (de) | ისტორიკოსი | ist'orik'osi |
| wetenschapper (de) | მეცნიერი | metsnieri |
| fysicus (de) | ფიზიკოსი | pizik'osi |
| scheikundige (de) | ქიმიკოსი | kimik'osi |
| | | |
| archeoloog (de) | არქეოლოგი | arkeologi |
| geoloog (de) | გეოლოგი | geologi |
| onderzoeker (de) | მკვლევარი | mk'vlevari |
| | | |
| babysitter (de) | ძიძა | dzidza |
| leraar, pedagoog (de) | პედაგოგი | p'edagogi |
| | | |
| redacteur (de) | რედაქტორი | redakt'ori |
| chef-redacteur (de) | მთავარი რედაქტორი | mtavari redakt'ori |
| correspondent (de) | კორესპონდენტი | k'oresp'ondent'i |
| typiste (de) | მბეჭდავი | mbechdavi |
| | | |
| designer (de) | დიზაინერი | dizaineri |
| computerexpert (de) | კომპიუტერის სპეციალისტი | k'omp'iut'eris sp'etsialist'i |
| programmeur (de) | პროგრამისტი | p'rogramist'i |
| ingenieur (de) | ინჟინერი | inzhineri |
| | | |
| matroos (de) | მეზღვაური | mezghvauri |
| zeeman (de) | მატროსი | mat'rosi |
| redder (de) | მაშველი | mashveli |
| | | |
| brandweerman (de) | მეხანძრე | mekhandzre |
| politieagent (de) | პოლიციელი | p'olits eli |
| nachtwaker (de) | დარაჯი | daraji |
| detective (de) | მაძებარი | madzebari |
| | | |
| douanier (de) | მებაჟე | mebazhe |
| lijfwacht (de) | მცველი | mtsveli |
| gevangenisbewaker (de) | მეთვალყურე | metvalqure |
| inspecteur (de) | ინსპექტორი | insp'ekt'ori |
| | | |
| sportman (de) | სპორტსმენი | sp'ort smeni |
| trainer (de) | მწვრთნელი | mts'vrtneli |
| slager, beenhouwer (de) | ყასაბი | qasabi |

| schoenlapper (de) | მეჩექმე | mechekme |
| handelaar (de) | კომერსანტი | k'omersant'i |
| lader (de) | მტვირთავი | mt'virtavi |

| kledingstilist (de) | მოდელიერი | modelieri |
| model (het) | მოდელი | modeli |

## 131. Beroepen. Sociale status

| scholier (de) | სკოლის მოსწავლე | sk'olis mosts'avle |
| student (de) | სტუდენტი | st'udent'i |

| filosoof (de) | ფილოსოფსი | pilosoposi |
| econoom (de) | ეკონომისტი | ek'onomist'i |
| uitvinder (de) | გამომგონებელი | gamomgonebeli |

| werkloze (de) | უმუშევარი | umushevari |
| gepensioneerde (de) | პენსიონერი | p'ensioneri |
| spion (de) | ჯაშუში | jashushi |

| gedetineerde (de) | პატიმარი | p'at'imari |
| staker (de) | გაფიცული | gapitsuli |
| bureaucraat (de) | ბიუროკრატი | biurok'rat'i |
| reiziger (de) | მოგზაური | mogzauri |

| homoseksueel (de) | ჰომოსექსუალისტი | homoseksualist'i |
| hacker (computerkraker) | ჰაკერი | hak'eri |
| hippie (de) | ჰიპი | hip'i |

| bandiet (de) | ბანდიტი | bandit'i |
| huurmoordenaar (de) | დაქირავებული მკვლელი | dakiravebuli mk'vleli |
| drugsverslaafde (de) | ნარკომანი | nark'omani |
| drugshandelaar (de) | ნარკოტიკებით მოვაჭრე | nark'ot'ik'ebit movach're |
| prostituee (de) | მეძავი | medzavi |
| pooier (de) | სუტენიორი | sut'eniori |

| tovenaar (de) | ჯადოსანი | jadosani |
| tovenares (de) | ჯადოსანი | jadosani |
| piraat (de) | მეკობრე | mek'obre |
| slaaf (de) | მონა | mona |
| samoerai (de) | სამურაი | samurai |
| wilde (de) | ველური | veluri |

# Sport

## 132. Soorten sporten. Sporters

| | | |
|---|---|---|
| sportman (de) | სპორტსმენი | sp'ort'smeni |
| soort sport (de/het) | სპორტის სახეობა | sp'ort'is sakheoba |
| | | |
| basketbal (het) | კალათბურთი | k'alatburti |
| basketbalspeler (de) | კალათბურთელი | k'alatburteli |
| | | |
| baseball (het) | ბეისბოლი | beisboi |
| baseballspeler (de) | ბეისბოლისტი | beisboiist'i |
| | | |
| voetbal (het) | ფეხბურთი | pekhburti |
| voetballer (de) | ფეხბურთელი | pekhburteli |
| doelman (de) | მეკარე | mek'are |
| | | |
| hockey (het) | ჰოკეი | hok'ei |
| hockeyspeler (de) | ჰოკეისტი | hok'eist'i |
| | | |
| volleybal (het) | ფრენბურთი | prenburti |
| volleybalspeler (de) | ფრენბურთელი | prenburteli |
| | | |
| boksen (het) | კრივი | k'rivi |
| bokser (de) | მოკრივე | mok'rive |
| | | |
| worstelen (het) | ჭიდაობა | ch'idaoba |
| worstelaar (de) | მოჭიდავე | moch' dave |
| | | |
| karate (de) | კარატე | k'arat'e |
| karateka (de) | კარატისტი | k'arat' st'i |
| | | |
| judo (de) | ძიუდო | dziudo |
| judoka (de) | ძიუდოისტი | dziudoist'i |
| | | |
| tennis (het) | ჩოგბურთი | chogburti |
| tennisspeler (de) | ჩოგბურთელი | chogburteli |
| | | |
| zwemmen (het) | ცურვა | tsurva |
| zwemmer (de) | მოცურავე | motsurave |
| | | |
| schermen (het) | ფარიკაობა | parik'aoba |
| schermer (de) | მოფარიკავე | moparik'ave |
| | | |
| schaak (het) | ჭადრაკი | ch'adrak'i |
| schaker (de) | მოჭადრაკე | moch adrak'e |
| | | |
| alpinisme (het) | ალპინიზმი | alp'inizmi |
| alpinist (de) | ალპინისტი | alp'in st'i |
| hardlopen (het) | რბენა | rbena |

| renner (de) | მორბენალი | morbenali |
| atletiek (de) | მძლეოსნობა | mdzleosnoba |
| atleet (de) | მძლეოსანი | mdzleosani |

| paardensport (de) | ცხენოსნობა | tskhenosnoba |
| ruiter (de) | ცხენოსანი | tskhenosani |

| kunstschaatsen (het) | ფიგურული სრიალი | piguruli sriali |
| kunstschaatser (de) | ფიგურისტი | pigurist'i |
| kunstschaatsster (de) | ფიგურისტი | pigurist'i |

| gewichtheffen (het) | ძალოსნობა | dzalosnoba |
| autoraces (mv.) | ავტორბოლა | avt'orbola |
| coureur (de) | მრბოლელი | mrboleli |

| wielersport (de) | ველოსპორტი | velosp'ort'i |
| wielrenner (de) | ველოსიპედისტი | velosip'edist'i |

| verspringen (het) | სიგრძეზე ხტომა | sigrdzeze kht'oma |
| polsstokspringen (het) | ჯოკით ხტომა | ch'ok'it kht'oma |
| verspringer (de) | მხტომელი | mkht'omeli |

## 133. Soorten sporten. Diversen

| Amerikaans voetbal (het) | ამერიკული ფეხბურთი | amerik'uli pekhburti |
| badminton (het) | ბადმინტონი | badmint'oni |
| biatlon (de) | ბიატლონი | biat'loni |
| biljart (het) | ბილიარდი | biliardi |

| bobsleeën (het) | ბობსლეი | bobslei |
| bodybuilding (de) | ბოდიბილდინგი | bodibildingi |
| waterpolo (het) | წყალბურთი | ts'qalburti |
| handbal (de) | განდბოლი | gandboli |
| golf (het) | გოლფი | golpi |

| roeisport (de) | ნიჩბოსნობა | nichbosnoba |
| duiken (het) | დაივინგი | daivingi |
| langlaufen (het) | სათხილამურო რბოლა | satkhilamuro rbola |
| tafeltennis (het) | მაგიდის ჩოგბურთი | magidis chogburti |

| zeilen (het) | საიალქნო სპორტი | saialkno sp'ort'i |
| rally (de) | რალი | rali |
| rugby (het) | რეგბი | regbi |
| snowboarden (het) | სნოუბორდი | snoubordi |
| boogschieten (het) | მშვილდის სროლა | mshvildis srola |

## 134. Fitnessruimte

| lange halter (de) | შტანგა | sht'anga |
| halters (mv.) | ჰანტელი | hant'eli |
| training machine (de) | ტრენაჟორი | t'renazhori |
| hometrainer (de) | ველოტრენაჟორი | velot'renazhori |

| loopband (de) | სარბენი ბილიკი | sarberi bilik'i |
| rekstok (de) | ძელი | dzeli |
| brug (de) gelijke leggers | ორძელი | ordzeli |
| paardsprong (de) | ტაიჩი | t'aich'i |
| mat (de) | საგები | sagebi |

| springtouw (het) | სახტუნელა | sakht'unela |
| aerobics (de) | აერობიკა | aerobik'a |
| yoga (de) | იოგა | ioga |

## 135. Hockey

| hockey (het) | ჰოკეი | hok'ei |
| hockeyspeler (de) | ჰოკეისტი | hok'eist'i |
| hockey spelen | ჰოკეის თამაში | hok'eis tamashi |
| IJs (het) | ყინული | qinuli |

| puck (de) | შაიბა | shaiba |
| hockeystick (de) | ჰოკიჩხუბა | hok'ijckha |
| schaatsen (mv.) | ციგურები | tsigurebi |

| boarding (de) | ბორტი | bort'i |
| schot (het) | ტყორცნა | t'qortsna |

| doelman (de) | მეკარე | mek'are |
| goal (de) | გოლი | goli |
| een goal scoren | გოლის გატანა | golis gat'ana |

| periode (de) | პერიოდი | p'eriodi |
| tweede periode (de) | მეორე პერიოდი | meore p'eriodi |
| reservebank (de) | სათადარიგოთა სკამი | satadarigota sk'ami |

## 136. Voetbal

| voetbal (het) | ფეხბურთი | pekhburti |
| voetballer (de) | ფეხბურთელი | pekhburteli |
| voetbal spelen | ფეხბურთის თამაში | pekhburtis tamashi |

| eredivisie (de) | უმაღლესი ლიგა | umaghlesi liga |
| voetbalclub (de) | ფეხბურთის კლუბი | pekhburtis k'lubi |
| trainer (de) | მწვრთნელი | mts'vrtneli |
| eigenaar (de) | მფლობელი | mplobeli |

| team (het) | გუნდი | gundi |
| aanvoerder (de) | გუნდის კაპიტანი | gundis k'ap'it'ani |
| speler (de) | მოთამაშე | motamashe |
| reservespeler (de) | სათადარიგო მოთამაშე | satadarigo motamashe |

| aanvaller (de) | თავდამსხმელი | tavdamskhmeli |
| centrale aanvaller (de) | ცენტრალური | tsent'raluri |
| | თავდამსხმელი | tavdamskhmeli |
| doelpuntmaker (de) | ბომბარდირი | bombardiri |

| | | |
|---|---|---|
| verdediger (de) | დამცველი | damtsveli |
| middenvelder (de) | ნახევარდამცველი | nakhevardamtsveli |
| | | |
| match, wedstrijd (de) | მატჩი | mat'chi |
| elkaar ontmoeten (ww) | შეხვედრა | shekhvedra |
| finale (de) | ფინალი | pinali |
| halve finale (de) | ნახევარფინალი | nakhevarpinali |
| kampioenschap (het) | ჩემპიონატი | chemp'ionat'i |
| | | |
| helft (de) | ტაიმი | t'aimi |
| eerste helft (de) | პირველი ტაიმი | p'irveli t'aimi |
| pauze (de) | შესვენება | shesveneba |
| | | |
| doel (het) | კარი | k'ari |
| doelman (de) | მეკარე | mek'are |
| doelpaal (de) | ძელი | dzeli |
| lat (de) | ძელი | dzeli |
| doelnet (het) | ბადე | bade |
| een goal incasseren | გოლის გაშვება | golis gashveba |
| | | |
| bal (de) | ბურთი | burti |
| pass (de) | პასი | p'asi |
| schot (het), schop (de) | დარტყმა | dart'qma |
| schieten (de bal ~) | დარტყმის შესრულება | dart'qmis shesruleba |
| vrije schop (directe ~) | საჯარიმო დარტყმა | sajarimo dart'qma |
| hoekschop, corner (de) | კუთხური დარტყმა | k'utkhuri dart'qma |
| | | |
| aanval (de) | იერიში | ierishi |
| tegenaanval (de) | კონტრიერიში | k'ont'rierishi |
| combinatie (de) | კომბინაცია | k'ombinatsia |
| | | |
| scheidsrechter (de) | არბიტრი | arbit'ri |
| fluiten (ww) | სტვენა | st'vena |
| fluitsignaal (het) | სასტვენი | sast'veni |
| overtreding (de) | დარღვევა | darghveva |
| een overtreding maken | დარღვევა | darghveva |
| uit het veld te sturen | მინდვრიდან გაძევება | mindvridan gadzeveba |
| | | |
| gele kaart (de) | ყვითელი ბარათი | qviteli barati |
| rode kaart (de) | წითელი ბარათი | ts'iteli barati |
| diskwalificatie (de) | დისკვალიფიკაცია | disk'valipik'atsia |
| diskwalificeren (ww) | დისკვალიფიცირება | disk'valipitsireba |
| | | |
| strafschop, penalty (de) | პენალტი | p'enalt'i |
| muur (de) | კედელი | k'edeli |
| scoren (ww) | გატანა | gat'ana |
| goal (de), doelpunt (het) | გოლი | goli |
| een goal scoren | გოლის გატანა | golis gat'ana |
| | | |
| vervanging (de) | შეცვლა | shetsvla |
| vervangen (ov.ww.) | შეცვლა | shetsvla |
| regels (mv.) | წესები | ts'esebi |
| tactiek (de) | ტაქტიკა | t'akt'ik'a |
| | | |
| stadion (het) | სტადიონი | st'adioni |
| tribune (de) | ტრიბუნა | t'ribuna |

| fan, supporter (de) | გულშემატკივარი | gulshemat'k'ivari |
| schreeuwen (ww) | ყვირილი | qvirili |

| scorebord (het) | ტაბლო | t'ablo |
| stand (~ is 3-1) | ანგარიში | angarishi |

| nederlaag (de) | დამარცხება | damartskheba |
| verliezen (ww) | წაგება | ts'ageba |
| gelijkspel (het) | ფრე | pre |
| in gelijk spel eindigen | თამაშის ფრედ დამთავრება | tamashis pred damtavreba |

| overwinning (de) | გამარჯვება | gamarjveba |
| overwinnen (ww) | გამარჯვება | gamarjveba |
| kampioen (de) | ჩემპიონი | chempioni |
| best (bn) | საუკეთესო | sauk'eteso |
| feliciteren (ww) | მილოცვა | milotsva |

| commentator (de) | კომენტატორი | k'oment'at'ori |
| becommentariëren (ww) | კომენტირება | k'oment'ireba |
| uitzending (de) | ტრანსლაცია | t'ranslatsia |

## 137. Alpine skiën

| ski's (mv.) | თხილამურები | tkhilamurebi |
| skiën (ww) | თხილამურებით სრიალი | tkhilamurebit sriali |
| skigebied (het) | სამთო-სათხილამურო კურორტი | samto-satkhilamuro k'urorti |
| skilift (de) | საწეველა | sats'evela |

| skistokken (mv.) | ჯოხები | jokhebi |
| helling (de) | ფერდობი | perdobi |
| slalom (de) | სლალომი | slalomi |

## 138. Tennis. Golf

| golf (het) | გოლფი | golpi |
| golfclub (de) | გოლფის კლუბი | golpis k'lubi |
| golfer (de) | გოლფის მოთამაშე | golpis motamashe |

| hole (de) | ფოსო | poso |
| golfclub (de) | ჰოკიჯოხა | hok'ijokha |
| trolley (de) | ჰოკიჯოხების ურიკა | hok'ijokhebis urik'a |

| tennis (het) | ჩოგბურთი | chogburti |
| tennisveld (het) | კორტი | k'ort'i |

| opslag (de) | მიწოდება | mits'odeba |
| serveren, opslaan (ww) | მიწოდება | mits'odeba |

| racket (het) | ჩოგანი | chogani |
| net (het) | ბადე | bade |
| bal (de) | ბურთი | burti |

## 139. Schaken

| | | |
|---|---|---|
| schaak (het) | ჭადრაკი | ch'adrak'i |
| schaakstukken (mv.) | ჭადრაკი | ch'adrak'i |
| schaker (de) | მოჭადრაკე | moch'adrak'e |
| schaakbord (het) | საჭადრაკო დაფა | sach'adrak'o dapa |
| schaakstuk (het) | ფიგურა | pigura |
| | | |
| witte stukken (mv.) | თეთრები | tetrebi |
| zwarte stukken (mv.) | შავები | shavebi |
| | | |
| pion (de) | პაიკი | p'aik'i |
| loper (de) | კუ | k'u |
| paard (het) | მხედარი | mkhedari |
| toren (de) | ეტლი | et'li |
| koningin (de) | ლაზიერი | lazieri |
| koning (de) | მეფე | mepe |
| | | |
| zet (de) | სვლა | svla |
| zetten (ww) | სვლა | svla |
| opofferen (ww) | შეწირვა | shets'irva |
| rokade (de) | როქი | roki |
| schaak (het) | კიში | kishi |
| schaakmat (het) | შამათი | shamati |
| | | |
| schaakwedstrijd (de) | საჭადრაკო ტურნირი | sach'adrak'o t'urniri |
| grootmeester (de) | გროსმეისტერი | grosmeist'eri |
| combinatie (de) | კომბინაცია | k'ombinatsia |
| partij (de) | პარტია | p'art'ia |
| dammen (de) | შაში | shashi |

## 140. Boksen

| | | |
|---|---|---|
| boksen (het) | კრივი | k'rivi |
| boksgevecht (het) | ბრძოლა | brdzola |
| bokswedstrijd (de) | პაეkroba | p'aekroba |
| ronde (de) | რაუნdი | raundi |
| | | |
| ring (de) | რინგი | ringi |
| gong (de) | გონგი | gongi |
| | | |
| stoot (de) | დარტყმა | dart'qma |
| knock-down (de) | ნოკდაუნი | nok'dauni |
| | | |
| knock-out (de) | ნოკაუტი | nok'aut'i |
| knock-out slaan (ww) | ნოკაუტში ჩაგდება | nok'aut'shi chagdeba |
| | | |
| bokshandschoen (de) | მოკრივეს ხელთათმანი | mok'rives kheltatmani |
| referee (de) | რეფერი | reperi |
| | | |
| lichtgewicht (het) | მსუბუქი წონა | msubuki ts'ona |
| middengewicht (het) | საშუალო წონა | sashualo ts'ona |
| zwaargewicht (het) | მძიმე წონა | mdzime ts'ona |

## 141. Sporten. Diversen

| | | |
|---|---|---|
| Olympische Spelen (mv.) | ოლიმპიური თამაშები | olimp'iuri tamashebi |
| winnaar (de) | გამარჯვებული | gamarjvebuli |
| overwinnen (ww) | გამარჯვება | gamarjveba |
| winnen (ww) | მოგება | mogeba |
| | | |
| leider (de) | ლიდერი | lideri |
| leiden (ww) | ლიდერობა | liderota |
| | | |
| eerste plaats (de) | პირველი ადგილი | p'irveli adgili |
| tweede plaats (de) | მეორე ადგილი | meore adgili |
| derde plaats (de) | მესამე ადგილი | mesame adgili |
| | | |
| medaille (de) | მედალი | medali |
| trofee (de) | ნადავლი | nadavli |
| beker (de) | თასი | tasi |
| prijs (de) | პრიზი | p'rizi |
| hoofdprijs (de) | მთავარი პრიზი | mtavai p'rizi |
| | | |
| record (het) | რეკორდი | rek'ordi |
| een record breken | რეკორდის დამყარება | rek'ordis damqareba |
| | | |
| finale (de) | ფინალი | pinali |
| finale (bn) | ფინალური | pinalui |
| | | |
| kampioen (de) | ჩემპიონი | chemp'ioni |
| kampioenschap (het) | ჩემპიონატი | chemp'ionat'i |
| | | |
| stadion (het) | სტადიონი | st'adicni |
| tribune (de) | ტრიბუნა | t'ribuna |
| fan, supporter (de) | გულშემატკივარი | gulshemat'k'ivari |
| tegenstander (de) | მოწინააღმდეგე | mots'inaaghmdege |
| | | |
| start (de) | სტარტი | st'art'i |
| finish (de) | ფინიში | pinishi |
| | | |
| nederlaag (de) | დამარცხება | damatskheba |
| verliezen (ww) | წაგება | ts'ageba |
| | | |
| rechter (de) | მსაჯი | msaji |
| jury (de) | ჟიური | zhiuri |
| stand (~ is 3-1) | ანგარიში | angarishi |
| gelijkspel (het) | ფრე | pre |
| in gelijk spel eindigen | თამაშის ფრედ დამთავრება | tamashis pred damtavreba |
| punt (het) | ქულა | kula |
| uitslag (de) | შედეგი | shedegi |
| | | |
| pauze (de) | შესვენება | shesveneba |
| doping (de) | დოპინგი | dop'ingi |
| straffen (ww) | დაჯარიმება | dajarimeba |
| diskwalificeren (ww) | დისკვალიფიცირება | disk'valipitsireba |
| | | |
| toestel (het) | იარაღი | iaraghi |
| speer (de) | შუბი | shubi |

| kogel (de) | ბირთვი | birtvi |
| bal (de) | ბურთი | burti |

| doel (het) | მიზანი | mizani |
| schietkaart (de) | სამიზნე | samizne |
| schieten (ww) | სროლა | srola |
| precies (bijv. precieze schot) | ზუსტი | zust'i |

| trainer, coach (de) | მწვრთნელი | mts'vrtneli |
| trainen (ww) | წვრთნა | ts'vrtna |
| zich trainen (ww) | ვარჯიში | varjishi |
| training (de) | ვარჯიში | varjishi |

| gymnastiekzaal (de) | სპორტდარბაზი | sp'ort'darbazi |
| oefening (de) | ვარჯიში | varjishi |
| opwarming (de) | მოთელვა | motelva |

# Onderwijs

## 142. School

| school (de) | სკოლა | sk'ola |
| schooldirecteur (de) | სკოლის დირექტორი | sk'olis direkt'ori |

| leerling (de) | მოწაფე | mots'ape |
| leerlinge (de) | მოწაფე | mots'ape |
| scholier (de) | სკოლის მოსწავლე | sk'olis mosts'avle |
| scholiere (de) | სკოლის მოსწავლე | sk'olis mosts'avle |

| leren (lesgeven) | სწავლება | sts'av eba |
| studeren (bijv. een taal ~) | სწავლა | sts'av a |
| van buiten leren | ზეპირად სწავლა | zep'irad sts'avla |

| leren (bijv. ~ tellen) | სწავლა | sts'av a |
| in school zijn | სწავლა | sts'av a |
| (schooljongen zijn) | | |
| naar school gaan | სკოლაში სვლა | sk'olashi svla |

| alfabet (het) | ანბანი | anbani |
| vak (schoolvak) | საგანი | sagani |

| klaslokaal (het) | კლასი | k'lasi |
| les (de) | გაკვეთილი | gak'vetili |
| pauze (de) | შესვენება | shesveneba |
| bel (de) | ზარი | zari |
| schooltafel (de) | მერხი | merkhi |
| schoolbord (het) | დაფა | dapa |

| cijfer (het) | ნიშანი | nishani |
| goed cijfer (het) | კარგი ნიშანი | k'argi nishani |
| slecht cijfer (het) | ცუდი ნიშანი | tsudi nishani |
| een cijfer geven | ნიშნის დაწერა | nishris dats'era |

| fout (de) | შეცდომა | shetsdoma |
| fouten maken | შეცდომის დაშვება | shetsdomis dashveba |
| corrigeren (fouten ~) | გამოსწორება | gamosts'oreba |
| spiekbriefje (het) | შპარგალკა | shp'argalk'a |

| huiswerk (het) | საშინაო დავალება | sash nao davaleba |
| oefening (de) | სავარჯიშო | sava jisho |

| aanwezig zijn (ww) | დასწრება | dasts'reba |
| absent zijn (ww) | არდასწრება | ardasts'reba |
| school verzuimen | გაკვეთილების გაცდენა | gak'vetilebis gatsdena |

| bestraffen (een stout kind ~) | დასჯა | dasja |
| bestraffing (de) | სასჯელი | sasjeli |

| gedrag (het) | ყოფაქცევა | qopaktseva |
| cijferlijst (de) | დღიური | dghiuri |
| potlood (het) | ფანქარი | pankari |
| gom (de) | საშლელი | sashleli |
| krijt (het) | ცარცი | tsartsi |
| pennendoos (de) | საკალმე | sak'alme |

| boekentas (de) | ჩანთა | chanta |
| pen (de) | კალმისტარი | k'almist'ari |
| schrift (de) | რვეული | rveuli |
| leerboek (het) | სახელმძღვანელო | sakhelmdzghvanelo |
| passer (de) | ფარგალი | pargali |

| technisch tekenen (ww) | ხაზვა | khazva |
| technische tekening (de) | ნახაზი | nakhazi |

| gedicht (het) | ლექსი | leksi |
| van buiten (bw) | ზეპირად | zep'irad |
| van buiten leren | ზეპირად სწავლა | zep'irad sts'avla |

| vakantie (de) | არდადეგები | ardadegebi |
| met vakantie zijn | არდადეგებზე ყოფნა | ardadegebze qopna |
| vakantie doorbrengen | არდადეგების გატარება | ardadegebis gat'areba |

| toets (schriftelijke ~) | საკონტროლო სამუშაო | sak'ont'rolo samushao |
| opstel (het) | თხზულება | tkhzuleba |
| dictee (het) | კარნახი | k'arnakhi |
| examen (het) | გამოცდა | gamotsda |
| examen afleggen | გამოცდების ჩაბარება | gamotsdebis chabareba |
| experiment (het) | ცდა | tsda |

## 143. Hogeschool. Universiteit

| academie (de) | აკადემია | ak'ademia |
| universiteit (de) | უნივერსიტეტი | universit'et'i |
| faculteit (de) | ფაკულტეტი | pak'ult'et'i |

| student (de) | სტუდენტი | st'udent'i |
| studente (de) | სტუდენტი | st'udent'i |
| leraar (de) | მასწავლებელი | masts'avlebeli |

| collegezaal (de) | აუდიტორია | audit'oria |
| afgestudeerde (de) | კურსდამთავრებული | k'ursdamtavrebuli |

| diploma (het) | დიპლომი | dip'lomi |
| dissertatie (de) | დისერტაცია | disert'atsia |

| onderzoek (het) | გამოკვლევა | gamok'vleva |
| laboratorium (het) | ლაბორატორია | laborat'oria |

| college (het) | ლექცია | lektsia |
| medestudent (de) | თანაკურსელი | tanak'urseli |
| studiebeurs (de) | სტიპენდია | st'ip'endia |
| academische graad (de) | სამეცნიერო ხარისხი | sametsniero khariskhi |

## 144. Wetenschappen. Disciplines

| | | |
|---|---|---|
| wiskunde (de) | მათემატიკა | matemat'ik'a |
| algebra (de) | ალგებრა | algebra |
| meetkunde (de) | გეომეტრია | geomet'ria |
| astronomie (de) | ასტრონომია | ast'ronomia |
| biologie (de) | ბიოლოგია | biologia |
| geografie (de) | გეოგრაფია | geografia |
| geologie (de) | გეოლოგია | geologia |
| geschiedenis (de) | ისტორია | ist'oria |
| geneeskunde (de) | მედიცინა | meditsina |
| pedagogiek (de) | პედაგოგიკა | p'edagogik'a |
| rechten (mv.) | სამართალი | samartali |
| fysica, natuurkunde (de) | ფიზიკა | pizik'a |
| scheikunde (de) | ქიმია | kimia |
| filosofie (de) | ფილოსოფია | pilosopia |
| psychologie (de) | ფსიქოლოგია | psikologia |

## 145. Schrift. Spelling

| | | |
|---|---|---|
| grammatica (de) | გრამატიკა | gramat'ik'a |
| vocabulaire (het) | ლექსიკა | leksik'a |
| fonetiek (de) | ფონეტიკა | ponet'k'a |
| zelfstandig naamwoord (het) | არსებითი სახელი | arsebiti sakheli |
| bijvoeglijk naamwoord (het) | ზედსართავი სახელი | zedsartavi sakheli |
| werkwoord (het) | ზმნა | zmna |
| bijwoord (het) | ზმნიზედა | zmnizeda |
| voornaamwoord (het) | ნაცვალსახელი | natsvalsakheli |
| tussenwerpsel (het) | შორისდებული | shorisdebuli |
| voorzetsel (het) | წინდებული | ts'indebuli |
| stam (de) | სიტყვის ძირი | sit'qvis dziri |
| achtervoegsel (het) | დაბოლოება | daboloeba |
| voorvoegsel (het) | წინსართი | ts'insarti |
| lettergreep (de) | მარცვალი | martsvali |
| achtervoegsel (het) | სუფიქსი | supiksi |
| nadruk (de) | მახვილი | makhvili |
| afkappingsteken (het) | აპოსტროფი | ap'osfropi |
| punt (de) | წერტილი | ts'ert'ili |
| komma (de/het) | მძიმე | mdzime |
| puntkomma (de) | წერტილ-მძიმე | ts'ert'il-mdzime |
| dubbelpunt (de) | ორწერტილი | orts'et'ili |
| beletselteken (het) | მრავალწერტილი | mravalts'ert'ili |
| vraagteken (het) | კითხვის ნიშანი | k'itkhvis nishani |
| uitroepteken (het) | ძახილის ნიშანი | dzakhilis nishani |

| aanhalingstekens (mv.) | ბრჭყალები | brch'qalebi |
| tussen aanhalingstekens (bw) | ბრჭყალებში | brch'qalebshi |
| haakjes (mv.) | ფრჩხილები | prchkhilebi |
| tussen haakjes (bw) | ფრჩხილებში | prchkhilebshi |

| streepje (het) | დეფისი | depisi |
| gedachtestreepje (het) | ტირე | t'ire |
| spatie | შუალედი | shualedi |
| (~ tussen twee woorden) | | |

| letter (de) | ასო | aso |
| hoofdletter (de) | დიდი ასო | didi aso |

| klinker (de) | ხმოვანი ბგერა | khmovani bgera |
| medeklinker (de) | თანხმოვანი ბგერა | tankhmovani bgera |

| zin (de) | წინადადება | ts'inadadeba |
| onderwerp (het) | ქვემდებარე | kvemdebare |
| gezegde (het) | შემასმენელი | shemasmeneli |

| regel (in een tekst) | სტრიქონი | st'rikoni |
| op een nieuwe regel (bw) | ახალი სტრიქონიდან | akhali st'rikonidan |
| alinea (de) | აბზაცი | abzatsi |

| woord (het) | სიტყვა | sit'qva |
| woordgroep (de) | შესიტყვება | shesit'qveba |
| uitdrukking (de) | გამოთქმა | gamotkma |
| synoniem (het) | სინონიმი | sinonimi |
| antoniem (het) | ანტონიმი | ant'onimi |

| regel (de) | წესი | ts'esi |
| uitzondering (de) | გამონაკლისი | gamonak'lisi |
| correct (bijv. ~e spelling) | სწორი | sts'ori |

| vervoeging, conjugatie (de) | უღლება | ughleba |
| verbuiging, declinatie (de) | ბრუნება | bruneba |
| naamval (de) | ბრუნვა | brunva |
| vraag (de) | კითხვა | k'itkhva |
| onderstrepen (ww) | ხაზის გასმა | khazis gasma |
| stippellijn (de) | პუნქტირი | p'unkt'iri |

## 146. Vreemde talen

| taal (de) | ენა | ena |
| vreemd (bn) | უცხო | utskho |
| leren (bijv. van buiten ~) | შესწავლა | shests'avla |
| studeren (Nederlands ~) | სწავლა | sts'avla |

| lezen (ww) | კითხვა | k'itkhva |
| spreken (ww) | ლაპარაკი | lap'arak'i |
| begrijpen (ww) | გაგება | gageba |
| schrijven (ww) | წერა | ts'era |
| snel (bw) | სწრაფად | sts'rapad |
| langzaam (bw) | ნელა | nela |

| vloeiend (bw) | თავისუფლად | tavisuplad |
| regels (mv.) | წესები | ts'esebi |
| grammatica (de) | გრამატიკა | gramatik'a |
| vocabulaire (het) | ლექსიკა | leksik'a |
| fonetiek (de) | ფონეტიკა | ponet'ik'a |

| leerboek (het) | სახელმძღვანელო | sakhelmdzghvanelc |
| woordenboek (het) | ლექსიკონი | leksik'oni |
| leerboek (het) voor zelfstudie | თვითმასწავლებელი | tvitmasts'avlebeli |
| taalgids (de) | სასაუბრო | sasaubro |

| cassette (de) | კასეტი | k'aset'i |
| videocassette (de) | ვიდეოკასეტი | videok aset'i |
| CD (de) | კომპაქტური დისკი | k'omp'akt'uri disk'i |
| DVD (de) | დივიდი | dividi |

| alfabet (het) | ანბანი | anban |
| spellen (ww) | ასოებით გამოთქმა | asoebit gamotkma |
| uitspraak (de) | წარმოთქმა | ts'armotkma |

| accent (het) | აქცენტი | aktsert'i |
| met een accent (bw) | აქცენტით | aktsert'it |
| zonder accent (bw) | უაქცენტოდ | uaktsent'od |

| woord (het) | სიტყვა | sit'qva |
| betekenis (de) | მნიშვნელობა | mnishvneloba |

| cursus (de) | კურსები | k'ursebi |
| zich inschrijven (ww) | ჩაწერა | chats'era |
| leraar (de) | მასწავლებელი | masts avlebeli |

| vertaling (een ~ maken) | თარგმნა | targmna |
| vertaling (tekst) | თარგმანი | targmani |
| vertaler (de) | მთარგმნელი | mtargmneli |
| tolk (de) | თარჯიმანი | tarjimani |

| polyglot (de) | პოლიგლოტი | p'oliglot'i |
| geheugen (het) | მეხსიერება | mekhsiereba |

## 147. Sprookjesfiguren

| Sinterklaas (de) | სანტა კლაუსი | sant'a k'lausi |
| Assepoester (de) | კონკია | k'onk' a |
| zeemeermin (de) | ალი | ali |
| Neptunus (de) | ნეპტუნი | nep't'uni |

| magiër, tovenaar (de) | ჯადოქარი | jadokari |
| goede heks (de) | ჯადოქარი | jadokari |
| magisch (bn) | ჯადოსნური | jadosauri |
| toverstokje (het) | ჯადოსნური ჯოხი | jadosauri jokhi |

| sprookje (het) | ზღაპარი | zghap'ari |
| wonder (het) | სასწაული | sastsauli |
| dwerg (de) | გნომი | gnomi |

| veranderen in ... (anders worden) | შეცვა | ktseva |
|---|---|---|
| geest (de) | მოჩვენება | mochveneba |
| spook (het) | აჩრდილი | achrdili |
| monster (het) | ურჩხული | urchkhuli |
| draak (de) | გველეშაპი | gveleshap'i |
| reus (de) | გოლიათი | goliati |

## 148. Dierenriem

| Ram (de) | ვერძი | verdzi |
|---|---|---|
| Stier (de) | კურო | k'uro |
| Tweelingen (mv.) | ტყუპები | t'qup'ebi |
| Kreeft (de) | კიბორჩხალა | k'iborchkhala |
| Leeuw (de) | ლომი | lomi |
| Maagd (de) | ქალწული | kalts'uli |

| Weegschaal (de) | სასწორი | sasts'ori |
|---|---|---|
| Schorpioen (de) | ღრიანკალი | ghriank'ali |
| Boogschutter (de) | მშვილდოსანი | mshvildosani |
| Steenbok (de) | თხის რქა | tkhis rka |
| Waterman (de) | მერწყული | merts'quli |
| Vissen (mv.) | თევზები | tevzebi |

| karakter (het) | ხასიათი | khasiati |
|---|---|---|
| karaktertrekken (mv.) | ხასიათის თვისებები | khasiatis tvisebebi |
| gedrag (het) | ყოფაქცევა | qopaktseva |
| waarzeggen (ww) | მკითხაობა | mk'itkhaoba |
| waarzegster (de) | მკითხავი | mk'itkhavi |
| horoscoop (de) | ჰოროსკოპი | horosk'op'i |

# Kunst

## 149. Theater

| | | |
|---|---|---|
| theater (het) | თეატრი | teat'ri |
| opera (de) | ოპერა | op'era |
| operette (de) | ოპერეტა | op'eret'a |
| ballet (het) | ბალეტი | balet'i |

| | | |
|---|---|---|
| affiche (de/het) | აფიშა | apisha |
| theatergezelschap (het) | დასი | dasi |
| tournee (de) | გასტროლები | gast'rolebi |
| op tournee zijn | გასტროლებზე ყოფნა | gast'rolebze qopna |
| repeteren (ww) | რეპეტიციის გავლა | rep'et itsiis gavla |
| repetitie (de) | რეპეტიცია | rep'et itsia |
| repertoire (het) | რეპერტუარი | rep'ert'uari |

| | | |
|---|---|---|
| voorstelling (de) | წარმოდგენა | ts'armodgena |
| spektakel (het) | სპექტაკლი | sp'ekt'ak'li |
| toneelstuk (het) | პიესა | p'iesa |

| | | |
|---|---|---|
| biljet (het) | ბილეთი | bileti |
| kassa (de) | საბილეთო სალარო | sabileto salaro |
| foyer (de) | ჰოლი | holi |
| garderobe (de) | გარდერობი | garderobi |
| garderobe nummer (het) | ნომერი | nomeri |
| verrekijker (de) | დურბინდი | durbindi |
| plaatsaanwijzer (de) | კონტროლიორი | k'ont' oliori |

| | | |
|---|---|---|
| parterre (de) | პარტერი | p'art'eri |
| balkon (het) | ბალკონი | balk'oni |
| gouden rang (de) | ბელეტაჟი | belet'azhi |
| loge (de) | ლოჟა | lozha |
| rij (de) | რიგი | rigi |
| plaats (de) | ადგილი | adgil |

| | | |
|---|---|---|
| publiek (het) | მაყურებლები | maqureblebi |
| kijker (de) | მაყურებელი | maqurebeli |
| klappen (ww) | ტაშისკვრა | t'ash sk'vra |
| applaus (het) | აპლოდისმენტები | ap'lodisment'ebi |
| ovatie (de) | ოვაციები | ovatsiebi |

| | | |
|---|---|---|
| toneel (op het ~ staan) | სცენა | stsena |
| gordijn, doek (het) | ფარდა | parda |
| toneeldecor (het) | დეკორაცია | dek'oratsia |
| backstage (de) | კულისები | k'ulisebi |

| | | |
|---|---|---|
| scène (de) | სცენა | stsena |
| bedrijf (het) | მოქმედება | mokmedeba |
| pauze (de) | ანტრაქტი | ant'rakt'i |

## 150. Bioscoop

| acteur (de) | მსახიობი | msakhiobi |
| actrice (de) | მსახიობი | msakhiobi |

| bioscoop (de) | კინო | k'ino |
| speelfilm (de) | კინო | k'ino |
| aflevering (de) | სერია | seria |

| detectivefilm (de) | დეტექტივი | det'ekt'ivi |
| actiefilm (de) | კინობოევიკი | k'inoboevik'i |
| avonturenfilm (de) | სათავგადასავლო ფილმი | satavgadasavlo pilmi |
| sciencefictionfilm (de) | ფანტასტიკური ფილმი | pant'ast'ik'uri pilmi |
| griezelfilm (de) | საშინელებათა ფილმი | sashinelebata pilmi |

| komedie (de) | კინოკომედია | k'inok'omedia |
| melodrama (het) | მელოდრამა | melodrama |
| drama (het) | დრამა | drama |

| speelfilm (de) | მხატვრული ფილმი | mkhat'vruli pilmi |
| documentaire (de) | დოკუმენტური ფილმი | dok'ument'uri pilmi |
| tekenfilm (de) | მულტფილმი | mult'pilmi |
| stomme film (de) | მუნჯი კინო | munji k'ino |

| rol (de) | როლი | roli |
| hoofdrol (de) | მთავარი როლი | mtavari roli |
| spelen (ww) | შესრულება | shesruleba |

| filmster (de) | კინოვარსკვლავი | k'inovarsk'vlavi |
| bekend (bn) | ცნობილი | tsnobili |
| beroemd (bn) | სახელგანთქმული | sakhelgantkmuli |
| populair (bn) | პოპულარული | p'op'ularuli |

| scenario (het) | სცენარი | stsenari |
| scenarioschrijver (de) | სცენარისტი | stsenarist'i |
| regisseur (de) | რეჟისორი | rezhisori |
| filmproducent (de) | პროდიუსერი | p'rodiuseri |
| assistent (de) | ასისტენტი | asist'ent'i |
| cameraman (de) | ოპერატორი | op'erat'ori |
| stuntman (de) | კასკადიორი | k'ask'adiori |

| een film maken | ფილმის გადაღება | pilmis gadagheba |
| auditie (de) | საცდელი გადაღებები | satsdeli gadaghebebi |
| opnamen (mv.) | გადაღებები | gadaghebebi |
| filmploeg (de) | გადამღები ჯგუფი | gadamghebi jgupi |
| filmset (de) | გადასაღები მოედანი | gadasaghebi moedani |
| filmcamera (de) | კინოკამერა | k'inok'amera |

| bioscoop (de) | კინოთეატრი | k'inoteat'ri |
| scherm (het) | ეკრანი | ek'rani |
| een film vertonen | ფილმის ჩვენება | pilmis chveneba |

| geluidsspoor (de) | ხმოვანი ბილიკი | khmovani bilik'i |
| speciale effecten (mv.) | სპეციალური ეფექტები | sp'etsialuri epekt'ebi |
| ondertiteling (de) | სუბტიტრები | subt'it'rebi |

| voortiteling, aftiteling (de) | ტიტრები | t'it'rebi |
| vertaling (de) | თარგმანი | targmani |

## 151. Schilderij

| kunst (de) | ხელოვნება | khelovneba |
| schone kunsten (mv.) | კაზმული ხელოვნებები | k'azmuli khelovnebebi |
| kunstgalerie (de) | გალერეა | galerea |
| kunsttentoonstelling (de) | სურათების გამოფენა | suratebis gamopena |

| schilderkunst (de) | ფერწერა | perts'era |
| grafiek (de) | გრაფიკა | grapik'a |
| abstracte kunst (de) | აბსტრაქციონიზმი | abst'raktsionizmi |
| impressionisme (het) | იმპრესიონიზმი | imp'resionizmi |

| schilderij (het) | სურათი | surati |
| tekening (de) | ნახატი | nakha'i |
| poster (de) | პლაკატი | p'lak'a'i |

| illustratie (de) | ილუსტრაცია | ilust'ratsia |
| miniatuur (de) | მინიატურა | miniat'ura |
| kopie (de) | ასლი | asli |
| reproductie (de) | რეპროდუქცია | rep'roduktsia |

| mozaïek (het) | მოზაიკა | mozaik'a |
| gebrandschilderd glas (het) | ვიტრაჟი | vit'razhi |
| fresco (het) | ფრესკა | presk'a |
| gravure (de) | გრავიურა | graviura |

| buste (de) | ბიუსტი | biust'i |
| beeldhouwwerk (het) | ქანდაკება | kandak'eba |
| beeld (bronzen ~) | ქანდაკება | kandak'eba |
| gips (het) | თაბაშირი | tabashiri |
| gipsen (bn) | თაბაშირისა | tabashirisa |

| portret (het) | პორტრეტი | p'ort'ret'i |
| zelfportret (het) | ავტოპორტრეტი | avt'op ort'ret'i |
| landschap (het) | პეიზაჟი | p'eizazhi |
| stilleven (het) | ნატურმორტი | nat'urmort'i |
| karikatuur (de) | კარიკატურა | k'arik'at'ura |
| schets (de) | მონახაზი | monakhazi |

| verf (de) | საღებავი | saghebavi |
| aquarel (de) | წყალსაღებავი | ts'qalsaghebavi |
| olieverf (de) | ზეთი | zeti |
| potlood (het) | ფანქარი | pankari |
| Oostindische inkt (de) | ტუში | t'ushi |
| houtskool (de) | ნახშირი | nakhshiri |

| tekenen (met krijt) | ხატვა | khat'va |
| schilderen (ww) | ხატვა | khat'va |

| poseren (ww) | პოზირება | p'ozireba |
| naaktmodel (man) | მენატურე | menat'ure |

| | | |
|---|---|---|
| naaktmodel (vrouw) | მენატურე | menat'ure |
| kunstenaar (de) | მხატვარი | mkhat'vari |
| kunstwerk (het) | ნაწარმოები | nats'armoebi |
| meesterwerk (het) | შედევრი | shedevri |
| studio, werkruimte (de) | სახელოსნო | sakhelosno |

| | | |
|---|---|---|
| schildersdoek (het) | ტილო | t'ilo |
| schildersezel (de) | მოლბერტი | molbert'i |
| palet (het) | პალიტრა | p'alit'ra |

| | | |
|---|---|---|
| lijst (een vergulde ~) | ჩარჩო | charcho |
| restauratie (de) | რესტავრაცია | rest'avratsia |
| restaureren (ww) | რესტავრაციის მოხდენა | rest'avratsiis mokhdena |

## 152. Literatuur & Poëzie

| | | |
|---|---|---|
| literatuur (de) | ლიტერატურა | lit'erat'ura |
| auteur (de) | ავტორი | avt'ori |
| pseudoniem (het) | ფსევდონიმი | psevdonimi |

| | | |
|---|---|---|
| boek (het) | წიგნი | ts'igni |
| boekdeel (het) | ტომი | t'omi |
| inhoudsopgave (de) | სარჩევი | sarchevi |
| pagina (de) | გვერდი | gverdi |
| hoofdpersoon (de) | მთავარი გმირი | mtavari gmiri |
| handtekening (de) | ავტოგრაფი | avt'ograpi |

| | | |
|---|---|---|
| verhaal (het) | მოთხრობა | motkhroba |
| novelle (de) | მოთხრობა | motkhroba |
| roman (de) | რომანი | romani |
| werk (literatuur) | თხზულება | tkhzuleba |
| fabel (de) | იგავ-არაკი | igav-arak'i |
| detectiveroman (de) | დეტექტივი | det'ekt'ivi |

| | | |
|---|---|---|
| gedicht (het) | ლექსი | leksi |
| poëzie (de) | პოეზია | p'oezia |
| epos (het) | პოემა | p'oema |
| dichter (de) | პოეტი | p'oet'i |

| | | |
|---|---|---|
| fictie (de) | ბელეტრისტიკა | belet'rist'ik'a |
| sciencefiction (de) | სამეცნიერო ფანტასტიკა | sametsniero pant'ast'ik'a |
| avonturenroman (de) | თავგადასავლები | tavgadasavlebi |
| opvoedkundige literatuur (de) | სასწავლო ლიტერატურა | sasts'avlo lit'erat'ura |
| kinderliteratuur (de) | საბავშვო ლიტერატურა | sabavshvo lit'erat'ura |

## 153. Circus

| | | |
|---|---|---|
| circus (de/het) | ცირკი | tsirk'i |
| chapiteau circus (de/het) | ცირკი-შაპიტო | tsirk'i-shap'it'o |
| programma (het) | პროგრამა | p'rograma |
| voorstelling (de) | წარმოდგენა | ts'armodgena |
| nummer (circus ~) | ნომერი | nomeri |

| arena (de) | არენა | arena |
| pantomime (de) | პანტომიმა | p'ant'onima |
| clown (de) | ჯამბაზი | jambazi |

| acrobaat (de) | აკრობატი | ak'robat'i |
| acrobatiek (de) | აკრობატიკა | ak'robat'ik'a |
| gymnast (de) | ტანმოვარჯიშე | t'anmovarjishe |
| gymnastiek (de) | ტანვარჯიში | t'anvarjishi |
| salto (de) | სალტო | salt'o |

| sterke man (de) | ათლეტი | atlet'i |
| temmer (de) | მომთვინიერებელი | momtvinierebeli |
| ruiter (de) | ცხენოსანი | tskhenosani |
| assistent (de) | ასისტენტი | asist'ent'i |

| stunt (de) | ტრიუკი | t'riuk'i |
| goocheltruc (de) | ფოკუსი | pok'usi |
| goochelaar (de) | ფოკუსნიკი | pok'usnik'i |

| jongleur (de) | ჟონგლიორი | zhong iori |
| jongleren (ww) | ჟონგლიორობა | zhong ioroba |
| dierentrainer (de) | ცხოველების მწრთნელი | tskhovelebis mts'vrtneli |
| dressuur (de) | წვრთნა | ts'vrtna |
| dresseren (ww) | წვრთნა | ts'vrtna |

## 154. Muziek. Popmuziek

| muziek (de) | მუსიკა | musika |
| muzikant (de) | მუსიკოსი | musikosi |
| muziekinstrument (het) | მუსიკალური ინსტრუმენტი | musikaluri inst'rument'i |
| spelen (bijv. gitaar ~) | დაკვრა | dak'vra |

| gitaar (de) | გიტარა | git'ara |
| viool (de) | ვიოლინო | violino |
| cello (de) | ვიოლონჩელი | violoncheli |
| contrabas (de) | კონტრაბასი | k'ont'rabasi |
| harp (de) | არფა | arpa |

| piano (de) | პიანინო | p'ianino |
| vleugel (de) | როიალი | roiali |
| orgel (het) | ორგანი | organi |

| blaasinstrumenten (mv.) | ჩასაბერი ინსტრუმენტები | chasaberi inst'rument'ebi |
| hobo (de) | ჰობოი | hoboi |
| saxofoon (de) | საქსოფონი | sakscponi |
| klarinet (de) | კლარნეტი | k'larnet'i |
| fluit (de) | ფლეიტა | pleit'a |
| trompet (de) | საყვირი | saqviri |

| accordeon (de/het) | აკორდეონი | ak'ordeoni |
| trommel (de) | დოლი | doli |

| duet (het) | დუეტი | duet'i |
| trio (het) | ტრიო | t'rio |

135

| kwartet (het) | კვარტეტი | k'vart'et'i |
|---|---|---|
| koor (het) | გუნდი | gundi |
| orkest (het) | ორკესტრი | ork'est'ri |

| popmuziek (de) | პოპ-მუსიკა | p'op'-musik'a |
|---|---|---|
| rockmuziek (de) | როკ-მუსიკა | rok'-musik'a |
| rockgroep (de) | როკ-ჯგუფი | rok'-jgupi |
| jazz (de) | ჯაზი | jazi |

| idool (het) | კერპი | k'erp'i |
|---|---|---|
| bewonderaar (de) | თაყვანისმცემელი | taqvanismtsemeli |

| concert (het) | კონცერტი | k'ontsert'i |
|---|---|---|
| symfonie (de) | სიმფონია | simponia |
| compositie (de) | თხზულება | tkhzuleba |
| componeren (muziek ~) | შეთხზვა | shetkhzva |

| zang (de) | სიმღერა | simghera |
|---|---|---|
| lied (het) | სიმღერა | simghera |
| melodie (de) | მელოდია | melodia |
| ritme (het) | რიტმი | rit'mi |
| blues (de) | ბლუზი | bluzi |

| bladmuziek (de) | ნოტები | not'ebi |
|---|---|---|
| dirigeerstok (baton) | ჯოხი | jokhi |
| strijkstok (de) | ხემი | khemi |
| snaar (de) | სიმი | simi |
| koffer (de) | ფუტლარი | put'lari |

# Rusten. Entertainment. Reizen

## 155. Trip. Reizen

| | | |
|---|---|---|
| toerisme (het) | ტურიზმი | t'urizmi |
| toerist (de) | ტურისტი | t'urist' |
| reis (de) | მოგზაურობა | mogzauroba |
| avontuur (het) | თავგადასავალი | tavgadasavali |
| tocht (de) | ხანმოკლე მოგზაურობა | khanmok'le mogzauroba |
| | | |
| vakantie (de) | შვებულება | shvebuleba |
| met vakantie zijn | შვებულებაში ყოფნა | shvebulebashi qopna |
| rust (de) | დასვენება | dasveneba |
| | | |
| trein (de) | მატარებელი | mat'arebeli |
| met de trein | მატარებლით | mat'areblit |
| vliegtuig (het) | თვითმფრინავი | tvitmprinavi |
| met het vliegtuig | თვითმფრინავით | tvitmprinavit |
| met de auto | ავტომობილით | avt'omobilit |
| per schip (bw) | გემით | gemit |
| | | |
| bagage (de) | ბარგი | bargi |
| valies (de) | ჩემოდანი | chemodani |
| bagagekarretje (het) | ურიკა | urik'a |
| | | |
| paspoort (het) | პასპორტი | p'asp'ort'i |
| visum (het) | ვიზა | viza |
| kaartje (het) | ბილეთი | bileti |
| vliegticket (het) | ავიაბილეთი | aviabileti |
| | | |
| reisgids (de) | მეგზური | megzuri |
| kaart (de) | რუკა | ruk'a |
| gebied (landelijk ~) | ადგილი | adgili |
| plaats (de) | ადგილი | adgili |
| | | |
| exotische bestemming (de) | ეგზოტიკა | egzotik'a |
| exotisch (bn) | ეგზოტიკური | egzotik'uri |
| verwonderlijk (bn) | საოცარი | saotsari |
| | | |
| groep (de) | ჯგუფი | jgupi |
| rondleiding (de) | ექსკურსია | eksk'ursia |
| gids (de) | ექსკურსიის მძღოლი | eksk'ursiis mdzgholi |

## 156. Hotel

| | | |
|---|---|---|
| hotel (het) | სასტუმრო | sast'umro |
| motel (het) | მოტელი | mot'eli |
| 3-sterren | სამი ვარსკვლავი | sami varsk'vlavi |

| | | |
|---|---|---|
| 5-sterren | ხუთი ვარსკვლავი | khuti varsk'vlavi |
| overnachten (ww) | გაჩერება | gachereba |

| | | |
|---|---|---|
| kamer (de) | ნომერი | nomeri |
| eenpersoonskamer (de) | ერთადგილიანი ნომერი | ertadgiliani nomeri |
| tweepersoonskamer (de) | ორადგილიანი ნომერი | oradgiliani nomeri |
| een kamer reserveren | ნომერის დაჯავშნა | nomeris dajavshna |

| | | |
|---|---|---|
| halfpension (het) | ნახევარპანსიონი | nakhevarp'ansioni |
| volpension (het) | სრული პანსიონი | sruli p'ansioni |

| | | |
|---|---|---|
| met badkamer | საიაბაზანოთი | saabazanoti |
| met douche | შხაპით | shkhap'it |
| satelliet-tv (de) | თანამგზავრული ტელევიზია | tanamgzavruli t'elevizia |
| airconditioner (de) | კონდიციონერი | k'onditsioneri |
| handdoek (de) | პირსახოცი | p'irsakhotsi |
| sleutel (de) | გასაღები | gasaghebi |

| | | |
|---|---|---|
| administrateur (de) | ადმინისტრატორი | administ'rat'ori |
| kamermeisje (het) | მოახლე | moakhle |
| piccolo (de) | მებარგული | mebarguli |
| portier (de) | პორტიე | p'ort'ie |

| | | |
|---|---|---|
| restaurant (het) | რესტორანი | rest'orani |
| bar (de) | ბარი | bari |
| ontbijt (het) | საუზმე | sauzme |
| avondeten (het) | ვახშამი | vakhshami |
| buffet (het) | შვედური მაგიდა | shveduri magida |

| | | |
|---|---|---|
| hal (de) | ვესტიბიული | vest'ibiuli |
| lift (de) | ლიფტი | lipt'i |

| | | |
|---|---|---|
| NIET STOREN | ნუ შემაწუხებთ | nu shemats'ukhebt |
| VERBODEN TE ROKEN! | ნუ მოსწევთ! | nu mosts'evt! |

## 157. Boeken. Lezen

| | | |
|---|---|---|
| boek (het) | წიგნი | ts'igni |
| auteur (de) | ავტორი | avt'ori |
| schrijver (de) | მწერალი | mts'erali |
| schrijven (een boek) | დაწერა | dats'era |

| | | |
|---|---|---|
| lezer (de) | მკითხველი | mk'itkhveli |
| lezen (ww) | კითხვა | k'itkhva |
| lezen (het) | კითხვა | k'itkhva |

| | | |
|---|---|---|
| stil (~ lezen) | თავისთვის | tavistvis |
| hardop (~ lezen) | ხმამაღლა | khmamaghla |

| | | |
|---|---|---|
| uitgeven (boek ~) | გამოცემა | gamotsema |
| uitgeven (het) | გამოცემა | gamotsema |
| uitgever (de) | გამომცემელი | gamomtsemeli |
| uitgeverij (de) | გამომცემლობა | gamomtsemloba |

| | | |
|---|---|---|
| verschijnen (bijv. boek) | გამოსვლა | gamosvla |
| verschijnen (het) | გამოსვლა | gamosvla |
| oplage (de) | ტირაჟი | t'irazhi |

| | | |
|---|---|---|
| boekhandel (de) | წიგნების მაღაზია | ts'ignebis maghazia |
| bibliotheek (de) | ბიბლიოთეკა | bibliotek'a |

| | | |
|---|---|---|
| novelle (de) | მოთხრობა | motkhroba |
| verhaal (het) | მოთხრობა | motkhroba |
| roman (de) | რომანი | roman |
| detectiveroman (de) | დეტექტივი | det'ekt'ivi |

| | | |
|---|---|---|
| memoires (mv.) | მემუარები | memuarebi |
| legende (de) | ლეგენდა | legenda |
| mythe (de) | მითი | miti |

| | | |
|---|---|---|
| gedichten (mv.) | ლექსები | leksebi |
| autobiografie (de) | ავტობიოგრაფია | avt'obiografia |
| bloemlezing (de) | რჩეული | rcheul |
| sciencefiction (de) | ფანტასტიკა | pant'ast'ik'a |

| | | |
|---|---|---|
| naam (de) | დასახელება | dasakheleba |
| inleiding (de) | შესავალი | shesavali |
| voorblad (het) | სატიტულო ფურცელი | sat'it'u o purtseli |

| | | |
|---|---|---|
| hoofdstuk (het) | თავი | tavi |
| fragment (het) | ნაწყვეტი | nats'qvet'i |
| episode (de) | ეპიზოდი | ep'izodi |

| | | |
|---|---|---|
| intrige (de) | სიუჟეტი | siuzhet'i |
| inhoud (de) | შინაარსი | shinaarsi |
| inhoudsopgave (de) | სარჩევი | sarchevi |
| hoofdpersonage (het) | მთავარი გმირი | mtavari gmiri |

| | | |
|---|---|---|
| boekdeel (het) | ტომი | t'omi |
| omslag (de/het) | გარეკანი | garek'ani |
| boekband (de) | ყდა | qda |
| bladwijzer (de) | სანიშნი | sanishni |

| | | |
|---|---|---|
| pagina (de) | გვერდი | gverdi |
| bladeren (ww) | გადაფურცვლა | gadapurtsvla |
| marges (mv.) | კიდეები | k'ideebi |
| annotatie (de) | ჩანაწინი | chananishni |
| opmerking (de) | შენიშვნა | shenishvna |

| | | |
|---|---|---|
| tekst (de) | ტექსტი | t'ekst' |
| lettertype (het) | შრიფტი | shript'i |
| drukfout (de) | ბეჭდვითი შეცდომა | bech'dviti shetsdoma |

| | | |
|---|---|---|
| vertaling (de) | თარგმანი | targmani |
| vertalen (ww) | თარგმნა | targmna |
| origineel (het) | დედანი | dedani |

| | | |
|---|---|---|
| beroemd (bn) | სახელგანთქმული | sakhelgantkmuli |
| onbekend (bn) | ნაკლებად ცნობილი | nak'lebad tsnobili |
| interessant (bn) | საინტერესო | saint'ereso |

139

| bestseller (de) | ბესტსელერი | best'seleri |
| woordenboek (het) | ლექსიკონი | leksik'oni |
| leerboek (het) | სახელმძღვანელო | sakhelmdzghvanelo |
| encyclopedie (de) | ენციკლოპედია | entsik'lop'edia |

## 158. Jacht. Vissen

| jacht (de) | ნადირობა | nadiroba |
| jagen (ww) | ნადირობა | nadiroba |
| jager (de) | მონადირე | monadire |

| schieten (ww) | სროლა | srola |
| geweer (het) | თოფი | topi |
| patroon (de) | ვაზნა | vazna |
| hagel (de) | საფანტი | sapant'i |

| val (de) | ხაფანგი | khapangi |
| valstrik (de) | მახე | makhe |
| in de val trappen | ხაფანგში მოხვედრა | khapangshi mokhvedra |
| een val zetten | ხაფანგის დაგება | khapangis dageba |

| stroper (de) | ბრაკონიერი | brak'onieri |
| wild (het) | ნანადირევი | nanadirevi |
| jachthond (de) | მონადირე ძაღლი | monadire dzaghli |
| safari (de) | საფარი | sapari |
| opgezet dier (het) | ფიტული | pit'uli |

| visser (de) | მეთევზე | metevze |
| visvangst (de) | თევზაობა | tevzaoba |
| vissen (ww) | თევზაობა | tevzaoba |

| hengel (de) | ანკესი | ank'esi |
| vislijn (de) | ანკესის ძეედი | ank'esis mk'edi |
| haak (de) | ნემსკავი | nemsk'avi |
| dobber (de) | ტივტივა | t'ivt'iva |
| aas (het) | სატყუარა | sat'quara |

| de hengel uitwerpen | ანკესის გადაგდება | ank'esis gadagdeba |
| bijten (ov. de vissen) | ანკესზე წამოგება | ank'esze ts'amogeba |

| vangst (de) | ნათევზავი | natevzavi |
| wak (het) | ყინულჭრილი | qinulch'rili |

| net (het) | ბადე | bade |
| boot (de) | ნავი | navi |

| vissen met netten | ბადით ჭერა | badit ch'era |
| het net uitwerpen | ბადის გადაგდება | badis gadagdeba |
| het net binnenhalen | ბადის ამოღება | badis amogheba |
| in het net vallen | ბადეში მოხვედრა | badeshi mokhvedra |

| walvisvangst (de) | ვეშაპზე ნადირობა | veshap'ze nadiroba |
| walvisvaarder (de) | ვეშაპზე სანადირო გემი | veshap'ze sanadiro gemi |
| harpoen (de) | ჰარპუნი | harp'uni |

## 159. Spellen. Biljart

| | | |
|---|---|---|
| biljart (het) | ბილიარდი | biliardi |
| biljartzaal (de) | საბილიარდო | sabiliardo |
| biljartbal (de) | ბილიარდის ბურთი | biliardis burti |
| | | |
| een bal in het gat jagen | ბურთის ჩაგდება | burtis chagdeba |
| keu (de) | ბილიარდის ჯოხი | biliardis jokhi |
| gat (het) | ლუზა | luza |

## 160. Spellen. Speelkaarten

| | | |
|---|---|---|
| ruiten (mv.) | აგური | aguri |
| schoppen (mv.) | ყვავი | qvavi |
| klaveren (mv.) | გული | guli |
| harten (mv.) | ჯვარი | jvari |
| | | |
| aas (de) | ტუზი | t'uzi |
| koning (de) | მეფე | mepe |
| dame (de) | ქალი | kali |
| boer (de) | ვალეტი | valet'i |
| | | |
| speelkaart (de) | კარტი | k'art'i |
| kaarten (mv.) | კარტი | k'art'i |
| troef (de) | კოზირი | k'oziri |
| pak (het) kaarten | დასტა | dast'a |
| | | |
| punt (bijv. vijftig ~en) | ქულა | kula |
| uitdelen (kaarten ~) | დარიგება | darigeba |
| schudden (de kaarten ~) | არევა | areva |
| beurt (de) | სვლა | svla |
| valsspeler (de) | შულერი | shuleri |

## 161. Casino. Roulette

| | | |
|---|---|---|
| casino (het) | სამორინე | samorine |
| roulette (de) | რულეტი | rulet'i |
| inzet (de) | ფსონი | psoni |
| een bod doen | ფსონების გაკეთება | psonebis gak'eteba |
| | | |
| rood (de) | წითელი | ts'iteli |
| zwart (de) | შავი | shavi |
| inzetten op rood | წითელზე დადება | ts'itelze dadeba |
| inzetten op zwart | შავზე დადება | shavze dadeba |
| | | |
| croupier (de) | კრუპიე | k'rup'ie |
| de cilinder draaien | ბორბლის დატრიალება | borblis dat'rialeba |
| spelregels (mv.) | თამაშის წესები | tamashis ts'esebi |
| fiche (pokerfiche, etc.) | სათამაშო ქვა | satamasho kva |
| winnen (ww) | მოგება | mogeba |
| winst (de) | მოგება | mogeba |

| | | |
|---|---|---|
| verliezen (ww) | წაგება | ts'ageba |
| verlies (het) | წაგება | ts'ageba |

| | | |
|---|---|---|
| speler (de) | მოთამაშე | motamashe |
| blackjack (kaartspel) | ბლეკ ჯეკი | blek' jek'i |
| dobbelspel (het) | კოჭის თამაში | k'och'is tamashi |
| dobbelstenen (mv.) | კოჭი | k'och'i |
| speelautomaat (de) | სათამაშო ავტომატი | satamasho avt'omat'i |

## 162. Rusten. Spellen. Diversen

| | | |
|---|---|---|
| wandelen (on.ww.) | სეირნობა | seirnoba |
| wandeling (de) | გასეირნება | gaseirneba |
| trip (per auto) | გასეირნება | gaseirneba |
| avontuur (het) | თავგადასავალი | tavgadasavali |
| picknick (de) | პიკნიკი | p'ik'nik'i |

| | | |
|---|---|---|
| spel (het) | თამაში | tamashi |
| speler (de) | მოთამაშე | motamashe |
| partij (de) | პარტია | p'art'ia |

| | | |
|---|---|---|
| collectioneur (de) | კოლექციონერი | k'olektsioneri |
| collectioneren (ww) | კოლექციონირება | k'olektsionireba |
| collectie (de) | კოლექცია | k'olektsia |

| | | |
|---|---|---|
| kruiswoordraadsel (het) | კროსვორდი | k'rosvordi |
| hippodroom (de) | იპოდრომი | ip'odromi |
| discotheek (de) | დისკოთეკა | disk'otek'a |

| | | |
|---|---|---|
| sauna (de) | საუნა | sauna |
| loterij (de) | ლატარეა | lat'area |

| | | |
|---|---|---|
| trektocht (kampeertocht) | ლაშქრობა | lashkroba |
| kamp (het) | ბანაკი | banak'i |
| tent (de) | კარავი | k'aravi |
| kompas (het) | კომპასი | k'omp'asi |
| rugzaktoerist (de) | ტურისტი | t'urist'i |

| | | |
|---|---|---|
| bekijken (een film ~) | ყურება | qureba |
| kijker (televisie~) | ტელემაყურებელი | t'elemaqurebeli |
| televisie-uitzending (de) | ტელეგადაცემა | t'elegadatsema |

## 163. Fotografie

| | | |
|---|---|---|
| fotocamera (de) | ფოტოაპარატი | pot'oap'arat'i |
| foto (de) | ფოტოსურათი | pot'osurati |

| | | |
|---|---|---|
| fotograaf (de) | ფოტოგრაფი | pot'ograpi |
| fotostudio (de) | ფოტოსტუდია | pot'ost'udia |
| fotoalbum (het) | ფოტოალბომი | pot'oalbomi |
| lens (de), objectief (het) | ობიექტივი | obiekt'ivi |
| telelens (de) | ტელეობიექტივი | t'eleobiekt'ivi |

| filter (de/het) | ფილტრი | pilt'ri |
| lens (de) | ლინზა | linza |

| optiek (de) | ოპტიკა | op't'ik'a |
| diafragma (het) | დიაფრაგმა | diapragma |
| belichtingstijd (de) | დაყოვნება | daqovneba |
| zoeker (de) | ხედის მაძიებელი | khedis madziebeli |

| digitale camera (de) | ციფრული კამერა | tsiprul k'amera |
| statief (het) | შტატივი | sht'at'ivi |
| flits (de) | განათება | ganateba |

| fotograferen (ww) | სურათის გადაღება | suratis gadagheba |
| kieken (foto's maken) | გადაღება | gadagheba |
| zich laten fotograferen | სურათის გადაღება | suratis gadagheba |

| focus (de) | სიმკვეთრე | simk'vetre |
| scherpstellen (ww) | სიმკვეთრის დაყენება | simk'vetris daqeneba |
| scherp (bn) | მკვეთრი | mk'vetri |
| scherpte (de) | სიმკვეთრე | simk'vetre |

| contrast (het) | კონტრასტი | k'ont'rast'i |
| contrastrijk (bn) | კონტრასტული | k'ont'rast'uli |

| kiekje (het) | ფოტოსურათი | pot'osurati |
| negatief (het) | ნეგატივი | negativi |
| filmpje (het) | ფოტოფირი | pot'opiri |
| beeld (frame) | კადრი | k'adri |
| afdrukken (foto's ~) | ბეჭდვა | bech'dva |

## 164. Strand. Zwemmen

| strand (het) | პლაჟი | p'lazhi |
| zand (het) | ქვიშა | kvisha |
| leeg (~ strand) | უდაბური | udaburi |

| bruine kleur (de) | ნამზეური | namzeuri |
| zonnebaden (ww) | მზეზე გაშავება | mzeze gashaveba |
| gebruind (bn) | მზემოკიდებული | mzemok'idebuli |
| zonnecrème (de) | ნამზეურის კრემი | namzeuris k'remi |

| bikini (de) | ბიკინი | bik'ini |
| badpak (het) | საბანაო კოსტიუმი | sabanao k'ost'ium |
| zwembroek (de) | საბანაო ტრუსი | sabanao t'rusi |

| zwembad (het) | აუზი | auzi |
| zwemmen (ww) | ცურვა | tsurva |
| douche (de) | შხაპი | shkhap'i |
| zich omkleden (ww) | გამოცვლა | gamotsvla |
| handdoek (de) | პირსახოცი | p'irsakhotsi |

| boot (de) | ნავი | navi |
| motorboot (de) | კატარღა | k'at'argha |
| waterski's (mv.) | წყლის თხილამურები | ts'qlis tkhilamurebi |

| | | |
|---|---|---|
| waterfiets (de) | წყლის ველოსიპედი | ts'qlis velosip'edi |
| surfen (het) | სერფინგი | serpingi |
| surfer (de) | სერფინგისტი | serpingist'i |

| | | |
|---|---|---|
| scuba, aqualong (de) | აკვალანგი | ak'valangi |
| zwemvliezen (mv.) | ლასტები | last'ebi |
| duikmasker (het) | ნიღაბი | nighabi |
| duiker (de) | მყვინთავი | mqvintavi |
| duiken (ww) | ყვინთვა | qvintva |
| onder water (bw) | წყლის ქვეშ | ts'qlis kvesh |

| | | |
|---|---|---|
| parasol (de) | ქოლგა | kolga |
| ligstoel (de) | შეზლონგი | shezlongi |
| zonnebril (de) | სათვალე | satvale |
| luchtmatras (de/het) | საცურაო ლეიბი | satsurao leibi |

| | | |
|---|---|---|
| spelen (ww) | თამაში | tamashi |
| gaan zwemmen (ww) | ბანაობა | banaoba |

| | | |
|---|---|---|
| bal (de) | ბურთი | burti |
| opblazen (oppompen) | გაბერვა | gaberva |
| lucht-, opblaasbare (bn) | გასაბერი | gasaberi |

| | | |
|---|---|---|
| golf (hoge ~) | ტალღა | t'algha |
| boei (de) | ტივტივა | t'ivt'iva |
| verdrinken (ww) | დახრჩობა | dakhrchoba |

| | | |
|---|---|---|
| redden (ww) | შველა | shvela |
| reddingsvest (de) | სამაშველო ჟილეტი | samashvelo zhilet'i |
| waarnemen (ww) | დაკვირვება | dak'virveba |
| redder (de) | მაშველი | mashveli |

# TECHNISCHE APPARATUUR. VERVOER

## Technische apparatuur

### 165. Computer

| | | |
|---|---|---|
| computer (de) | კომპიუტერი | k'omp' ut'eri |
| laptop (de) | ნოუთბუკი | noutbu k'i |
| | | |
| aanzetten (ww) | ჩართვა | chartva |
| uitzetten (ww) | გამორთვა | gamortva |
| | | |
| toetsenbord (het) | კლავიატურა | k'lavia:'ura |
| toets (enter~) | კლავიში | k'lavishi |
| muis (de) | თაგუნა | taguna |
| muismat (de) | ქვეშსადები | kveshsadebi |
| | | |
| knopje (het) | ღილაკი | ghilak'i |
| cursor (de) | კურსორი | k'ursori |
| | | |
| monitor (de) | მონიტორი | monit'ori |
| scherm (het) | ეკრანი | ek'ran |
| | | |
| harde schijf (de) | მყარი დისკი | mqari disk'i |
| volume (het) van de harde schijf | მყარი დისკის მოცულობა | mqari disk'is motsuloba |
| geheugen (het) | მეხსიერება | mekhsiereba |
| RAM-geheugen (het) | ოპერატიული მეხსიერება | op'erat'iuli mekhsiereba |
| | | |
| bestand (het) | ფაილი | paili |
| folder (de) | საქაღალდე | sakaghalde |
| openen (ww) | გახსნა | gakhsna |
| sluiten (ww) | დახურვა | dakhurva |
| | | |
| opslaan (ww) | შენახვა | shenakhva |
| verwijderen (wissen) | წაშლა | ts'ash a |
| kopiëren (ww) | კოპირება | k'op'ireba |
| sorteren (ww) | სორტირება | sort'ireba |
| overplaatsen (ww) | გადაწერა | gadats'era |
| | | |
| programma (het) | პროგრამა | p'rograma |
| software (de) | პროგრამული უზრუნველყოფა | p'rogramuli uzrunvelqopa |
| | | |
| programmeur (de) | პროგრამისტი | p'rogramist'i |
| programmeren (ww) | პროგრამირება | p'rogramireba |
| | | |
| hacker (computerkraker) | ჰაკერი | hak'eri |
| wachtwoord (het) | პაროლი | p'arol |
| virus (het) | ვირუსი | virusi |

| ontdekken (virus ~) | აღმოჩენა | aghmochena |
| byte (de) | ბაიტი | bait'i |
| megabyte (de) | მეგაბაიტი | megabait'i |

| data (de) | მონაცემები | monatsemebi |
| databank (de) | მონაცემთა ბაზა | monatsemta baza |

| kabel (USB-~, enz.) | კაბელი | k'abeli |
| afsluiten (ww) | მოცილება | motsileba |
| aansluiten op (ww) | შეერთება | sheerteba |

## 166. Internet. E-mail

| internet (het) | ინტერნეტი | int'ernet'i |
| browser (de) | ბრაუზერი | brauzeri |
| zoekmachine (de) | საძიებო რესურსი | sadziebo resursi |
| internetprovider (de) | პროვაიდერი | p'rovaideri |

| webmaster (de) | ვებ-მასტერი | veb-mast'eri |
| website (de) | ვებ-საიტი | veb-sait'i |
| webpagina (de) | ვებ-გვერდი | veb-gverdi |

| adres (het) | მისამართი | misamarti |
| adresboek (het) | სამისამართო წიგნაკი | samisamarto ts'ignak'i |

| postvak (het) | საფოსტო ყუთი | sapost'o quti |
| post (de) | ფოსტა | post'a |
| vol (~ postvak) | გავსებული | gavsebuli |

| bericht (het) | შეტყობინება | shet'qobineba |
| binnenkomende berichten (mv.) | შემავალი შეტყობინებები | shemavali shet'qobinebebi |
| uitgaande berichten (mv.) | გამავალი შეტყობინებები | gamavali shet'qobinebebi |

| verzender (de) | გამგზავნი | gamgzavni |
| verzenden (ww) | გაგზავნა | gagzavna |
| verzending (de) | გაგზავნა | gagzavna |

| ontvanger (de) | მიმღები | mimghebi |
| ontvangen (ww) | მიღება | migheba |

| correspondentie (de) | მიმოწერა | mimots'era |
| corresponderen (met …) | მიმოწერის ქონა | mimots'eris kona |

| bestand (het) | ფაილი | paili |
| downloaden (ww) | ჩამოტვირთვა | chamot'virtva |
| creëren (ww) | შექმნა | shekmna |
| verwijderen (een bestand ~) | წაშლა | ts'ashla |
| verwijderd (bn) | წაშლილი | ts'ashlili |

| verbinding (de) | კავშირი | k'avshiri |
| snelheid (de) | სიჩქარე | sichkare |
| modem (de) | მოდემი | modemi |
| toegang (de) | შეღწევა | sheghts'eva |

| poort (de) | პორტი | p'ort'i |
| aansluiting (de) | ჩართვა | chartva |
| zich aansluiten (ww) | ჩართვა | chartva |

| selecteren (ww) | არჩევა | archeva |
| zoeken (ww) | ძებნა | dzebna |

## 167. Elektriciteit

| elektriciteit (de) | ელექტრობა | elekt'roba |
| elektrisch (bn) | ელექტრული | elekt'ruli |
| elektriciteitscentrale (de) | ელექტროსადგური | elekt'rosadguri |
| energie (de) | ენერგია | energia |
| elektrisch vermogen (het) | ელექტროენერგია | elekt'roenergia |

| lamp (de) | ნათურა | natura |
| zaklamp (de) | ფარანი | parani |
| straatlantaarn (de) | ფარანი | parani |

| licht (elektriciteit) | შუქი | shuki |
| aandoen (ww) | ჩართვა | chartva |

| uitdoen (ww) | გამორთვა | gamortva |
| het licht uitdoen | შუქის ჩაქრობა | shukis chakroba |

| doorbranden (gloeilamp) | გადაწვა | gadats'va |
| kortsluiting (de) | მოკლე ჩართვა | mok'le chartva |

| onderbreking (de) | გაწყვეტა | gats'q'vet'a |
| contact (het) | კონტაქტი | k'ont'akt'i |

| schakelaar (de) | ამომრთველი | amomrtveli |
| stopcontact (het) | როზეტი | rozet'i |

| stekker (de) | ჩანგალი | changali |
| verlengsnoer (de) | დამაგრძელებელი | damagrdzelebeli |

| zekering (de) | დამცველი | damtsveli |
| kabel (de) | სადენი | sadeni |
| bedrading (de) | გაყვანილობა | gaqvaniloba |

| ampère (de) | ამპერი | amp'eri |
| stroomsterkte (de) | დენის ძალა | denis dzala |

| volt (de) | ვოლტი | volt'i |
| spanning (de) | ძაბვა | dzabva |

| elektrisch toestel (het) | ელექტრობელსაწყო | elekt'rokhelsats'qo |
| indicator (de) | ინდიკატორი | indik'at'ori |

| elektricien (de) | ელექტრიკოსი | elekt'rik'osi |
| solderen (ww) | რჩილვა | rchilva |
| soldeerbout (de) | სარჩილავი | sarchilavi |
| stroom (de) | დენი | deni |

147

## 168. Gereedschappen

| werktuig (stuk gereedschap) | ხელსაწყო | khelsats'qo |
| gereedschap (het) | ხელსაწყოები | khelsats'qoebi |
| uitrusting (de) | მოწყობილობა | mots'qobiloba |

| hamer (de) | ჩაქუჩი | chakuchi |
| schroevendraaier (de) | სახრახნისი | sakhrakhnisi |
| bijl (de) | ნაჯახი | najakhi |

| zaag (de) | ხერხი | kherkhi |
| zagen (ww) | ხერხვა | kherkhva |
| schaaf (de) | შალაშინი | shalashini |
| schaven (ww) | გაშალაშინება | gashalashineba |
| soldeerbout (de) | სარჩილავი | sarchilavi |
| solderen (ww) | რჩილვა | rchilva |

| vijl (de) | ქლიბი | klibi |
| nijptang (de) | გაზი | gazi |
| combinatietang (de) | ბრტყელტუჩა | brt'qelt'ucha |
| beitel (de) | ხვეწი | khvets'i |

| boorkop (de) | ბურღი | burghi |
| boormachine (de) | დრელი | dreli |
| boren (ww) | გაბურღვა | gaburghva |

| mes (het) | დანა | dana |
| zakmes (het) | ჯიბის დანა | jibis dana |
| knip- (abn) | საკეტი | sak'etsi |
| lemmet (het) | პირი | p'iri |

| scherp (bijv. ~ mes) | ბასრი | basri |
| bot (bn) | ბლაგვი | blagvi |
| bot raken (ww) | დაბლაგვება | dablagveba |
| slijpen (een mes ~) | ლესვა | lesva |

| bout (de) | ჭანჭიკი | ch'anch'ik'i |
| moer (de) | ქანჩი | kanchi |
| schroefdraad (de) | კუთხვილი | k'utkhvili |
| houtschroef (de) | სჭვალი | sch'vali |

| nagel (de) | ლურსმანი | lursmani |
| kop (de) | თავი | tavi |

| liniaal (de/het) | სახაზავი | sakhazavi |
| rolmeter (de) | რულეტი | rulet'i |
| waterpas (de/het) | თარაზო | tarazo |
| loep (de) | ლუპა | lup'a |

| meetinstrument (het) | საზომი ხელსაწყო | sazomi khelsats'qo |
| opmeten (ww) | გაზომვა | gazomva |
| schaal (meetschaal) | შკალა | shk'ala |
| gegevens (mv.) | ჩვენება | chveneba |
| compressor (de) | კომპრესორი | k'omp'resori |
| microscoop (de) | მიკროსკოპი | mik'rosk'op'i |

| pomp (de) | ტუმბო | t'umbo |
| robot (de) | რობოტი | robot'i |
| laser (de) | ლაზერი | lazeri |

| moersleutel (de) | ქანჩის გასაღები | kanchis gasaghebi |
| plakband (de) | სკოტჩის ლენტი | sk'ot'chis lent'i |
| lijm (de) | წები | ts'ebo |

| schuurpapier (het) | ზუმფარის ქაღალდი | zumparis kaghaldi |
| veer (de) | ზამბარა | zambara |
| magneet (de) | მაგნიტი | magnit'i |
| handschoenen (mv.) | ხელთათმანები | kheltatmanebi |

| touw (bijv. henneptouw) | თოკი | tok'i |
| snoer (het) | ზონარი | zonar |
| draad (de) | სადენი | saderi |
| kabel (de) | კაბელი | k'abeli |

| moker (de) | სანგი | sangi |
| breekijzer (het) | ძალაყინი | dzalaqini |
| ladder (de) | კიბე | k'ibe |
| trapje (inklapbaar ~) | პწკალა | p'ts'k'ala |

| aanschroeven (ww) | მოჭერა | mochera |
| losschroeven (ww) | მოშვება | moshveba |
| dichtpersen (ww) | მოჭერა | mochera |
| vastlijmen (ww) | მიწებება | mits'ebeba |
| snijden (ww) | ჭრა | ch'ra |

| defect (het) | გაუმართაობა | gaumartaoba |
| reparatie (de) | შეკეთება | shek'eteba |
| repareren (ww) | გარემონტება | garemont'eba |
| regelen (een machine ~) | მოწესრიგება | mots'esrigeba |

| nakijken (ww) | შემოწმება | shemots'meba |
| controle (de) | შემოწმება | shemots'meba |
| gegevens (mv.) | ჩვენება | chveneba |

| degelijk (bijv. ~ machine) | საიმედო | saimedo |
| ingewikkeld (bn) | რთული | rtuli |

| roesten (ww) | დაჟანგვა | dazhangva |
| roestig (bn) | დაჟანგული | dazhanguli |
| roest (de/het) | ჟანგი | zhangi |

# Vervoer

## 169. Vliegtuig

| | | |
|---|---|---|
| vliegtuig (het) | თვითმფრინავი | tvitmprinavi |
| vliegticket (het) | ავიაბილეთი | aviabileti |
| luchtvaartmaatschappij (de) | ავიაკომპანია | aviak'omp'ania |
| luchthaven (de) | აეროპორტი | aerop'ort'i |
| supersonisch (bn) | ზებგერითი | zebgeriti |
| | | |
| gezagvoerder (de) | ხომალდის მეთაური | khomaldis metauri |
| bemanning (de) | ეკიპაჟი | ek'ip'azhi |
| piloot (de) | პილოტი | p'ilot'i |
| stewardess (de) | სტიუარდესა | st'iuardesa |
| stuurman (de) | შტურმანი | sht'urmani |
| | | |
| vleugels (mv.) | ფრთები | prtebi |
| staart (de) | კუდი | k'udi |
| cabine (de) | კაბინა | k'abina |
| motor (de) | ძრავი | dzravi |
| landingsgestel (het) | შასი | shasi |
| turbine (de) | ტურბინა | t'urbina |
| | | |
| propeller (de) | პროპელერი | p'rop'eleri |
| zwarte doos (de) | შავი ყუთი | shavi quti |
| stuur (het) | საჭევრი | sach'evri |
| brandstof (de) | საწვავი | sats'vavi |
| | | |
| veiligheidskaart (de) | ინსტრუქცია | inst'ruktsia |
| zuurstofmasker (het) | ჟანგბადის ნიღაბი | zhangbadis nighabi |
| uniform (het) | უნიფორმა | uniporma |
| | | |
| reddingsvest (de) | სამაშველო ჟილეტი | samashvelo zhilet'i |
| parachute (de) | პარაშუტი | p'arashut'i |
| | | |
| opstijgen (het) | აფრენა | aprena |
| opstijgen (ww) | აფრენა | aprena |
| startbaan (de) | ასაფრენი ზოლი | asapreni zoli |
| | | |
| zicht (het) | ხილვადობა | khilvadoba |
| vlucht (de) | ფრენა | prena |
| | | |
| hoogte (de) | სიმაღლე | simaghle |
| luchtzak (de) | ჰაერის ორმო | haeris ormo |
| | | |
| plaats (de) | ადგილი | adgili |
| koptelefoon (de) | საყურისი | saqurisi |
| tafeltje (het) | გადასაწევი მაგიდა | gadasats'evi magida |
| venster (het) | ილუმინატორი | iluminat'ori |
| gangpad (het) | გასასვლელი | gasasvleli |

## 170.  Trein

| | | |
|---|---|---|
| trein (de) | მატარებელი | mat'arebeli |
| elektrische trein (de) | ელექტრომატარებელი | elekt'rcmat'arebeli |
| sneltrein (de) | ჩქაროსნული მატარებელი | chkarosnuli mat'arebeli |
| diesellocomotief (de) | თბომავალი | tbomavali |
| locomotief (de) | ორთქლმავალი | ortklmavali |

| | | |
|---|---|---|
| rijtuig (het) | ვაგონი | vagoni |
| restauratierijtuig (het) | ვაგონი-რესტორანი | vagoni-rest'orani |

| | | |
|---|---|---|
| rails (mv.) | რელსი | relsi |
| spoorweg (de) | რკინიგზა | rk'inigza |
| dwarsligger (de) | შპალი | shp'ali |

| | | |
|---|---|---|
| perron (het) | პლათფორმა | p'latpo-ma |
| spoor (het) | ლიანდაგი | liandagi |
| semafoor (de) | სემაფორი | semapori |
| halte (bijv. kleine treinhalte) | სადგური | sadguri |

| | | |
|---|---|---|
| machinist (de) | მემანქანე | memankane |
| kruier (de) | მებარგული | mebarjuli |
| conducteur (de) | გამცილი | gamqcli |
| passagier (de) | მგზავრი | mgzavri |
| controleur (de) | კონტროლიორი | k'ont'roliori |

| | | |
|---|---|---|
| gang (in een trein) | დერეფანი | derepani |
| noodrem (de) | სტოპ-კრანი | st'op'-k'rani |
| coupé (de) | კუპე | k'up'e |
| bed (slaapplaats) | თარო | taro |
| bovenste bed (het) | ზედა თარო | zeda taro |
| onderste bed (het) | ქვედა თარო | kveda taro |
| beddengoed (het) | თეთრეული | tetreul |

| | | |
|---|---|---|
| kaartje (het) | ბილეთი | bileti |
| dienstregeling (de) | განრიგი | ganrigi |
| informatiebord (het) | ტაბლო | t'ablo |

| | | |
|---|---|---|
| vertrekken | გასვლა | gasvla |
| (De trein vertrekt ...) | | |
| vertrek (ov. een trein) | გამგზავრება | gamgzavreba |
| aankomen (ov. de treinen) | ჩამოსვლა | chamosvla |
| aankomst (de) | ჩამოსვლა | chamosvla |

| | | |
|---|---|---|
| aankomen per trein | მატარებლით მოსვლა | mat'areblit mosvla |
| in de trein stappen | მატარებელში ჩაჯდომა | mat'arebelshi chajcoma |
| uit de trein stappen | მატარებლიდან ჩამოსვლა | mat'areblidan chamosvla |

| | | |
|---|---|---|
| treinwrak (het) | მარცხი | martskhi |
| ontspoord zijn | რელსებიდან გადასვლა | relsebidan gadasvla |

| | | |
|---|---|---|
| locomotief (de) | ორთქლმავალი | ortklmavali |
| stoker (de) | ცეცხლფარეში | tsetskhlpareshi |
| stookplaats (de) | საცეცხლე | satsetskhle |
| steenkool (de) | ნახშირი | nakhshiri |

## 171. Schip

| | | |
|---|---|---|
| schip (het) | გემი | gemi |
| vaartuig (het) | ხომალდი | khomaldi |
| | | |
| stoomboot (de) | ორთქლმავალი | ortklmavali |
| motorschip (het) | თბომავალი | tbomavali |
| lijnschip (het) | ლაინერი | laineri |
| kruiser (de) | კრეისერი | k'reiseri |
| | | |
| jacht (het) | იახტა | iakht'a |
| sleepboot (de) | ბუქსირი | buksiri |
| duwbak (de) | ბარჟა | barzha |
| ferryboot (de) | ბორანი | borani |
| | | |
| zeilboot (de) | იალქნიანი გემი | ialkniani gemi |
| brigantijn (de) | ბრიგანტინა | brigant'ina |
| | | |
| IJsbreker (de) | ყინულმჭრელი | qinulmch'reli |
| duikboot (de) | წყალქვეშა ნავი | ts'qalkvesha navi |
| | | |
| boot (de) | ნავი | navi |
| sloep (de) | კანჯო | k'anjo |
| reddingssloep (de) | მაშველი კანჯო | mashveli k'anjo |
| motorboot (de) | კატარღა | k'at'argha |
| | | |
| kapitein (de) | კაპიტანი | k'ap'it'ani |
| zeeman (de) | მატროსი | mat'rosi |
| matroos (de) | მეზღვაური | mezghvauri |
| bemanning (de) | ეკიპაჟი | ek'ip'azhi |
| | | |
| bootsman (de) | ბოცმანი | botsmani |
| scheepsjongen (de) | იუნგა | iunga |
| kok (de) | კოკი | k'ok'i |
| scheepsarts (de) | გემის ექიმი | gemis ekimi |
| | | |
| dek (het) | გემბანი | gembani |
| mast (de) | ანძა | andza |
| zeil (het) | იალქანი | ialkani |
| | | |
| ruim (het) | ტრიუმი | t'riumi |
| voorsteven (de) | ცხვირი | tskhviri |
| achtersteven (de) | კიჩო | k'icho |
| roeispaan (de) | ნიჩაბი | nichabi |
| schroef (de) | ხრახნი | khrakhni |
| | | |
| kajuit (de) | კაიუტა | k'aiut'a |
| officierskamer (de) | კაიუტკომპანია | k'aiut'k'omp'ania |
| machinekamer (de) | სამანქანო განყოფილება | samankano ganqopileba |
| brug (de) | კაპიტნის ხიდურა | k'ap'it'nis khidura |
| radiokamer (de) | რადიოჯიხური | radiojikhuri |
| radiogolf (de) | ტალღა | t'algha |
| logboek (het) | გემის ჟურნალი | gemis zhurnali |
| verrekijker (de) | ჭოგრი | ch'ogri |
| klok (de) | ზარი | zari |

| vlag (de) | დროშა | drosha |
| kabel (de) | ბაგირი | bagiri |
| knoop (de) | კვანძი | k'vandzi |

| trapleuning (de) | სახელური | sakheluri |
| trap (de) | ტრაპი | t'rap'i |

| anker (het) | ღუზა | ghuza |
| het anker lichten | ღუზის ამოწევა | ghuzis amots'eva |
| het anker neerlaten | ღუზის ჩაშვება | ghuzis chashveba |
| ankerketting (de) | ღუზის ჯაჭვი | ghuzis jach'vi |

| haven (bijv. containerhaven) | ნავსადგური | navsadguri |
| kaai (de) | მისადგომი | misadgomi |
| aanleggen (ww) | მიდგომა | midgoma |
| wegvaren (ww) | ნაპირს მოცილება | nap'irs motsileba |

| reis (de) | მოგზაურობა | mogzauroba |
| cruise (de) | კრუიზი | k'ruizi |
| koers (de) | კურსი | k'ursi |
| route (de) | მარშრუტი | marshrut'i |

| vaarwater (het) | ფარვატერი | parvat eri |
| zandbank (de) | თავთხელი | tavtkheli |
| stranden (ww) | თავთხელზე დაჯდომა | tavtkhelze dajdoma |

| storm (de) | ქარიშხალი | karishkhali |
| signaal (het) | სიგნალი | signal |
| zinken (ov. een boot) | ჩაძირვა | chadzirva |
| Man overboord! | ადამიანი ბორტს იქით! | adamiani bort's ikit! |
| SOS (noodsignaal) | სოს | sos |
| reddingsboei (de) | საშველი რგოლი | sashveli rgoli |

## 172. Vliegveld

| luchthaven (de) | აეროპორტი | aeroport'i |
| vliegtuig (het) | თვითმფრინავი | tvitmprinavi |
| luchtvaartmaatschappij (de) | ავიაკომპანია | aviak'omp'ania |
| luchtverkeersleider (de) | დისპეჩერი | disp'echeri |

| vertrek (het) | გაფრენა | gaprena |
| aankomst (de) | მოფრენა | moprena |
| aankomen (per vliegtuig) | მოფრენა | moprena |

| vertrektijd (de) | გაფრენის დრო | gaprenis dro |
| aankomstuur (het) | მოფრენის დრო | moprenis dro |

| vertraagd zijn (ww) | დაგვიანება | dagvianeba |
| vluchtvertraging (de) | გაფრენის დაგვიანება | gaprenis dagvianeba |

| informatiebord (het) | საინფორმაციო ტაბლო | sainpormatsio t'ablo |
| informatie (de) | ინფორმაცია | inpormatsia |
| aankondigen (ww) | გამოცხადება | gamotskhadeba |
| vlucht (bijv. KLM ~) | რეისი | reisi |

| douane (de) | საბაჟო | sabazho |
| douanier (de) | მებაჟე | mebazhe |

| douaneaangifte (de) | დეკლარაცია | dek'laratsia |
| een douaneaangifte invullen | დეკლარაციის შევსება | dek'laratsiis shevseba |
| paspoortcontrole (de) | საპასპორტო კონტროლი | sap'asp'ort'o k'ont'roli |

| bagage (de) | ბარგი | bargi |
| handbagage (de) | ხელის ბარგი | khelis bargi |
| bagagekarretje (het) | ურიკა | urik'a |

| landing (de) | დაჯდომა | dajdoma |
| landingsbaan (de) | დასაფრენი ზოლი | dasapreni zoli |
| landen (ww) | დაჯდომა | dajdoma |
| vliegtuigtrap (de) | ტრაპი | t'rap'i |

| inchecken (het) | რეგისტრაცია | regist'ratsia |
| incheckbalie (de) | სარეგისტრაციო დგარი | saregist'ratsio dgari |
| inchecken (ww) | დარეგისტრირება | daregist'rireba |
| instapkaart (de) | ჩასაჯდომი ტალონი | chasajdomi t'aloni |
| gate (de) | გასვლა | gasvla |

| transit (de) | ტრანზიტი | t'ranzit'i |
| wachten (ww) | ლოდინი | lodini |
| wachtzaal (de) | მოსაცდელი დარბაზი | mosatsdeli darbazi |
| begeleiden (uitwuiven) | გაცილება | gatsileba |
| afscheid nemen (ww) | გამომშვიდობება | gamomshvidobeba |

## 173. Fiets. Motorfiets

| fiets (de) | ველოსიპედი | velosip'edi |
| bromfiets (de) | მოტოროლერი | mot'oroleri |
| motorfiets (de) | მოტოციკლი | mot'otsik'li |

| met de fiets rijden | ველოსიპედით სიარული | velosip'edit siaruli |
| stuur (het) | საჭე | sach'e |
| pedaal (de/het) | პედალი | p'edali |
| remmen (mv.) | მუხრუჭები | mukhruch'ebi |
| fietszadel (de/het) | საჯდომი | sajdomi |

| pomp (de) | ტუმბო | t'umbo |
| bagagedrager (de) | საბარგული | sabarguli |
| fietslicht (het) | ფარანი | parani |
| helm (de) | ჩაფხუტი | chapkhut'i |

| wiel (het) | ბორბალი | borbali |
| spatbord (het) | ფრთა | prta |
| velg (de) | ფერსო | perso |
| spaak (de) | მანა | mana |

# Auto's

## 174. Soorten auto's

| | | |
|---|---|---|
| auto (de) | ავტომობილი | avt'omobili |
| sportauto (de) | სასპორტო ავტომობილი | sasp'ort'o avt'omobili |
| limousine (de) | ლიმუზინი | limuzini |
| terreinwagen (de) | ყველგანმავალი | qvelganmavali |
| cabriolet (de) | კაბრიოლეტი | k'abriolet'i |
| minibus (de) | მიკროავტობუსი | mik'roavt'obusi |
| ambulance (de) | სასწრაფო დახმარება | sasts'rapo dakhmareba |
| sneeuwruimer (de) | თოვლსაღები მანქანა | tovlsaghebi mankana |
| vrachtwagen (de) | სატვირთო მანქანა | sat'virto mankana |
| tankwagen (de) | ბენზინმზიდი | benzinmzidi |
| bestelwagen (de) | ფურგონი | purgoni |
| trekker (de) | საწევრი | sats'evri |
| aanhangwagen (de) | მისაბმელი | misabmeli |
| comfortabel (bn) | კომფორტული | k'omport'uli |
| tweedehands (bn) | ნახმარი | nakhmari |

## 175. Auto's. Carrosserie

| | | |
|---|---|---|
| motorkap (de) | კაპოტი | k'ap'ot'i |
| spatbord (het) | ფრთა | prta |
| dak (het) | სახურავი | sakhuravi |
| voorruit (de) | საქარე მინა | sakare mina |
| achterruit (de) | უკანა ხედის სარკე | uk'ana khedis sark'e |
| ruitensproeier (de) | გამრეცხი | gamretskhi |
| wisserbladen (mv.) | მინასაწმენდი | minasats'mendi |
| zijruit (de) | გვერდითი მინა | gverditi mina |
| raamlift (de) | მინის ამწევი | minis amts'evi |
| antenne (de) | ანტენა | ant'ena |
| zonnedak (het) | ლიუკი | liuk'i |
| bumper (de) | ბამპერი | bamp'eri |
| koffer (de) | საბარგული | sabarguli |
| portier (het) | კარი | k'ari |
| handvat (het) | სახელური | sakheluri |
| slot (het) | კლიტე | k'lit'e |
| nummerplaat (de) | ნომერი | nomeri |
| knalpot (de) | მაყუჩი | maquchi |

| | | |
|---|---|---|
| benzinetank (de) | ბენზინის ავზი | benzinis avzi |
| uitlaatpijp (de) | გამოსაბოლქვი მილი | gamosabolkvi mili |

| | | |
|---|---|---|
| gas (het) | გაზი | gazi |
| pedaal (de/het) | საჭერფული | sat'erpuli |
| gaspedaal (de/het) | გაზის საჭერფული | gazis sat'erpuli |

| | | |
|---|---|---|
| rem (de) | მუხრუჭი | mukhruch'i |
| rempedaal (de/het) | მუხრუჭის საჭერფული | mukhruch'is sat'erpuli |
| remmen (ww) | დამუხრუჭება | damukhruch'eba |
| handrem (de) | სადგომი მუხრუჭი | sadgomi mukhruch'i |

| | | |
|---|---|---|
| koppeling (de) | გადაბმულობა | gadabmuloba |
| koppelingspedaal (de/het) | გადაბმულობის საჭერფული | gadabmulobis sat'erpuli |
| koppelingsschijf (de) | გადაბმულობის დისკი | gadabmulobis disk'i |
| schokdemper (de) | ამორტიზატორი | amort'izat'ori |

| | | |
|---|---|---|
| wiel (het) | ბორბალი | borbali |
| reservewiel (het) | სათადარიგო ბორბალი | satadarigo borbali |
| band (de) | საბურავი | saburavi |
| wieldop (de) | ხუფი | khupi |

| | | |
|---|---|---|
| aandrijfwielen (mv.) | წამყვანი ბორბალი | ts'amqvani borbali |
| met voorwielaandrijving | წინა მძრავიანი | ts'ina mdzraviani |
| met achterwielaandrijving | უკანა მძრავიანი | uk'ana mdzraviani |
| met vierwielaandrijving | სრულ მძრავიანი | srul mdzraviani |

| | | |
|---|---|---|
| versnellingsbak (de) | გადაცემათა კოლოფი | gadatsemata k'olopi |
| automatisch (bn) | ავტომატური | avt'omat'uri |
| mechanisch (bn) | მექანიკური | mekanik'uri |
| versnellingspook (de) | გადაცემათა კოლოფის ბერკეტი | gadatsemata k'olopis berk'et'i |

| | | |
|---|---|---|
| voorlicht (het) | ფარა | para |
| voorlichten (mv.) | ფარები | parebi |

| | | |
|---|---|---|
| dimlicht (het) | ახლო განათება | akhlo ganateba |
| grootlicht (het) | შორი განათება | shori ganateba |
| stoplicht (het) | სტოპ-სიგნალი | st'op'-signali |

| | | |
|---|---|---|
| standlichten (mv.) | გაბარიტული განათება | gabarit'uli ganateba |
| noodverlichting (de) | ავარიული განათება | avariuli ganateba |
| mistlichten (mv.) | ნისლსაწინააღმდეგო ფარები | nislsats'inaaghmdego parebi |
| pinker (de) | „მოხვევის ნიშანი" | mokhvevis nishani |
| achteruitrijdlicht (het) | „უკუსვლა" | uk'usvla |

## 176. Auto's. Passagiersruimte

| | | |
|---|---|---|
| interieur (het) | სალონი | saloni |
| leren (van leer gemaak) | ტყავის | t'qavis |
| fluwelen (abn) | ველიურის | veliuris |
| bekleding (de) | გადასაკრავი | gadasak'ravi |
| toestel (het) | ხელსაწყო | khelsats'qo |

| | | |
|---|---|---|
| instrumentenbord (het) | ხელსაწყოს დაფა | khelsa:s'qos dapa |
| snelheidsmeter (de) | სპიდომეტრი | sp'idoᴖet'ri |
| pijltje (het) | ისარი | isari |

| | | |
|---|---|---|
| kilometerteller (de) | მრიცხველი | mritskhveli |
| sensor (de) | გადამწოდი | gadamᴛs'odi |
| niveau (het) | დონე | done |
| controlelampje (het) | ნათურა | natura |

| | | |
|---|---|---|
| stuur (het) | საჭე, საჭის ბორბალი | sach'e  sach'is borbali |
| toeter (de) | სიგნალი | signali |
| knopje (het) | ღილაკი | ghilak' |
| schakelaar (de) | გადამრთველი | gadamᴖrtveli |

| | | |
|---|---|---|
| stoel (bestuurders~) | საჯდომი | sajdomi |
| rugleuning (de) | ზურგი | zurgi |
| hoofdsteun (de) | თავმისადები | tavmisadebi |
| veiligheidsgordel (de) | უსაფრთხოების ღვედი | usaprtᴋhoebis ghvedi |
| de gordel aandoen | ღვედების შეკვრა | ghvedᴣbis shek'vra |
| regeling (de) | რეგულირება | regulirᴣba |

| | | |
|---|---|---|
| airbag (de) | საჰაერო ბალიში | sahae˙o balishi |
| airconditioner (de) | კონდიციონერი | k'onditsioneri |

| | | |
|---|---|---|
| radio (de) | რადიო | radio |
| CD-speler (de) | CD-საკრავი | CD-saᴋk'ravi |
| aanzetten (bijv. radio ~) | ჩართვა | chartvᴣ |
| antenne (de) | ანტენა | ant'enᴣ |
| handschoenenkastje (het) | პატარა საბარგული | p'at'arᴣ sabarguli |
| asbak (de) | საფერფლე | saperple |

## 177.  Auto's. Motor

| | | |
|---|---|---|
| motor (de) | ძრავა | dzrava |
| diesel- (abn) | დიზელის | dizelis |
| benzine- (~motor) | ბენზინის | benzinis |

| | | |
|---|---|---|
| motorinhoud (de) | ძრავის მოცულობა | dzravis motsuloba |
| vermogen (het) | სიმძლავრე | simdzᴣavre |
| paardenkracht (de) | ცხენის ძალა | tskhenis dzala |
| zuiger (de) | დგუში | dgushi |
| cilinder (de) | ცილინდრი | tsilindᴩi |
| klep (de) | სარქველი | sarkveli |

| | | |
|---|---|---|
| injectie (de) | ინჟექტორი | inzheᴋt'ori |
| generator (de) | გენერატორი | generᴣt'ori |
| carburator (de) | კარბიურატორი | k'arbiᴜrat'ori |
| motorolie (de) | ძრავის ზეთი | dzravᴉs zeti |

| | | |
|---|---|---|
| radiator (de) | რადიატორი | radiat᷄ori |
| koelvloeistof (de) | მაცივებელი სითხე | matsivebeli sitkhe |
| ventilator (de) | ვენტილატორი | vent'ilat'ori |
| accu (de) | აკუმულატორი | ak'umulat'ori |
| starter (de) | სტარტერი | st'art'eri |

| contact (ontsteking) | ანთება | anteba |
| bougie (de) | ამნთები სანთელი | amntebi santeli |

| pool (de) | კლემა | k'lema |
| positieve pool (de) | პლიუსი | p'liusi |
| negatieve pool (de) | მინუსი | minusi |
| zekering (de) | მცველი | mtsveli |

| luchtfilter (de) | საჰაერო ფილტრი | sahaero pilt'ri |
| oliefilter (de) | ზეთის ფილტრი | zetis pilt'ri |
| benzinefilter (de) | საწვავის ფილტრი | sats'vavis pilt'ri |

## 178. Auto's. Botsing. Reparatie

| auto-ongeval (het) | ავარია | avaria |
| verkeersongeluk (het) | საგზაო შემთხვევა | sagzao shemtkhveva |
| aanrijden | შეჯახება | shejakheba |
| (tegen een boom, enz.) | | |
| verongelukken (ww) | დამტვრევა | damt'vreva |
| beschadiging (de) | დაზიანება | dazianeba |
| heelhuids (bn) | დაუზიანებელი | dauzianebeli |

| pech (de) | ავარია | avaria |
| kapot gaan (zijn gebroken) | დამტვრევა | damt'vreva |
| sleeptouw (het) | საბუქსირო ტროსი | sabuksiro t'rosi |

| lek (het) | გახვრეტა | gakhvret'a |
| lekke krijgen (band) | ჩაფუშვა | chapushva |
| oppompen (ww) | დატუმბვა | dat'umbva |
| druk (de) | წნევა | ts'neva |
| checken (controleren) | შემოწმება | shemots'meba |

| reparatie (de) | რემონტი | remont'i |
| garage (de) | ავტოსერვისი | avt'oservisi |
| wisselstuk (het) | სათადარიგო ნაწილი | satadarigo nats'ili |
| onderdeel (het) | დეტალი | det'ali |

| bout (de) | ჭანჭიკი | ch'anch'ik'i |
| schroef (de) | ხრახნი | khrakhni |
| moer (de) | ქანჩი | kanchi |
| sluitring (de) | საყელური | saqeluri |
| kogellager (de/het) | საკისარი | sak'isari |

| pijp (de) | მილი | mili |
| pakking (de) | შუასადები | shuasadebi |
| kabel (de) | სადენი | sadeni |

| dommekracht (de) | დომკრატი | domk'rat'i |
| moersleutel (de) | ქანჩის გასაღები | kanchis gasaghebi |
| hamer (de) | ჩაქუჩი | chakuchi |
| pomp (de) | ტუმბო | t'umbo |
| schroevendraaier (de) | სახრახნისი | sakhrakhnisi |
| brandblusser (de) | ცეცხლსაქრობი | tsetskhlsakrobi |
| gevarendriehoek (de) | საავარიო სამკუთხედი | saavario samk'utkhedi |

| afslaan (ophouden te werken) | ჩაქრობა | chakroba |
|---|---|---|
| uitvallen (het) | გაჩერება | gachereba |
| zijn gebroken | დაიმტვრეს | daimt'vres |

| oververhitten (ww) | გადახურება | gadakhureba |
|---|---|---|
| verstopt raken (ww) | გაჭედვა | gach'edva |
| bevriezen (autodeur, enz.) | გაყინვა | gaqinva |
| barsten (leidingen, enz.) | გახეთქვა | gakhet'kva |

| druk (de) | წნევა | ts'neva |
|---|---|---|
| niveau (bijv. olieniveau) | დონე | done |
| slap (de drijfriem is ~) | სუსტი | sust'i |

| deuk (de) | შეჭყლეტილი | shech'qlet'ili |
|---|---|---|
| geklop (vreemde geluiden) | კაკუნი | k'ak'uni |
| barst (de) | ბზარი | bzari |
| kras (de) | ნაკაწრი | nak'ats'ri |

## 179. Auto's. Weg

| weg (de) | გზა | gza |
|---|---|---|
| snelweg (de) | ავტომაგისტრალი | avt'omagist'rali |
| autoweg (de) | გზატკეცილი | gzat'k'etsili |
| richting (de) | მიმართულება | mimartuleba |
| afstand (de) | მანძილი | mandzili |

| brug (de) | ხიდი | khidi |
|---|---|---|
| parking (de) | პარკინგი | p'ark'ingi |
| plein (het) | მოედანი | moedani |
| verkeersknooppunt (het) | კვანძი | k'vandzi |
| tunnel (de) | გვირაბი | gvirabi |

| benzinestation (het) | ავტოგასამართი | avt'ogasamarti |
|---|---|---|
| parking (de) | ავტოსადგომი | avt'osadgomi |
| benzinepomp (de) | ბენზინგასამართი | benzingasamarti |
| garage (de) | ავტოსერვისი | avt'oservisi |
| tanken (ww) | შევსება | shevseba |
| brandstof (de) | საწვავი | sats'vavi |
| jerrycan (de) | კანისტრა | k'anist'ra |

| asfalt (het) | ასფალტი | aspalt'i |
|---|---|---|
| markering (de) | მონიშვნა | monishvna |
| trottoirband (de) | ბორდიური | bordiuri |
| geleiderail (de) | შემოღობვა | shemoghobva |
| greppel (de) | კიუვეტი | k'iuvet'i |
| vluchtstrook (de) | გზისპირი | gzispiri |
| lichtmast (de) | სვეტი | svet'i |

| besturen (een auto ~) | მართვა | martva |
|---|---|---|
| afslaan (naar rechts ~) | მობრუნება | mobruneba |
| U-bocht maken (ww) | მობრუნება | mobruneba |
| achteruit (de) | უკუსვლა | uk'usvla |
| toeteren (ww) | დასიგნალება | dasignaleba |

| toeter (de) | ხმოვანი სიგნალი | khmovani signali |
| vastzitten (in modder) | გაჭედვა | gach'edva |
| spinnen (wielen gaan ~) | ბუქსაობა | buksaoba |
| uitzetten (ww) | ჩაქრობა | chakroba |

| snelheid (de) | სიჩქარე | sichkare |
| een snelheidsovertreding maken | სიჩქარის გადაჭარბება | sichkaris gadach'arbeba |
| bekeuren (ww) | დაჯარიმება | dajarimeba |
| verkeerslicht (het) | შუქნიშანი | shuknishani |
| rijbewijs (het) | მართვის მოწმობა | martvis mots'moba |

| overgang (de) | გადასასვლელი | gadasasvleli |
| kruispunt (het) | გზაჯვარედინი | gzajvaredini |
| zebrapad (oversteekplaats) | საქვეითო გადასასვლელი | sakveito gadasasvleli |
| bocht (de) | შესახვევი | shesakhvevi |
| voetgangerszone (de) | საქვეითო ზონა | sakveito zona |

## 180. Verkeersborden

| verkeersregels (mv.) | საგზაო მოძრაობის წესები | sagzao modzraobis ts'esebi |
| verkeersbord (het) | ნიშანი | nishani |
| inhalen (het) | გასწრება | gasts'reba |
| bocht (de) | შეხვევა | shekhveva |
| U-bocht, kering (de) | მობრუნება | mobruneba |
| Rotonde (de) | წრიული მოძრაობა | ts'riuli modzraoba |

| Verboden richting | შესვლა აკრძალულია | shesvla ak'rdzalulia |
| Verboden toegang | მოძრაობა აკრძალულია | modzraoba ak'rdzalulia |
| Inhalen verboden | გასწრება აკრძალულია | gasts'reba ak'rdzalulia |
| Parkeerverbod | დგომა აკრძალულია | dgoma ak'rdzalulia |
| Verbod stil te staan | გაჩერება აკრძალულია | gachereba ak'rdzalulia |

| Gevaarlijke bocht | ციცაბო შესახვევი | tsitsabo shesakhvevi |
| Gevaarlijke daling | ციცაბო დაღმართი | tsitsabo daghmarti |
| Eenrichtingsweg | ცალმხრივი მოძრაობა | tsalmkhrivi modzraoba |
| Voetgangers | საქვეითო გადასასვლელი | sakveito gadasasvleli |
| Slipgevaar | მოლიპული გზა | molip'uli gza |
| Voorrang verlenen | დაუთმე გზა | dautme gza |

# MENSEN. GEBEURTENISSEN IN HET LEVEN

## Gebeurtenissen in het leven

### 181. Vakanties. Evenement

| | | |
|---|---|---|
| feest (het) | დღესასწაული | dghesasts'auli |
| nationale feestdag (de) | ნაციონალური | natsionaluri |
| | დღესასწაული | dghesasts'auli |
| feestdag (de) | სადღესასწაულო დღე | sadghesasts'aulo cghe |
| herdenken (ww) | ზეიმობა | zeimcba |
| | | |
| gebeurtenis (de) | მოვლენა | movlena |
| evenement (het) | ღონისძიება | ghonisdzieba |
| banket (het) | ბანკეტი | bank'et'i |
| receptie (de) | მიღება | migheba |
| feestmaal (het) | ლხინი | lkhini |
| | | |
| verjaardag (de) | წლისთავი | ts'listavi |
| jubileum (het) | ზეიმობა | zeimcba |
| vieren (ww) | აღნიშვნა | aghnishvna |
| | | |
| Nieuwjaar (het) | ახალი წელი | akhal ts'eli |
| Gelukkig Nieuwjaar! | გილოცავთ ახალ წელს | gilotsavt akhal ts'e s |
| | | |
| Kerstfeest (het) | შობა | shoba |
| Vrolijk kerstfeest! | მხიარულ შობას გისურვებთ! | mkhiarul shobas g survebt! |
| kerstboom (de) | საშობაო ნაძვის ხე | sashobao nadzvis khe |
| vuurwerk (het) | სალიუტი | saliut i |
| | | |
| bruiloft (de) | ქორწილი | korts'li |
| bruidegom (de) | საქმრო | sakmro |
| bruid (de) | პატარძალი | p'at'a dzali |
| | | |
| uitnodigen (ww) | მოწვევა | mots'veva |
| uitnodiging (de) | მოწვევა | mots'veva |
| | | |
| gast (de) | სტუმარი | st'umari |
| op bezoek gaan | სტუმრად წასვლა | st'umrad ts'asvla |
| gasten verwelkomen | სტუმრების დახვედრა | st'umrebis dakhvedra |
| | | |
| geschenk, cadeau (het) | საჩუქარი | sachukari |
| geven (iets cadeau ~) | ჩუქება | chukeba |
| geschenken ontvangen | საჩუქრების მიღება | sachukrebis migheba |
| boeket (het) | თაიგული | taigu i |
| | | |
| felicitaties (mv.) | მილოცვა | milotsva |
| feliciteren (ww) | მილოცვა | milotsva |
| wenskaart (de) | მისალოცი ბარათი | misa otsi barati |

| een kaartje versturen | ბარათის გაგზავნა | baratis gagzavna |
| een kaartje ontvangen | ბარათის მიღება | baratis migheba |

| toast (de) | სადღეგრძელო | sadghegrdzelo |
| aanbieden (een drankje ~) | გამასპინძლება | gamasp'indzleba |
| champagne (de) | შამპანური | shamp'anuri |

| plezier hebben (ww) | მხიარულობა | mkhiaruloba |
| plezier (het) | მხიარულება | mkhiaruleba |
| vreugde (de) | სიხარული | sikharuli |

| dans (de) | ცეკვა | tsek'va |
| dansen (ww) | ცეკვა | tsek'va |

| wals (de) | ვალსი | valsi |
| tango (de) | ტანგო | t'ango |

## 182. Begrafenissen. Begrafenis

| kerkhof (het) | სასაფლაო | sasaplao |
| graf (het) | სა?მარე | samare |
| kruis (het) | ჯვარი | jvari |
| grafsteen (de) | საფლავი | saplavi |
| omheining (de) | ზღუდე | zghude |
| kapel (de) | სამლოცველო | samlotsvelo |

| dood (de) | სიკვდილი | sik'vdili |
| sterven (ww) | მოკვდომა | mok'vdoma |
| overledene (de) | მიცვალებული | mitsvalebuli |
| rouw (de) | გლოვა | glova |

| begraven (ww) | დაკრძალვა | dak'rdzalva |
| begrafenisonderneming (de) | დამკრძალავი ბიურო | damk'rdzalavi biuro |
| begrafenis (de) | დასაფლავება | dasaplaveba |

| krans (de) | გვირგვინი | gvirgvini |
| doodskist (de) | კუბო | k'ubo |
| lijkwagen (de) | კატაფალკი | k'at'apalk'i |
| lijkkleed (de) | სუდარა | sudara |

| urn (de) | საჲარხი ურნა | samarkhi urna |
| crematorium (het) | კრემატორიუმი | k'remat'oriumi |

| overlijdensbericht (het) | ნეკროლოგი | nek'rologi |
| huilen (wenen) | ტირილი | t'irili |
| snikken (huilen) | ქვითინი | kvitini |

## 183. Oorlog. Soldaten

| peloton (het) | ოცეული | otseuli |
| compagnie (de) | ასეული | aseuli |
| regiment (het) | პოლკი | p'olk'i |

| leger (armee) | არმია | armia |
| divisie (de) | დივიზიონი | divizioni |

| sectie (de) | რაზმი | razmi |
| troep (de) | ჯარი | jari |

| soldaat (militair) | ჯარისკაცი | jarisk'etsi |
| officier (de) | ოფიცერი | opitseri |

| soldaat (rang) | რიგითი | rigiti |
| sergeant (de) | სერჟანტი | serzhant'i |

| luitenant (de) | ლეიტენანტი | leit'enant'i |
| kapitein (de) | კაპიტანი | k'ap'it'ani |
| majoor (de) | მაიორი | maiori |

| kolonel (de) | პოლკოვნიკი | p'olk'ovnik'i |
| generaal (de) | გენერალი | generali |

| matroos (de) | მეზღვაური | mezghvauri |
| kapitein (de) | კაპიტანი | k'ap'it'ani |
| bootsman (de) | ბოცმანი | botsmani |

| artillerist (de) | არტილერისტი | art'iler st'i |
| valschermjager (de) | მედესანტე | medesant'e |
| piloot (de) | მფრინავი | mprinavi |

| stuurman (de) | შტურმანი | sht'urmani |
| mecanicien (de) | მექანიკოსი | mekanik'osi |

| sappeur (de) | მესანგრე | mesangre |
| parachutist (de) | პარაშუტისტი | p'arashut'ist'i |

| verkenner (de) | მზვერავი | mzveravi |
| scherpschutter (de) | სნაიპერი | snaip'eri |

| patrouille (de) | პატრული | p'at'ruli |
| patrouilleren (ww) | პატრულირება | p'at'rulireba |
| wacht (de) | გუშაგი | gushagi |

| krijger (de) | მეომარი | meomari |
| held (de) | გმირი | gmiri |
| heldin (de) | გმირი | gmiri |
| patriot (de) | პატრიოტი | p'at'riot'i |

| verrader (de) | მოღალატე | moghalat'e |
| deserteur (de) | დეზერტირი | dezert'iri |
| deserteren (ww) | დეზერტირობა | dezert'iroba |

| huurling (de) | დაქირავებული | dakiravebuli |
| rekruut (de) | ახალწვეული | akhals'veuli |
| vrijwilliger (de) | მოხალისე | mokhalise |

| gedode (de) | მოკლული | mok'luli |
| gewonde (de) | დაჭრილი | dach'rili |
| krijgsgevangene (de) | ტყვე | t'qve |

## 184. Oorlog. Militaire acties. Deel 1

| | | |
|---|---|---|
| oorlog (de) | ომი | omi |
| oorlog voeren (ww) | ბრძოლა | brdzola |
| burgeroorlog (de) | სამოქალაქო ომი | samokalako omi |
| | | |
| achterbaks (bw) | ვერაგულად | veragulad |
| oorlogsverklaring (de) | გამოცხადება | gamotskhadeba |
| verklaren (de oorlog ~) | გამოცხადება | gamotskhadeba |
| agressie (de) | აგრესია | agresia |
| aanvallen (binnenvallen) | თავდასხმა | tavdaskhma |
| | | |
| binnenvallen (ww) | შეჭყრობა | shep'qroba |
| invaller (de) | დამპყრობელი | damp'qrobeli |
| veroveraar (de) | დამპყრობელი | damp'qrobeli |
| | | |
| verdediging (de) | თავდაცვა | tavdatsva |
| verdedigen (je land ~) | დაცვა | datsva |
| zich verdedigen (ww) | თავის დაცვა | tavis datsva |
| | | |
| vijand (de) | მტერი | mt'eri |
| tegenstander (de) | მოწინააღმდეგე | mots'inaaghmdege |
| vijandelijk (bn) | მტრის | mt'ris |
| | | |
| strategie (de) | სტრატეგია | st'rat'egia |
| tactiek (de) | ტაქტიკა | t'akt'ik'a |
| | | |
| order (de) | ბრძანება | brdzaneba |
| bevel (het) | ბრძანება | brdzaneba |
| bevelen (ww) | ბრძანება | brdzaneba |
| opdracht (de) | დავალება | davaleba |
| geheim (bn) | საიდუმლო | saidumlo |
| | | |
| strijd, slag (de) | ბრძოლა | brdzola |
| aanval (de) | შეტევა | shet'eva |
| bestorming (de) | იერიში | ierishi |
| bestormen (ww) | იერიშის მიტანა | ierishis mit'ana |
| bezetting (de) | ალყა | alqa |
| | | |
| aanval (de) | შეტევა იერიში | shet'eva ierishi |
| in het offensief te gaan | შეტევაზე გადასვლა | shet'evaze gadasvla |
| | | |
| terugtrekking (de) | უკუქცევა | uk'uktseva |
| zich terugtrekken (ww) | უკან დახევა | uk'an dakheva |
| | | |
| omsingeling (de) | ალყა | alqa |
| omsingelen (ww) | გარშემორტყმა | garshemort'qma |
| | | |
| bombardement (het) | დაბომბვა | dabombva |
| een bom gooien | ბომბის ჩამოგდება | bombis chamogdeba |
| bombarderen (ww) | ბომბვა | bombva |
| ontploffing (de) | აფეთქება | apetkeba |
| | | |
| schot (het) | გასროლა | gasrola |
| een schot lossen | გასროლა | gasrola |

| | | |
|---|---|---|
| schieten (het) | სროლა | srola |
| mikken op (ww) | დამიზნება | damizneba |
| aanleggen (een wapen ~) | დამიზნება | damizneba |
| treffen (doelwit ~) | მოარტყა | moart'qa |

| | | |
|---|---|---|
| zinken (tot zinken brengen) | ჩაძირვა | chadzirva |
| kogelgat (het) | ნახვრეტი | nakhvret'i |
| zinken (gezonken zijn) | ფსკერისკენ წასვლა | psk'erisk'en ts'asvla |

| | | |
|---|---|---|
| front (het) | ფრონტი | pront'i |
| evacuatie (de) | ევაკუაცია | evak'uatsia |
| evacueren (ww) | ევაკუირება | evak'uireba |

| | | |
|---|---|---|
| prikkeldraad (de) | ეკლიანი მავთული | ek'liani mavtuli |
| verdedigingsobstakel (het) | გადაღობვა | gadaghobva |
| wachttoren (de) | კოშკურა | k'oshkura |

| | | |
|---|---|---|
| hospitaal (het) | ჰოსპიტალი | hosp'it'ali |
| verwonden (ww) | დაჭრა | dach'ra |
| wond (de) | ჭრილობა | ch'riloba |
| gewonde (de) | დაჭრილი | dach'r li |
| gewond raken (ww) | ჭრილობის მიღება | ch'rilobis migheba |
| ernstig (~e wond) | მძიმე | mdzime |

## 185. Oorlog. Militaire acties. Deel 2

| | | |
|---|---|---|
| krijgsgevangenschap (de) | ტყვე | t'qve |
| krijgsgevangen nemen | ტყვედ აყვანა | t'qved aqvana |
| krijgsgevangene zijn | ტყვედ ყოფნა | t'qved qopna |
| krijgsgevangen genomen worden | ტყვედ ჩავარდნა | t'qved chavardna |

| | | |
|---|---|---|
| concentratiekamp (het) | საკონცენტრაციო ბანაკი | sak'ontsent'ratsio banak'i |
| krijgsgevangene (de) | ტყვე | t'qve |
| vluchten (ww) | გაქცევა | gaktseva |

| | | |
|---|---|---|
| verraden (ww) | გაცემა | gatsema |
| verrader (de) | მოღალატე | moghalat'e |
| verraad (het) | გამცემლობა | gamtsemloba |

| | | |
|---|---|---|
| fusilleren (executeren) | დახვრეტა | dakhvret'a |
| executie (de) | დახვრეტა | dakhvret'a |

| | | |
|---|---|---|
| uitrusting (de) | ფორმის ტანსაცმელი | pormis t'ansatsmeli |
| schouderstuk (het) | სამხრეული | samkhreuli |
| gasmasker (het) | აირწინაღი | airts'inaghi |

| | | |
|---|---|---|
| portofoon (de) | რაცია | ratsia |
| geheime code (de) | შიფრი | shipri |
| samenzwering (de) | კონსპირაცია | k'onsp'iratsia |
| wachtwoord (het) | პაროლი | p'arol |

| | | |
|---|---|---|
| mijn (landmijn) | ნაღმი | naghmi |
| ondermijnen (legden mijnen) | დანაღმვა | danaghmva |

| mijnenveld (het) | დანაღმული მინდორი | danaghmuli mindori |
| luchtalarm (het) | საჰაერო განგაში | sahaero gangashi |
| alarm (het) | განგაში | gangashi |
| signaal (het) | სიგნალი | signali |
| vuurpijl (de) | სასიგნალო რაკეტა | sasignalo rak'et'a |

| staf (generale ~) | შტაბი | sht'abi |
| verkenningstocht (de) | დაზვერვა | dazverva |
| toestand (de) | ვითარება | vitareba |
| rapport (het) | ანგარიში | angarishi |
| hinderlaag (de) | საფარი | sapari |
| versterking (de) | გამაგრება | gamagreba |

| doel (bewegend ~) | მიზანი | mizani |
| proefterrein (het) | პოლიგონი | p'oligoni |
| manoeuvres (mv.) | მანევრები | manevrebi |

| paniek (de) | თავზარი | tavzari |
| verwoesting (de) | დაქცევა | daktseva |
| verwoestingen (mv.) | ნგრევა | ngreva |
| verwoesten (ww) | დანგრევა | dangreva |

| overleven (ww) | გადარჩენა | gadarchena |
| ontwapenen (ww) | განიარაღება | ganiaragheba |
| behandelen (een pistool ~) | მოპყრობა | mop'qroba |

| Geeft acht! | სმენა! | smena! |
| Op de plaats rust! | თავისუფლად! | tavisuplad! |

| heldendaad (de) | გმირობა | gmiroba |
| eed (de) | ფიცი | pitsi |
| zweren (een eed doen) | დაფიცება | dapitseba |

| decoratie (de) | ჯილდო | jildo |
| onderscheiden (een ereteken geven) | დაჯილდოვება | dajildoveba |
| medaille (de) | მედალი | medali |
| orde (de) | ორდენი | ordeni |

| overwinning (de) | გამარჯვება | gamarjveba |
| verlies (het) | დამარცხება | damartskheba |
| wapenstilstand (de) | ზავი | zavi |

| wimpel (vaandel) | დროშა | drosha |
| roem (de) | დიდება | dideba |
| parade (de) | აღლუმი | aghlumi |
| marcheren (ww) | მარშით სვლა | marshit svla |

## 186. Wapens

| wapens (mv.) | იარაღი | iaraghi |
| vuurwapens (mv.) | ცეცხლსასროლი იარაღი | tsetskhlsasroli iaraghi |
| koude wapens (mv.) | ცივი იარაღი | tsivi iaraghi |
| chemische wapens (mv.) | ქიმიური იარაღი | kimiuri iaraghi |

| | | |
|---|---|---|
| kern-, nucleair (bn) | ატომური | at'omuri |
| kernwapens (mv.) | ატომური იარაღი | at'omuri iaraghi |
| | | |
| bom (de) | ბომბი | bombi |
| atoombom (de) | ატომური ბომბი | at'omuri bombi |
| | | |
| pistool (het) | პისტოლეტი | p'ist'olet'i |
| geweer (het) | თოფი | topi |
| machinepistool (het) | ავტომატი | avt'omat'i |
| machinegeweer (het) | ტყვიამფრქვევი | t'qviamprkvevi |
| | | |
| loop (schietbuis) | ლულა | lula |
| loop (bijv. geweer met kortere ~) | ლულა | lula |
| kaliber (het) | კალიბრი | k'alibr |
| | | |
| trekker (de) | ჩახმახი | chakhmakhi |
| korrel (de) | სამიზნე | samizne |
| magazijn (het) | სავაზნე კოლოფი | savazne k'olopi |
| geweerkolf (de) | კონდახი | k'ondakhi |
| | | |
| granaat (handgranaat) | ყუმბარა | qumbara |
| explosieven (mv.) | ასაფეთქებელი | asapetkebeli |
| | | |
| kogel (de) | ტყვია | t'qvia |
| patroon (de) | ვაზნა | vazna |
| lading (de) | მუხტი | mukht'i |
| ammunitie (de) | საბრძოლო მასალა | sabrdzolo masala |
| | | |
| bommenwerper (de) | ბომბდამშენი | bombdamsheni |
| straaljager (de) | გამანადგურებელი | gamanadgurebeli |
| helikopter (de) | ვერტმფრენი | vert'mpreni |
| | | |
| afweergeschut (het) | საზენიტო იარაღი | sazerit'o iaraghi |
| tank (de) | ტანკი | t'ank'i |
| kanon (tank met een ~ van 76 mm) | ქვემეხი | kvemekhi |
| | | |
| artillerie (de) | არტილერია | art'ileria |
| aanleggen (een wapen ~) | დამიზნება | damizneba |
| | | |
| projectiel (het) | ჭურვი | ch'urvi |
| mortiergranaat (de) | ნაღმი | naghmi |
| mortier (de) | ნაღმტყორცნი | naghmt'qortsni |
| granaatscherf (de) | ნამტვრევი | namt'vrevi |
| | | |
| duikboot (de) | წყალქვეშა ნავი | ts'qalkvesha navi |
| torpedo (de) | წყალქვეშა ნაღმი | ts'qalkvesha naghmi |
| raket (de) | რაკეტა | rak'et'a |
| | | |
| laden (geweer, kanon) | დატენვა | dat'enva |
| schieten (ww) | სროლა | srola |
| richten op (mikken) | დამიზნება | damizneba |
| bajonet (de) | ხიშტი | khisht'i |
| degen (de) | დაშნა | dashna |
| sabel (de) | ხმალი | khmali |

| | | |
|---|---|---|
| speer (de) | შუბი | shubi |
| boog (de) | მშვილდი | mshvildi |
| pijl (de) | ისარი | isari |
| musket (de) | მუშკეტი | mushk'et'i |
| kruisboog (de) | არბალეტი | arbalet'i |

## 187. Oude mensen

| | | |
|---|---|---|
| primitief (bn) | პირველყოფილი | p'irvelqopili |
| voorhistorisch (bn) | წინაისტორიული | ts'inaist'oriuli |
| eeuwenoude (~ beschaving) | ძველი | dzveli |
| | | |
| Steentijd (de) | ქვის ხანა | kvis khana |
| Bronstijd (de) | ბრინჯაოს ხანა | brinjaos khana |
| IJstijd (de) | გამყინვარების პერიოდი | gamqinvarebis p'eriodi |
| | | |
| stam (de) | ტომი | t'omi |
| menseneter (de) | კაციჭამია | k'atsich'amia |
| jager (de) | მონადირე | monadire |
| | | |
| jagen (ww) | ნადირობა | nadiroba |
| mammoet (de) | მამონტი | mamont'i |
| | | |
| grot (de) | გამოქვაბული | gamokvabuli |
| vuur (het) | ცეცხლი | tsetskhli |
| | | |
| kampvuur (het) | კოცონი | k'otsoni |
| rotstekening (de) | კლდეზე ნახატი | k'ldeze nakhat'i |
| | | |
| werkinstrument (het) | შრომის იარაღი | shromis iaraghi |
| speer (de) | შუბი | shubi |
| stenen bijl (de) | ქვის ნაჯახი | kvis najakhi |
| | | |
| oorlog voeren (ww) | ბრძოლა | brdzola |
| temmen (bijv. wolf ~) | მოშინაურება | moshinaureba |
| | | |
| idool (het) | კერპი | k'erp'i |
| aanbidden (ww) | თაყვანისცემა | taqvanistsema |
| bijgeloof (het) | ცრურწმენა | tsrurts'mena |
| | | |
| evolutie (de) | ევოლუცია | evolutsia |
| ontwikkeling (de) | განვითარება | ganvitareba |
| | | |
| verdwijning (de) | გაუჩინარება | gauchinareba |
| zich aanpassen (ww) | შეგუება | shegueba |
| | | |
| archeologie (de) | არქეოლოგია | arkeologia |
| archeoloog (de) | არქეოლოგი | arkeologi |
| archeologisch (bn) | არქეოლოგიური | arkeologiuri |
| | | |
| opgravingsplaats (de) | გათხრები | gatkhrebi |
| opgravingen (mv.) | გათხრები | gatkhrebi |
| vondst (de) | აღმოჩენა | aghmochena |
| fragment (het) | ფრაგმენტი | pragment'i |

## 188. Middeleeuwen

| | | |
|---|---|---|
| volk (het) | ხალხი | khalkh |
| volkeren (mv.) | ხალხები | khalkhɜbi |
| stam (de) | ტომი | t'omi |
| stammen (mv.) | ტომები | t'omebi |
| | | |
| barbaren (mv.) | ბარბაროსები | barbarɔsebi |
| Galliërs (mv.) | გალები | galebi |
| Goten (mv.) | გოთები | gotebi |
| Slaven (mv.) | სლავები | slaveb |
| Vikings (mv.) | ვიკინგები | vik'ingebi |
| | | |
| Romeinen (mv.) | რომაელები | romae ebi |
| Romeins (bn) | რომაული | romau i |
| | | |
| Byzantijnen (mv.) | ბიზანტიელები | bizant'elebi |
| Byzantium (het) | ბიზანტია | bizant'ia |
| Byzantijns (bn) | ბიზანტიული | bizant'iuli |
| | | |
| keizer (bijv. Romeinse ~) | იმპერატორი | imp'erat'ori |
| opperhoofd (het) | ბელადი | beladi |
| machtig (bn) | ძლევამოსილი | dzlevamosili |
| koning (de) | მეფე | mepe |
| heerser (de) | მართველი | martveli |
| | | |
| ridder (de) | რაინდი | raindi |
| feodaal (de) | ფეოდალი | peodali |
| feodaal (bn) | ფეოდალური | peodaluri |
| vazal (de) | ვასალი | vasali |
| | | |
| hertog (de) | ჰერცოგი | hertsɔgi |
| graaf (de) | გრაფი | grapi |
| baron (de) | ბარონი | baroni |
| bisschop (de) | ეპისკოპოსი | ep'isk'ɔp'osi |
| | | |
| harnas (het) | ჯავშანი | javshɛni |
| schild (het) | ფარი | pari |
| zwaard (het) | მახვილი | makhʋili |
| vizier (het) | ჩაფხუტი | chapkhut'i |
| maliënkolder (de) | ჯაჭვის პერანგი | jach'v s p'erangi |
| | | |
| kruistocht (de) | ჯვაროსნული ლაშქრობა | jvarosnuli lashkrobɜ |
| kruisvaarder (de) | ჯვაროსანი | jvarosani |
| | | |
| gebied (bijv. bezette ~en) | ტერიტორია | t'erit'ɔria |
| aanvallen (binnenvallen) | თავდასხმა | tavdaskhma |
| veroveren (ww) | დაპყრობა | dap'qrɔba |
| innemen (binnenvallen) | მიტაცება | mit'atseba |
| | | |
| bezetting (de) | ალყა | alqa |
| bezet (bn) | ალყაშემორტყმული | alqasˈemort'qmuli |
| belegeren (ww) | ალყის შემორტყმა | alqis shemort'qma |
| inquisitie (de) | ინკვიზიცია | ink'vizitsia |
| inquisiteur (de) | ინკვიზიტორი | ink'vizit'ori |

| | | |
|---|---|---|
| foltering (de) | წამება | ts'ameba |
| wreed (bn) | სასტიკი | sast'ik'i |
| ketter (de) | ერეტიკოსი | eret'ik'osi |
| ketterij (de) | მწვალებლობა | mts'valebloba |

| | | |
|---|---|---|
| zeevaart (de) | ზღვაოსნობა | zghvaosnoba |
| piraat (de) | მეკობრე | mek'obre |
| piraterij (de) | მეკობრეობა | mek'obreoba |
| enteren (het) | აბორდაჟი | abordazhi |
| buit (de) | საშოვარი | sashovari |
| schatten (mv.) | განძი | gandzi |

| | | |
|---|---|---|
| ontdekking (de) | აღმოჩენა | aghmochena |
| ontdekken (bijv. nieuw land) | გაღება | gagheba |
| expeditie (de) | ექსპედიცია | eksp'editsia |

| | | |
|---|---|---|
| musketier (de) | მუშკეტერი | mushk'et'eri |
| kardinaal (de) | კარდინალი | k'ardinali |
| heraldiek (de) | ჰერალდიკა | heraldik'a |
| heraldisch (bn) | ჰერალდიკური | heraldik'uri |

## 189. Leider. Baas. Autoriteiten

| | | |
|---|---|---|
| koning (de) | მეფე | mepe |
| koningin (de) | დედოფალი | dedopali |
| koninklijk (bn) | მეფური | mepuri |
| koninkrijk (het) | სამეფო | samepo |

| | | |
|---|---|---|
| prins (de) | პრინცი | p'rintsi |
| prinses (de) | პრინცესა | p'rintsesa |

| | | |
|---|---|---|
| president (de) | პრეზიდენტი | p'rezident'i |
| vicepresident (de) | ვიცე-პრეზიდენტი | vitse-p'rezident'i |
| senator (de) | სენატორი | senat'ori |

| | | |
|---|---|---|
| monarch (de) | მონარქი | monarki |
| heerser (de) | მართველი | martveli |
| dictator (de) | დიქტატორი | dikt'at'ori |
| tiran (de) | ტირანი | t'irani |
| magnaat (de) | მაგნატი | magnat'i |

| | | |
|---|---|---|
| directeur (de) | დირექტორი | direkt'ori |
| chef (de) | შეფი | shepi |
| beheerder (de) | მმართველი | mmartveli |
| baas (de) | ბოსი | bosi |
| eigenaar (de) | მეპატრონე | mep'at'rone |

| | | |
|---|---|---|
| hoofd (bijv. ~ van de delegatie) | მეთაური | metauri |
| autoriteiten (mv.) | ხელისუფლება | khelisupleba |
| superieuren (mv.) | უფროსობა | uprosoba |

| | | |
|---|---|---|
| gouverneur (de) | გუბერნატორი | gubernat'ori |
| consul (de) | კონსული | k'onsuli |

| diplomaat (de) | დიპლომატი | dip'lom at'i |
| burgemeester (de) | მერი | meri |
| sheriff (de) | შერიფი | sheripi |

| keizer (bijv. Romeinse ~) | იმპერატორი | imp'erat'ori |
| tsaar (de) | მეფე | mepe |
| farao (de) | ფარაონი | paraor i |
| kan (de) | ხანი | khani |

## 190. Weg. Weg. Routebeschrijving

| weg (de) | გზა | gza |
| route (de kortste ~) | გზა | gza |

| autoweg (de) | გზატკეცილი | gzat'k'etsili |
| snelweg (de) | ავტომაგისტრალი | avt'omagist'rali |
| rijksweg (de) | ნაციონალური გზა | natsionaluri gza |

| hoofdweg (de) | მთავარი გზა | mtava i gza |
| landweg (de) | სასოფლო გზა | sasopo gza |

| pad (het) | ბილიკი | bilik'i |
| paadje (het) | ბილიკი | bilik'i |

| Waar? | სად? | sad? |
| Waarheen? | სად? | sad? |
| Waaruit? | საიდან? | saidan ? |

| richting (de) | მიმართულება | mimartuleba |
| aanwijzen (de weg ~) | მითითება | mititeba |

| naar links (bw) | მარცხნივ | martskhniv |
| naar rechts (bw) | მარჯვნივ | marjvniv |
| rechtdoor (bw) | პირდაპირ | p'irdap'ir |
| terug (bijv. ~ keren) | უკან | uk'an |

| bocht (de) | შესახვევი | shesakhvevi |
| afslaan (naar rechts ~) | მობრუნება | mobruneba |
| U-bocht maken (ww) | მობრუნება | mobruneba |

| zichtbaar worden (ww) | მოჩანს | mochans |
| verschijnen (in zicht komen) | გამოჩენა | gamochena |

| stop (korte onderbreking) | გაჩერება | gachereba |
| zich verpozen (uitrusten) | დასვენება | dasveneba |
| rust (de) | დასვენება | dasveneba |

| verdwalen (de weg kwijt zijn) | გზის დაბნევა | gzis cabneva |
| leiden naar ... (de weg) | გზისკენ წასვლა | gzisk'en ts'asvla |
| bereiken (ergens aankomen) | გზაზე გასვლა | gzaze gasvla |
| deel (~ van de weg) | მონაკვეთი | monak'veti |

| asfalt (het) | ასფალტი | aspalt'i |
| trottoirband (de) | ბორდიური | bordiuri |

| greppel (de) | თხრილი | tkhrili |
| putdeksel (het) | საძვრენი | sadzvreni |
| vluchtstrook (de) | გზისპირი | gzisp'iri |
| kuil (de) | ორმო | ormo |

| gaan (te voet) | სვლა | svla |
| inhalen (voorbijgaan) | გასწრება | gasts'reba |

| stap (de) | ნაბიჯი | nabiji |
| te voet (bw) | ფეხით | pekhit |

| blokkeren (de weg ~) | გადაკეტვა | gadak'et'va |
| slagboom (de) | შლაგბაუმი | shlagbaumi |
| doodlopende straat (de) | ჩიხი | chikhi |

## 191. De wet overtreden. Criminelen. Deel 1

| bandiet (de) | ბანდიტი | bandit'i |
| misdaad (de) | დანაშაული | danashauli |
| misdadiger (de) | დამნაშავე | damnashave |

| dief (de) | ქურდი | kurdi |
| stelen (ww) | იქურდო | ikurdo |
| stelen (de) | ქურდობა | kurdoba |
| diefstal (de) | მოპარვა | mop'arva |

| kidnappen (ww) | მოიტაცო | moit'atso |
| kidnapping (de) | გატაცება | gat'atseba |
| kidnapper (de) | გამტაცებელი | gamt'atsebeli |

| losgeld (het) | გამოსასყიდი | gamosasqidi |
| eisen losgeld (ww) | გამოსასყიდის მოთხოვნა | gamosasqidis motkhovna |

| overvallen (ww) | ძარცვა | dzartsva |
| overvaller (de) | მძარცველი | mdzartsveli |

| afpersen (ww) | გამოძალვა | gamodzalva |
| afperser (de) | გამომძალველი | gamomdzalveli |
| afpersing (de) | გამომძალველობა | gamomdzalveloba |

| vermoorden (ww) | მოკვლა | mok'vla |
| moord (de) | მკვლელობა | mk'vleloba |
| moordenaar (de) | მკვლელი | mk'vleli |

| schot (het) | სროლა | srola |
| een schot lossen | გასროლა | gasrola |
| neerschieten (ww) | დახვრეტა | dakhvret'a |
| schieten (ww) | სროლა | srola |
| schieten (het) | სროლა | srola |

| ongeluk (gevecht, enz.) | შემთხვევა | shemtkhveva |
| gevecht (het) | ჩხუბი | chkhubi |
| slachtoffer (het) | მსხვერპლი | mskhverp'li |
| beschadigen (ww) | დაზიანება | dazianeba |

| | | |
|---|---|---|
| schade (de) | ზარალი | zarali |
| lijk (het) | გვამი | gvami |
| zwaar (~ misdrijf) | მძიმე | mdzime |

| | | |
|---|---|---|
| aanvallen (ww) | თავდასხმა | tavdaskhma |
| slaan (iemand ~) | დარტყმა | dart'qma |
| in elkaar slaan (toetakelen) | ცემა | tsema |
| ontnemen (beroven) | წართმევა | ts'artmeva |
| steken (met een mes) | დაკვლა | dak'vla |
| verminken (ww) | დამახინჯება | damakhinjeba |
| verwonden (ww) | დაჭრა | dach'ra |

| | | |
|---|---|---|
| chantage (de) | შანტაჟი | shant'azhi |
| chanteren (ww) | დაშანტაჟება | dashant'azheba |
| chanteur (de) | შანტაჟისტი | shant'azhist'i |

| | | |
|---|---|---|
| afpersing (de) | რეკეტი | rek'et' |
| afperser (de) | რეკეტირი | rek'et' ri |
| gangster (de) | განგსტერი | gankst'eri |
| maffia (de) | მაფია | mapia |

| | | |
|---|---|---|
| kruimeldief (de) | ჯიბის ქურდი | jibis kurdi |
| inbreker (de) | გამტეხელი | gamt'ekheli |
| smokkelen (het) | კონტრაბანდა | k'ont'rabanda |
| smokkelaar (de) | კონტრაბანდისტი | k'ont'rabandist'i |

| | | |
|---|---|---|
| namaak (de) | ყალბი | qalbi |
| namaken (ww) | გაყალბება | gaqalbeba |
| namaak-, vals (bn) | ყალბი | qalbi |

## 192. De wet overtreden. Criminelen. Deel 2

| | | |
|---|---|---|
| verkrachting (de) | გაუპატიურება | gaup'at'iureba |
| verkrachten (ww) | გაუპატიურება | gaup'at'iureba |
| verkrachter (de) | მომძალადე | modzalade |
| maniak (de) | მანიაკი | maniak'i |

| | | |
|---|---|---|
| prostituee (de) | მეძავი | medzavi |
| prostitutie (de) | პროსტიტუცია | p'rost it'utsia |
| pooier (de) | სუტენიორი | sut'eniori |

| | | |
|---|---|---|
| drugsverslaafde (de) | ნარკომანი | nark'omani |
| drugshandelaar (de) | ნარკოტიკებით მოვაჭრე | nark'ot'ik'ebit movach're |

| | | |
|---|---|---|
| opblazen (ww) | აფეთქება | apetkeba |
| explosie (de) | აფეთქება | apetkeba |
| in brand steken (ww) | ცეცხლის წაკიდება | tsetskhlis ts'ak'ideba |
| brandstichter (de) | ცეცხლის წამკიდებელი | tsetskhlis ts'amk'icebeli |

| | | |
|---|---|---|
| terrorisme (het) | ტერორიზმი | t'erorzmi |
| terrorist (de) | ტერორისტი | t'eror st'i |
| gijzelaar (de) | მძევალი | mdzevali |
| bedriegen (ww) | მოტყუება | mot'cueba |
| bedrog (het) | ტყუილი | t'quili |

| | | |
|---|---|---|
| oplichter (de) | თაღლითი | taghliti |
| omkopen (ww) | გადაბირება | gadabireba |
| omkoperij (de) | მოსყიდვა | mosqidva |
| smeergeld (het) | ქრთამი | krtami |
| | | |
| vergif (het) | შხამი | shkhami |
| vergiftigen (ww) | მოწამვლა | mots'amvla |
| vergif innemen (ww) | თავის მოწამვლა | tavis mots'amvla |
| | | |
| zelfmoord (de) | თვითმკვლელობა | tvitmk'leloba |
| zelfmoordenaar (de) | თვითმკვლელი | tvitmk'vleli |
| | | |
| bedreigen (bijv. met een pistool) | დამუქრება | damukreba |
| | | |
| bedreiging (de) | მუქარა | mukara |
| een aanslag plegen | ხელყოფა | khelqopa |
| aanslag (de) | ხელყოფა | khelqopa |
| | | |
| stelen (een auto) | გატაცება | gat'atseba |
| kapen (een vliegtuig) | გატაცება | gat'atseba |
| | | |
| wraak (de) | შურისძიება | shurisdzieba |
| wreken (ww) | შურისძიება | shurisdzieba |
| | | |
| martelen (gevangenen) | წამება | ts'ameba |
| foltering (de) | წამება | ts'ameba |
| folteren (ww) | წვალება | ts'valeba |
| | | |
| piraat (de) | მეკობრე | mek'obre |
| straatschender (de) | ხულიგანი | khuligani |
| gewapend (bn) | შეიარაღებული | sheiaraghebuli |
| geweld (het) | ძალადობა | dzaladoba |
| | | |
| spionage (de) | შპიონაჟი | shp'ionazhi |
| spioneren (ww) | ჯაშუშობა | jashushoba |

## 193. Politie. Wet. Deel 1

| | | |
|---|---|---|
| gerecht (het) | სასამართლო | sasamartlo |
| gerechtshof (het) | სასამართლო | sasamartlo |
| | | |
| rechter (de) | მოსამართლე | mosamartle |
| jury (de) | ნაფიცი მსაჯული | napitsi msajuli |
| juryrechtspraak (de) | ნაფიც მსაჯულთა სასამართლო | napits msajulta sasamartlo |
| berechten (ww) | გასამართლება | gasamartleba |
| | | |
| advocaat (de) | ადვოკატი | advok'at'i |
| beklaagde (de) | ბრალდებული | braldebuli |
| beklaagdenbank (de) | ბრალდებულთა სკამი | braldebulta sk'ami |
| | | |
| beschuldiging (de) | ბრალდება | braldeba |
| beschuldigde (de) | ბრალდებული | braldebuli |
| vonnis (het) | განაჩენი | ganacheni |

| veroordelen (in een rechtszaak) | განაჩენის გამოტანა | ganachenis gamot'ana |
|---|---|---|
| schuldige (de) | დამნაშავე | damnashave |
| straffen (ww) | დასჯა | dasja |
| bestraffing (de) | სასჯელი | sasjeli |

| boete (de) | ჯარიმა | jarima |
|---|---|---|
| levenslange opsluiting (de) | სამუდამო პატიმრობა | samucamo p'at'imroba |
| doodstraf (de) | სიკვდილით დასჯა | sik'vdilit dasja |
| elektrische stoel (de) | ელექტრო სკამი | elekt'ro sk'ami |
| schavot (het) | საჩრჩობელა | sakhrchobela |

| executeren (ww) | დასჯა | dasja |
|---|---|---|
| executie (de) | სასჯელი | sasjeli |

| gevangenis (de) | ციხე | tsikhe |
|---|---|---|
| cel (de) | საკანი | sak'ani |

| konvooi (het) | ბადრაგი | badragi |
|---|---|---|
| gevangenisbewaker (de) | ზედამხედველი | zedamkhedveli |
| gedetineerde (de) | პატიმარი | p'at'imari |

| handboeien (mv.) | ხელბორკილები | khelborkilebi |
|---|---|---|
| handboeien omdoen | ხელბორკილის დადება | khelborkilis dadeba |

| ontsnapping (de) | გაქცევა | gaktseva |
|---|---|---|
| ontsnappen (ww) | გაქცევა | gaktseva |
| verdwijnen (ww) | გაუჩინარება | gauch nareba |
| vrijlaten (uit de gevangenis) | განთავისუფლება | gantavisupleba |
| amnestie (de) | ამნისტია | aminist'ia |

| politie (de) | პოლიცია | p'olitsia |
|---|---|---|
| politieagent (de) | პოლიციელი | p'olitsieli |
| politiebureau (het) | პოლიციის უბანი | p'olitsis ubani |
| knuppel (de) | რეზინის ხელკეტი | rezinis khelk'et'i |
| megafoon (de) | ხმადიდი | khmadidi |

| patrouilleerwagen (de) | საპატრულო მანქანა | sap'at rulo mankana |
|---|---|---|
| sirene (de) | სირენა | sirena |
| de sirene aansteken | საყვირის ჩართვა | saqviris chartva |
| geloei (het) van de sirene | საყვირის ხმა | saqviris khma |

| plaats delict (de) | შემთხვევის ადგილი | shemtkhvevis adgili |
|---|---|---|
| getuige (de) | მოწმე | mots'me |
| vrijheid (de) | თავისუფლება | tavisupleba |
| handlanger (de) | თანამზრახველი | tanamzrakhveli |
| ontvluchten (ww) | მიმალვა | mimalva |
| spoor (het) | კვალი | k'vali |

## 194. Politie. Wet. Deel 2

| opsporing (de) | ძებნა | dzebra |
|---|---|---|
| opsporen (ww) | ძებნა | dzebra |
| verdenking (de) | ეჭვი | ech'vi |

| verdacht (bn) | საეჭვო | saech'vo |
| aanhouden (stoppen) | გაჩერება | gachereba |
| tegenhouden (ww) | დაკავება | dak'aveba |

| strafzaak (de) | საქმე | sakme |
| onderzoek (het) | ძიება | dzieba |
| detective (de) | დეტექტივი | det'ekt'ivi |
| onderzoeksrechter (de) | გამომძიებელი | gamomdziebeli |
| versie (de) | ვერსია | versia |

| motief (het) | მოტივი | mot'ivi |
| verhoor (het) | დაკითხვა | dak'itkhva |
| ondervragen (door de politie) | დაკითხვა | dak'itkhva |
| ondervragen (omstanders ~) | გამოკითხვა | gamok'itkhva |
| controle (de) | შემოწმება | shemots'meba |

| razzia (de) | ალყა | alqa |
| huiszoeking (de) | ჩხრეკა | chkhrek'a |
| achtervolging (de) | დადევნება | dadevneba |
| achtervolgen (ww) | დევნა | devna |
| opsporen (ww) | თვალთვალი | tvaltvali |

| arrest (het) | პატიმრობა | p'at'imroba |
| arresteren (ww) | დაპატიმრება | dap'at'imreba |
| vangen, aanhouden | დაკავება | dak'aveba |
| (een dief, enz.) | | |
| aanhouding (de) | დაჭერა | dach'era |

| document (het) | დოკუმენტი | dok'ument'i |
| bewijs (het) | მტკიცებულება | mt'k'itsebuleba |
| bewijzen (ww) | დამტკიცება | damt'k'itseba |
| voetspoor (het) | ნაფეხური | napekhuri |
| vingerafdrukken (mv.) | თითის ანაბეჭდი | titis anabech'di |
| bewijs (het) | სამხილი | samkhili |

| alibi (het) | ალიბი | alibi |
| onschuldig (bn) | უდანაშაულო | udanashaulo |
| onrecht (het) | უსამართლობა | usamartloba |
| onrechtvaardig (bn) | უსამართლობა | usamartloba |

| crimineel (bn) | კრიმინალური | k'riminaluri |
| confisqueren | კონფისკაცია | k'onpisk'atsia |
| (in beslag nemen) | | |
| drug (de) | ნარკოტიკი | nark'ot'ik'i |
| wapen (het) | იარაღი | iaraghi |
| ontwapenen (ww) | განიარაღება | ganiaragheba |

| bevelen (ww) | ბრძანება | brdzaneba |
| verdwijnen (ww) | გაუჩინარება | gauchinareba |

| wet (de) | კანონი | k'anoni |
| wettelijk (bn) | კანონიერი | k'anonieri |
| onwettelijk (bn) | უკანონო | uk'anono |

| verantwoordelijkheid (de) | პასუხისმგებლობა | p'asukhismgebloba |
| verantwoordelijk (bn) | პასუხისმგებელი | p'asukhismgebeli |

# NATUUR

# De Aarde. Deel 1

## 195. De kosmische ruimte

| | | |
|---|---|---|
| kosmos (de) | კოსმოსი | k'osmosi |
| kosmisch (bn) | კოსმოსური | k'osmosuri |
| kosmische ruimte (de) | კოსმოსური სივრცე | k'osmosuri sivrtse |
| wereld (de) | მსოფლიო | msoplio |
| heelal (het) | სამყარო | samqaro |
| sterrenstelsel (het) | გალაქტიკა | galakt'ik'a |
| | | |
| ster (de) | ვარსკვლავი | varsk'vlavi |
| sterrenbeeld (het) | თანავარსკვლავედი | tanavarsk'vlavedi |
| planeet (de) | პლანეტა | p'lane·'a |
| satelliet (de) | თანამგზავრი | tanamgzavri |
| | | |
| meteoriet (de) | მეტეორიტი | met'eorit'i |
| komeet (de) | კომეტა | k'ome·'a |
| asteroïde (de) | ასტეროიდი | ast'eroidi |
| | | |
| baan (de) | ორბიტა | orbit'a |
| draaien (om de zon, enz.) | ბრუნვა | brunva |
| atmosfeer (de) | ატმოსფერო | at'mospero |
| | | |
| Zon (de) | მზე | mze |
| zonnestelsel (het) | მზის სისტემა | mzis sist'ema |
| zonsverduistering (de) | მზის დაბნელება | mzis dabneleba |
| | | |
| Aarde (de) | დედამიწა | dedamits'a |
| Maan (de) | მთვარე | mtvare |
| | | |
| Mars (de) | მარსი | marsi |
| Venus (de) | ვენერა | venera |
| Jupiter (de) | იუპიტერი | iup'it'eri |
| Saturnus (de) | სატურნი | sat'urni |
| | | |
| Mercurius (de) | მერკური | merk'uri |
| Uranus (de) | ურანი | urani |
| Neptunus (de) | ნეპტუნი | nep't'uni |
| Pluto (de) | პლუტონი | p'lut'oni |
| | | |
| Melkweg (de) | ირმის ნახტომი | irmis nakht'omi |
| Grote Beer (de) | დიდი დათვი | didi datvi |
| Poolster (de) | პოლარული ვარსკვლავი | p'olaruli varsk'vlavi |
| | | |
| marsmannetje (het) | მარსიელი | marsieli |
| buitenaards wezen (het) | უცხოპლანეტელი | utskhop'lanet'eli |

| bovenaards (het) | სხვა სამყაროდან ჩამოსული | skhva samqarodan chamosuli |
| vliegende schotel (de) | მფრინავი თეფში | mprinavi tepshi |

| ruimtevaartuig (het) | კოსმოსური ხომალდი | k'osmosuri khomaldi |
| ruimtestation (het) | ორბიტალური სადგური | orbit'aluri sadguri |
| start (de) | სტარტი | st'art'i |

| motor (de) | ძრავა | dzrava |
| straalpijp (de) | საქშენი | saksheni |
| brandstof (de) | საწვავი | sats'vavi |

| cabine (de) | კაბინა | k'abina |
| antenne (de) | ანტენა | ant'ena |
| patrijspoort (de) | ილუმინატორი | iluminat'ori |
| zonnebatterij (de) | მზის ბატარეა | mzis bat'area |
| ruimtepak (het) | სკაფანდრი | sk'apandri |

| gewichtloosheid (de) | უწონადობა | uts'onadoba |
| zuurstof (de) | ჟანგბადი | zhangbadi |

| koppeling (de) | შეერთება | sheerteba |
| koppeling maken | შეერთების წარმოება | sheertebis ts'armoeba |

| observatorium (het) | ობსერვატორია | observat'oria |
| telescoop (de) | ტელესკოპი | t'elesk'op'i |
| waarnemen (ww) | დაკვირვება | dak'virveba |
| exploreren (ww) | გამოკვლევა | gamok'vleva |

## 196. De Aarde

| Aarde (de) | დედამიწა | dedamits'a |
| aardbol (de) | დედამიწის სფერო | dedamits'is spero |
| planeet (de) | პლანეტა | p'lanet'a |

| atmosfeer (de) | ატმოსფერო | at'mospero |
| aardrijkskunde (de) | გეოგრაფია | geograpia |
| natuur (de) | ბუნება | buneba |

| wereldbol (de) | გლობუსი | globusi |
| kaart (de) | რუქა | ruka |
| atlas (de) | ატლასი | at'lasi |

| Europa (het) | ევროპა | evrop'a |
| Azië (het) | აზია | azia |
| Afrika (het) | აფრიკა | aprik'a |
| Australië (het) | ავსტრალია | avst'ralia |

| Amerika (het) | ამერიკა | amerik'a |
| Noord-Amerika (het) | ჩრდილოეთ ამერიკა | chrdiloet amerik'a |
| Zuid-Amerika (het) | სამხრეთ ამერიკა | samkhret amerik'a |

| Antarctica (het) | ანტარქტიდა | ant'arkt'ida |
| Arctis (de) | არქტიკა | arkt'ik'a |

## 197. Windrichtingen

| | | |
|---|---|---|
| noorden (het) | ჩრდილოეთი | chrdiloeti |
| naar het noorden | ჩრდილოეთისკენ | chrdiloetisk'en |
| in het noorden | ჩრდილოეთში | chrdiloetshi |
| noordelijk (bn) | ჩრდილოეთის | chrdiloetis |
| | | |
| zuiden (het) | სამხრეთი | samkhreti |
| naar het zuiden | სამხრეთისკენ | samkhretisk'en |
| in het zuiden | სამხრეთში | samkhretshi |
| zuidelijk (bn) | სამხრეთის | samkhretis |
| | | |
| westen (het) | დასავლეთი | dasavleti |
| naar het westen | დასავლეთისკენ | dasavletisk'en |
| in het westen | დასავლეთში | dasavletshi |
| westelijk (bn) | დასავლეთის | dasavletis |
| | | |
| oosten (het) | აღმოსავლეთი | aghmosavleti |
| naar het oosten | აღმოსავლეთისკენ | aghmosavletisk'en |
| in het oosten | აღმოსავლეთში | aghmosavletshi |
| oostelijk (bn) | აღმოსავლეთის | aghmosavletis |

## 198. Zee. Oceaan

| | | |
|---|---|---|
| zee (de) | ზღვა | zghva |
| oceaan (de) | ოკეანე | ok'eane |
| golf (baai) | ყურე | qure |
| straat (de) | სრუტე | srut'e |
| | | |
| continent (het) | მატერიკი | mat'erik'i |
| eiland (het) | კუნძული | k'undzuli |
| schiereiland (het) | ნახევარკუნძული | nakhevark'undzuli |
| archipel (de) | არქიპელაგი | arkip'elagi |
| | | |
| baai, bocht (de) | ყურე | qure |
| haven (de) | ნავსადგური | navsadguri |
| lagune (de) | ლაგუნა | laguna |
| kaap (de) | კონცხი | k'ontskhi |
| | | |
| atol (de) | ატოლი | at'oli |
| rif (het) | რიფი | ripi |
| koraal (het) | მარჯანი | marjani |
| koraalrif (het) | მარჯნის რიფი | marjnis ripi |
| | | |
| diep (bn) | ღრმა | ghrma |
| diepte (de) | სიღრმე | sighrme |
| diepzee (de) | უფსკრული | upsk'ruli |
| trog (bijv. Marianentrog) | ღრმული | ghrmuli |
| | | |
| stroming (de) | დინება | dineba |
| omspoelen (ww) | გაბანა | gabana |
| oever (de) | ნაპირი | nap'iri |
| kust (de) | სანაპირო | sanap'iro |

| | | |
|---|---|---|
| vloed (de) | მოქცევა | moktseva |
| eb (de) | მიქცევა | miktseva |
| ondiepte (ondiep water) | მეჩეჩი | mechechi |
| bodem (de) | ფსკერი | psk'eri |

| | | |
|---|---|---|
| golf (hoge ~) | ტალღა | t'algha |
| golfkam (de) | ტალღის ქოჩორი | t'alghis kochori |
| schuim (het) | ქაფი | kapi |

| | | |
|---|---|---|
| orkaan (de) | გრიგალი | grigali |
| tsunami (de) | ცუნამი | tsunami |
| windstilte (de) | მყუდროება | mqudroeba |
| kalm (bijv. ~e zee) | წყნარი | ts'qnari |

| | | |
|---|---|---|
| pool (de) | პოლუსი | p'olusi |
| polair (bn) | პოლარული | p'olaruli |

| | | |
|---|---|---|
| breedtegraad (de) | განედი | ganedi |
| lengtegraad (de) | გრძედი | grdzedi |
| parallel (de) | პარალელი | p'araleli |
| evenaar (de) | ეკვატორი | ek'vat'ori |

| | | |
|---|---|---|
| hemel (de) | ცა | tsa |
| horizon (de) | ჰორიზონტი | horizont'i |
| lucht (de) | ჰაერი | haeri |

| | | |
|---|---|---|
| vuurtoren (de) | შუქურა | shukura |
| duiken (ww) | ყვინთვა | qvintva |
| zinken (ov. een boot) | ჩაძირვა | chadzirva |
| schatten (mv.) | განძი | gandzi |

## 199. Namen van zeeën en oceanen

| | | |
|---|---|---|
| Atlantische Oceaan (de) | ატლანტის ოკეანე | at'lant'is ok'eane |
| Indische Oceaan (de) | ინდოეთის ოკეანე | indoetis ok'eane |
| Stille Oceaan (de) | წყნარი ოკეანე | ts'qnari ok'eane |
| Noordelijke IJszee (de) | ჩრდილოეთის ყინულოვანი ოკეანე | chrdiloetis qinulovani ok'eane |

| | | |
|---|---|---|
| Zwarte Zee (de) | შავი ზღვა | shavi zghva |
| Rode Zee (de) | წითელი ზღვა | ts'iteli zghva |
| Gele Zee (de) | ყვითელი ზღვა | qviteli zghva |
| Witte Zee (de) | თეთრი ზღვა | tetri zghva |

| | | |
|---|---|---|
| Kaspische Zee (de) | კასპიის ზღვა | k'asp'iis zghva |
| Dode Zee (de) | მკვდარი ზღვა | mk'vdari zghva |
| Middellandse Zee (de) | ხმელთაშუა ზღვა | khmeltashua zghva |

| | | |
|---|---|---|
| Egeïsche Zee (de) | ეგეოსის ზღვა | egeosis zghva |
| Adriatische Zee (de) | ადრიატიკის ზღვა | adriat'ik'is zghva |

| | | |
|---|---|---|
| Arabische Zee (de) | არაგიის ზღვა | araviis zghva |
| Japanse Zee (de) | იაპონიის ზღვა | iap'oniis zghva |
| Beringzee (de) | ბერინგის ზღვა | beringis zghva |

| Zuid-Chinese Zee (de) | სამხრეთ-ჩინეთის ზღვა | samkhret-chinetis zghva |
|---|---|---|
| Koraalzee (de) | მარჯნის ზღვა | marjnis zghva |
| Tasmanzee (de) | ტასმანიის ზღვა | t'asmaniis zghva |
| Caribische Zee (de) | კარიბის ზღვა | k'aribis zghva |

| Barentszzee (de) | ბარენცის ზღვა | barentsis zghva |
|---|---|---|
| Karische Zee (de) | კარსის ზღვა | k'arsis zghva |

| Noordzee (de) | ჩრდილოეთის ზღვა | chrdilcetis zghva |
|---|---|---|
| Baltische Zee (de) | ბალტიის ზღვა | balt'iis zghva |
| Noorse Zee (de) | ნორვეგიის ზღვა | norvegiis zghva |

## 200. Bergen

| berg (de) | მთა | mta |
|---|---|---|
| bergketen (de) | მთების ჯაჭვი | mtebis jach'vi |
| gebergte (het) | მთის ქედი | mtis kedi |

| bergtop (de) | მწვერვალი | mts'vervali |
|---|---|---|
| bergpiek (de) | პიკი | p'ik'i |
| voet (ov. de berg) | მთის ძირი | mtis dziri |
| helling (de) | ფერდობი | perdobi |

| vulkaan (de) | ვულკანი | vulk'ani |
|---|---|---|
| actieve vulkaan (de) | მოქმედი ვულკანი | mokmedi vulk'ani |
| uitgedoofde vulkaan (de) | ჩამქრალი ვულკანი | chamkrali vulk'ani |

| uitbarsting (de) | ამოფრქვევა | amoprkveva |
|---|---|---|
| krater (de) | კრატერი | k'rat'eri |
| magma (het) | მაგმა | magma |
| lava (de) | ლავა | lava |
| gloeiend (~e lava) | გავარვარებული | gavarvarebuli |
| kloof (canyon) | კანიონი | k'anioni |
| bergkloof (de) | ხეობა | kheoba |
| spleet (de) | ნაპრალი | nap'rali |

| bergpas (de) | უღელტეხილი | ughelt'ekhili |
|---|---|---|
| plateau (het) | პლატო | p'lat'o |
| klip (de) | კლდე | k'lde |
| heuvel (de) | ბორცვი | bortsvi |

| gletsjer (de) | მყინვარი | mqinvari |
|---|---|---|
| waterval (de) | ჩანჩქერი | chanchkeri |
| geiser (de) | გეიზერი | geizeri |
| meer (het) | ტბა | t'ba |

| vlakte (de) | ვაკე | vak'e |
|---|---|---|
| landschap (het) | პეიზაჟი | p'eizazhi |
| echo (de) | ექო | eko |

| alpinist (de) | ალპინისტი | alp'inist'i |
|---|---|---|
| bergbeklimmer (de) | მთასვლელი | mtasvleli |
| trotseren (berg ~) | დაპყრობა | dap'qroba |
| beklimming (de) | ასვლა | asvla |

## 201. Bergen namen

| Alpen (de) | ალპები | alp'ebi |
| Mont Blanc (de) | მონბლანი | monblani |
| Pyreneeën (de) | პირენეები | p'ireneebi |

| Karpaten (de) | კარპატები | k'arp'at'ebi |
| Oeralgebergte (het) | ურალის მთები | uralis mtebi |
| Kaukasus (de) | კავკასია | k'avk'asia |
| Elbroes (de) | იალბუზი | ialbuzi |

| Altaj (de) | ალტაი | alt'ai |
| Tiensjan (de) | ტიან-შანი | t'ian-shani |
| Pamir (de) | პამირი | p'amiri |
| Himalaya (de) | ჰიმალაი | himalai |
| Everest (de) | ევერესტი | everest'i |

| Andes (de) | ანდები | andebi |
| Kilimanjaro (de) | კილიმანჯარო | k'ilimanjaro |


## 202. Rivieren

| rivier (de) | მდინარე | mdinare |
| bron (~ van een rivier) | წყარო | ts'qaro |
| rivierbedding (de) | კალაპოტი | k'alap'ot'i |
| rivierbekken (het) | აუზი | auzi |
| uitmonden in ... | ჩადინება | chadineba |

| zijrivier (de) | შენაკადი | shenak'adi |
| oever (de) | ნაპირი | nap'iri |

| stroming (de) | დინება | dineba |
| stroomafwaarts (bw) | დინების ქვემოთ | dinebis kvemot |
| stroomopwaarts (bw) | დინების ზემოთ | dinebis zemot |

| overstroming (de) | წყალდიდობა | ts'qaldidoba |
| overstroming (de) | წყალდიდობა | ts'qaldidoba |
| buiten zijn oevers treden | გადმოსვლა | gadmosvla |
| overstromen (ww) | დატბორვა | dat'borva |

| zandbank (de) | თავითხელი | tavtkheli |
| stroomversnelling (de) | ზღურბლი | zghurbli |

| dam (de) | კაშხალი | k'ashkhali |
| kanaal (het) | არხი | arkhi |
| spaarbekken (het) | წყალსაცავი | ts'qalsatsavi |
| sluis (de) | რაბი | rabi |

| waterlichaam (het) | წყალსატევი | ts'qalsat'evi |
| moeras (het) | ჭაობი | ch'aobi |
| broek (het) | ჭანჭრობი | ch'anch'robi |
| draaikolk (de) | მორევი | morevi |
| stroom (de) | ნაკადული | nak'aduli |

| | | |
|---|---|---|
| drink- (abn) | სასმელი | sasmeli |
| zoet (~ water) | მტკნარი | mt'k'nari |
| | | |
| IJs (het) | ყინული | qinuli |
| bevriezen (rivier, enz.) | გაყინვა | gaqinva |

## 203. Namen van rivieren

| | | |
|---|---|---|
| Seine (de) | სენა | sena |
| Loire (de) | ლუარა | luara |
| | | |
| Theems (de) | ტემზა | t'emza |
| Rijn (de) | რეინი | reini |
| Donau (de) | დუნაი | dunai |
| | | |
| Wolga (de) | ვოლგა | volga |
| Don (de) | დონი | doni |
| Lena (de) | ლენა | lena |
| | | |
| Gele Rivier (de) | ხუანხე | khuankhe |
| Blauwe Rivier (de) | იანძი | iandzi |
| Mekong (de) | მეკონგი | mek'ongi |
| Ganges (de) | განგი | gangi |
| | | |
| Nijl (de) | ნილოსი | nilosi |
| Kongo (de) | კონგო | k'ongo |
| Okavango (de) | ოკავანგო | ok'avango |
| Zambezi (de) | ზამბეზი | zambezi |
| Limpopo (de) | ლიმპოპო | limp'op'o |
| Mississippi (de) | მისისიპი | misisip'i |

## 204. Bos

| | | |
|---|---|---|
| bos (het) | ტყე | t'qe |
| bos- (abn) | ტყის | t'qis |
| | | |
| oerwoud (dicht bos) | ტევრი | t'evri |
| bosje (klein bos) | ჭალა | ch'ala |
| open plek (de) | მინდორი | mindcri |
| | | |
| struikgewas (het) | ბარდები | bardebi |
| struiken (mv.) | ბუჩქნარი | buchknari |
| | | |
| paadje (het) | ბილიკი | bilik'i |
| ravijn (het) | ხევი | khevi |
| | | |
| boom (de) | ხე | khe |
| blad (het) | ფოთოლი | potoli |
| gebladerte (het) | ფოთლეული | potleuli |
| | | |
| vallende bladeren (mv.) | ფოთოლცვენა | potoltsvena |
| vallen (ov. de bladeren) | ცვენა | tsvena |

| boomtop (de) | კენწერო | k'ents'ero |
| tak (de) | ტოტი | t'ot'i |
| ent (de) | ნუჟრი | nuzhri |
| knop (de) | კვირტი | k'virt'i |
| naald (de) | წიწვი | ts'its'vi |
| dennenappel (de) | გირჩი | girchi |

| boom holte (de) | ფუღურო | pughuro |
| nest (het) | ბუდე | bude |
| hol (het) | სორო | soro |

| stam (de) | ტანი | t'ani |
| wortel (bijv. boom~s) | ფესვი | pesvi |
| schors (de) | ქერქი | kerki |
| mos (het) | ხავსი | khavsi |

| ontwortelen (een boom) | ამოძირკვა | amodzirk'va |
| kappen (een boom ~) | მოჭრა | moch'ra |
| ontbossen (ww) | გაჩეხვა | gachekhva |
| stronk (de) | კუნძი | k'undzi |

| kampvuur (het) | კოცონი | k'otsoni |
| bosbrand (de) | ხანძარი | khandzari |
| blussen (ww) | ჩაქრობა | chakroba |

| boswachter (de) | მეტყევე | met'qeve |
| bescherming (de) | დაცვა | datsva |
| beschermen (bijv. de natuur ~) | დაცვა | datsva |
| stroper (de) | ბრაკონიერი | brak'onieri |
| val (de) | ხაფანგი | khapangi |

| plukken (vruchten, enz.) | კრეფა | k'repa |
| verdwalen (de weg kwijt zijn) | გზის დაბნევა | gzis dabneva |

## 205. Natuurlijke hulpbronnen

| natuurlijke rijkdommen (mv.) | ბუნებრივი რესურსები | bunebrivi resursebi |
| delfstoffen (mv.) | სასარგებლო წიაღისეული | sasargeblo ts'iaghiseuli |
| lagen (mv.) | საბადო | sabado |
| veld (bijv. olie~) | საბადო | sabado |

| winnen (uit erts ~) | მოპოვება | mop'oveba |
| winning (de) | მოპოვება | mop'oveba |
| erts (het) | მადანი | madani |
| mijn (bijv. kolenmijn) | მადნეული | madneuli |
| mijnschacht (de) | შახტი | shakht'i |
| mijnwerker (de) | მეშახტე | meshakht'e |

| gas (het) | გაზი | gazi |
| gasleiding (de) | გაზსადენი | gazsadeni |

| olie (aardolie) | ნავთობი | navtobi |
| olieleiding (de) | ნავთობსადენი | navtobsadeni |

| oliebron (de) | ნავთობის კოშკურა | navtobis k'oshk'ura |
| boortoren (de) | საბურღი კოშკურა | saburghi k'oshk'ura |
| tanker (de) | ტანკერი | t'ank'eri |

| zand (het) | ქვიშა | kvisha |
| kalksteen (de) | კირქვა | k'irkva |
| grind (het) | ხრეში | khreshi |
| veen (het) | ტორფი | t'orpi |
| klei (de) | თიხა | tikha |
| steenkool (de) | ქვანახშირი | kvanakhshiri |

| IJzer (het) | რკინა | rk'ina |
| goud (het) | ოქრო | okro |
| zilver (het) | ვერცხლი | vertskhli |
| nikkel (het) | ნიკელი | nik'eli |
| koper (het) | სპილენძი | sp'ilendzi |

| zink (het) | თუთია | tutia |
| mangaan (het) | მარგანეცი | marganetsi |
| kwik (het) | ვერცხლისწყალი | vertskhlists'qali |
| lood (het) | ტყვია | t'qvia |

| mineraal (het) | მინერალი | minerali |
| kristal (het) | კრისტალი | k'rist'ali |
| marmer (het) | მარმარილო | marmarilo |
| uraan (het) | ურანი | urani |

# De Aarde. Deel 2

## 206. Weer

| | | |
|---|---|---|
| weer (het) | ამინდი | amindi |
| weersvoorspelling (de) | ამინდის პროგნოზი | amindis p'rognozi |
| temperatuur (de) | ტემპერატურა | t'emp'erat'ura |
| thermometer (de) | თერმომეტრი | termomet'ri |
| barometer (de) | ბარომეტრი | baromet'ri |
| | | |
| vochtigheid (de) | ტენიანობა | t'enianoba |
| hitte (de) | სიცხე | sitskhe |
| heet (bn) | ცხელი | tskheli |
| het is heet | ცხელი | tskheli |
| | | |
| het is warm | თბილა | tbila |
| warm (bn) | თბილი | tbili |
| | | |
| het is koud | სიცივე | sitsive |
| koud (bn) | ცივი | tsivi |
| | | |
| zon (de) | მზე | mze |
| schijnen (de zon) | ანათებს | anatebs |
| zonnig (~e dag) | მზიანი | mziani |
| opgaan (ov. de zon) | ამოსვლა | amosvla |
| ondergaan (ww) | ჩასვლა | chasvla |
| | | |
| wolk (de) | ღრუბელი | ghrubeli |
| bewolkt (bn) | ღრუბლიანი | ghrubliani |
| | | |
| regenwolk (de) | ღრუბელი | ghrubeli |
| somber (bn) | მოღრუბლული | moghrubluli |
| | | |
| regen (de) | წვიმა | ts'vima |
| het regent | წვიმა მოდის | ts'vima modis |
| | | |
| regenachtig (bn) | წვიმიანი | ts'vimiani |
| motregenen (ww) | ჟინჟღვლა | zhinzhghvla |
| | | |
| plensbui (de) | კოკისპირული | k'ok'isp'iruli |
| stortbui (de) | თავსხმა | tavskhma |
| hard (bn) | ძლიერი | dzlieri |
| | | |
| plas (de) | გუბე | gube |
| nat worden (ww) | დასველება | dasveleba |
| | | |
| mist (de) | ნისლი | nisli |
| mistig (bn) | ნისლიანი | nisliani |
| sneeuw (de) | თოვლი | tovli |
| het sneeuwt | თოვლი მოდის | tovli modis |

## 207. Zwaar weer. Natuurrampen

| noodweer (storm) | ჭექა | ch'eka |
| bliksem (de) | მეხი | mekhi |
| flitsen (ww) | ელვარება | elvareba |

| donder (de) | ქუხილი | kukhili |
| donderen (ww) | ქუხილი | kukhili |
| het dondert | ქუხს | kukhs |

| hagel (de) | სეტყვა | set'qva |
| het hagelt | სეტყვა მოდის | set'qva modis |

| overstromen (ww) | წალეკვა | ts'alek'va |
| overstroming (de) | წყალდიდობა | ts'qald doba |

| aardbeving (de) | მიწისძვრა | mits'isdzvra |
| aardschok (de) | ბიძგი | bidzgi |
| epicentrum (het) | ეპიცენტრი | ep'itse t'ri |

| uitbarsting (de) | ამოფრქვევა | amopr<veva |
| lava (de) | ლავა | lava |

| wervelwind (de) | გრიგალი | grigali |
| windhoos (de) | ტორნადო | t'ornaco |
| tyfoon (de) | ტაიფუნი | t'aipuni |

| orkaan (de) | გრიგალი | grigali |
| storm (de) | ქარიშხალი | karishkhali |
| tsunami (de) | ცუნამი | tsunami |

| cycloon (de) | ციკლონი | tsik'lor i |
| onweer (het) | უამინდობა | uamin joba |
| brand (de) | ხანძარი | khandzari |
| ramp (de) | კატასტროფა | k'at'as<'ropa |
| meteoriet (de) | მეტეორიტი | met'ec rit'i |

| lawine (de) | ზვავი | zvavi |
| sneeuwverschuiving (de) | ჩამოქცევა | chamoktseva |
| sneeuwjacht (de) | ქარბუქი | karbuki |
| sneeuwstorm (de) | ბუქი | buki |

## 208. Geluiden. Geluiden

| stilte (de) | სიჩუმე | sichune |
| geluid (het) | ხმა | khma |
| lawaai (het) | ხმაური | khmauri |
| lawaai maken (ww) | ხმაურობა | khmauroba |
| lawaaierig (bn) | ხმაურიანი | khmauriani |

| luid (~ spreken) | ხმამაღლა | khmamaghla |
| luid (bijv. ~e stem) | ხმამაღალი | khmamaghali |
| aanhoudend (voortdurend) | მუდმივი | mudrr ivi |

| schreeuw (de) | ყვირილი | qvirili |
| schreeuwen (ww) | ყვირილი | qvirili |
| gefluister (het) | ჩურჩული | churchuli |
| fluisteren (ww) | ჩურჩული | churchuli |

| geblaf (het) | ყეფა | qepa |
| blaffen (ww) | ყეფა | qepa |

| gekreun (het) | კვნესა | k'vnesa |
| kreunen (ww) | კვნესა | k'vnesa |
| hoest (de) | ხველა | khvela |
| hoesten (ww) | ხველება | khveleba |

| gefluit (het) | სტვენა | st'vena |
| fluiten (op het fluitje blazen) | სტვენა | st'vena |
| geklop (het) | კაკუნი | k'ak'uni |
| kloppen (aan een deur) | კაკუნი | k'ak'uni |

| kraken (hout, ijs) | ჭრიალი | ch'riali |
| gekraak (het) | ჭრიალი | ch'riali |

| sirene (de) | სირენა | sirena |
| fluit (stoom ~) | საყვირი | saqviri |
| fluiten (schip, trein) | გუგუნი | guguni |
| toeter (de) | სიგნალი | signali |
| toeteren (ww) | დასიგნალება | dasignaleba |

## 209. Winter

| winter (de) | ზამთარი | zamtari |
| winter- (abn) | ზამთრის | zamtris |
| in de winter (bw) | ზამთარში | zamtarshi |

| sneeuw (de) | თოვლი | tovli |
| het sneeuwt | თოვლი მოდის | tovli modis |
| sneeuwval (de) | თოვა | tova |
| sneeuwhoop (de) | თოვლის ნამქერი | tovlis namkeri |

| sneeuwvlok (de) | თოვლის ფიფქი | tovlis pipki |
| sneeuwbal (de) | თოვლის გუნდა | tovlis gunda |
| sneeuwman (de) | თოვლის კაცი | tovlis k'atsi |
| IJspegel (de) | ყინულის ლოლო | qinulis lolo |

| december (de) | დეკემბერი | dek'emberi |
| januari (de) | იანვარი | ianvari |
| februari (de) | თებერვალი | tebervali |

| vorst (de) | ყინვა | qinva |
| vries- (abn) | ყინვიანი | qinviani |

| onder nul (bw) | ნულს ქვემოთ | nuls kvemot |
| eerste vorst (de) | სუსხი | suskhi |
| rijp (de) | თრთვილი | trtvili |
| koude (de) | სიცივე | sitsive |

| het is koud | ცივა | tsiva |
| bontjas (de) | ქურქი | kurki |
| wanten (mv.) | ხელთათმანი | kheltatmani |

| ziek worden (ww) | ავად გახდომა | avad gakhdoma |
| verkoudheid (de) | გაციება | gatsiveba |
| verkouden raken (ww) | გაციება | gatsiveba |

| IJs (het) | ყინული | qinuli |
| IJzel (de) | მოლიპული გზა | molip'ʟli gza |
| bevriezen (rivier, enz.) | გაყინვა | gaqinva |
| IJsschol (de) | ხორგი | khorgi |

| ski's (mv.) | თხილამურები | tkhilamurebi |
| skiër (de) | მოთხილამურე | motkhilamure |
| skiën (ww) | თხილამურებით სრიალი | tkhilamurebit sriali |
| schaatsen (ww) | ციგურებით სრიალი | tsigurebit sriali |

# Fauna

## 210. Zoogdieren. Roofdieren

| | | |
|---|---|---|
| roofdier (het) | მტაცებელი | mt'atsebeli |
| tijger (de) | ვეფხვი | vepkhvi |
| leeuw (de) | ლომი | lomi |
| wolf (de) | მგელი | mgeli |
| vos (de) | მელა | mela |
| | | |
| jaguar (de) | იაგუარი | iaguari |
| luipaard (de) | ლეოპარდი | leop'ardi |
| jachtluipaard (de) | გეპარდი | gep'ardi |
| | | |
| panter (de) | ავაზა | avaza |
| poema (de) | პუმა | p'uma |
| sneeuwluipaard (de) | თოვლის ჯიქი | tovlis jiki |
| lynx (de) | ფოცხვერი | potskhveri |
| | | |
| coyote (de) | კოიოტი | k'oiot'i |
| jakhals (de) | ტურა | t'ura |
| hyena (de) | გიენა | giena |

## 211. Wilde dieren

| | | |
|---|---|---|
| dier (het) | ცხოველი | tskhoveli |
| beest (het) | მხეცი | mkhetsi |
| | | |
| eekhoorn (de) | ციყვი | tsiqvi |
| egel (de) | ზღარბი | zgharbi |
| haas (de) | კურდღელი | k'urdgheli |
| konijn (het) | ბოცვერი | botsveri |
| | | |
| das (de) | მაჩვი | machvi |
| wasbeer (de) | ენოტი | enot'i |
| hamster (de) | ზაზუნა | zazuna |
| marmot (de) | ზაზუნა | zazuna |
| | | |
| mol (de) | თხუნელა | tkhunela |
| muis (de) | თაგვი | tagvi |
| rat (de) | ვირთხა | virtkha |
| vleermuis (de) | ღამურა | ghamura |
| | | |
| hermelijn (de) | ყარყუმი | qarqumi |
| sabeldier (het) | სიასამური | siasamuri |
| marter (de) | კვერნა | k'verna |
| wezel (de) | სინდიოფალა | sindiopala |
| nerts (de) | წაულა | ts'aula |

| | | |
|---|---|---|
| bever (de) | თახვი | takhvi |
| otter (de) | წავი | ts'avi |
| | | |
| paard (het) | ცხენი | tskheni |
| eland (de) | ცხენ-ირემი | tskhen-iremi |
| hert (het) | ირემი | iremi |
| kameel (de) | აქლემი | aklemi |
| | | |
| bizon (de) | ბიზონი | bizoni |
| oeros (de) | დომბა | domba |
| buffel (de) | კამეჩი | k'amechi |
| | | |
| zebra (de) | ზებრა | zebra |
| antilope (de) | ანტილოპა | ant'iloo'a |
| ree (de) | შველი | shveli |
| damhert (het) | ფურ-ირემი | pur-iremi |
| gems (de) | ქურციკი | kurtsik'i |
| everzwijn (het) | ტახი | t'akhi |
| | | |
| walvis (de) | ვეშაპი | veshap'i |
| rob (de) | სელაპი | selap'i |
| walrus (de) | ლომვეშაპი | lomveshap'i |
| zeehond (de) | ზღვის კატა | zghvis k'at'a |
| dolfijn (de) | დელფინი | delpiri |
| | | |
| beer (de) | დათვი | datvi |
| IJsbeer (de) | თეთრი დათვი | tetri datvi |
| panda (de) | პანდა | p'anda |
| | | |
| aap (de) | მაიმუნი | maimuni |
| chimpansee (de) | შიმპანზე | shimp'anze |
| orang-oetan (de) | ორანგუტანი | orangut'ani |
| gorilla (de) | გორილა | gorila |
| makaak (de) | მაკაკა | mak'ak'a |
| gibbon (de) | გიბონი | giboni |
| | | |
| olifant (de) | სპილო | sp'ilo |
| neushoorn (de) | მარტორქა | mart'orka |
| giraffe (de) | ჟირაფი | zhirapi |
| nijlpaard (het) | ბეჰემოთი | behemoti |
| | | |
| kangoeroe (de) | კენგურუ | k'enguru |
| koala (de) | კოალა | k'oala |
| | | |
| mangoest (de) | მანგუსტი | mangust'i |
| chinchilla (de) | შინშილა | shinshila |
| stinkdier (het) | თრითინა | tritina |
| stekelvarken (het) | მაჩვზღარბა | machvzgharba |

## 212. Huisdieren

| | | |
|---|---|---|
| poes (de) | კატა | k'at'a |
| kater (de) | ხვადი კატა | khvadi k'at'a |
| paard (het) | ცხენი | tskheni |

| | | |
|---|---|---|
| hengst (de) | ულაყი | ulaqi |
| merrie (de) | ფაშატი | pashat'i |

| | | |
|---|---|---|
| koe (de) | ძროხა | dzrokha |
| stier (de) | ხარი | khari |
| os (de) | ხარი | khari |

| | | |
|---|---|---|
| schaap (het) | დედალი ცხვარი | dedali tskhvari |
| ram (de) | ცხვარი | tskhvari |
| geit (de) | თხა | tkha |
| bok (de) | ვაცი | vatsi |

| | | |
|---|---|---|
| ezel (de) | ვირი | viri |
| muilezel (de) | ჯორი | jori |

| | | |
|---|---|---|
| varken (het) | ღორი | ghori |
| biggetje (het) | გოჭი | goch'i |
| konijn (het) | ბოცვერი | botsveri |

| | | |
|---|---|---|
| kip (de) | ქათამი | katami |
| haan (de) | მამალი | mamali |

| | | |
|---|---|---|
| eend (de) | იხვი | ikhvi |
| woerd (de) | მამალი იხვი | mamali ikhvi |
| gans (de) | ბატი | bat'i |

| | | |
|---|---|---|
| kalkoen haan (de) | ინდაური | indauri |
| kalkoen (de) | დედალი ინდაური | dedali indauri |

| | | |
|---|---|---|
| huisdieren (mv.) | შინაური ცხოველები | shinauri tskhovelebi |
| tam (bijv. hamster) | მოშინაურებული | moshinaurebuli |
| temmen (tam maken) | მოშინაურება | moshinaureba |
| fokken (bijv. paarden ~) | გამოზრდა | gamozrda |

| | | |
|---|---|---|
| boerderij (de) | ფერმა | perma |
| gevogelte (het) | შინაური ფრინველი | shinauri prinveli |
| rundvee (het) | საქონელი | sakoneli |
| kudde (de) | ჯოგი | jogi |

| | | |
|---|---|---|
| paardenstal (de) | თავლა | tavla |
| zwijnenstal (de) | საღორე | saghore |
| koeienstal (de) | ბოსელი | boseli |
| konijnenhok (het) | საკურდღლე | sak'urdghle |
| kippenhok (het) | საქათმე | sakatme |

## 213. Honden. Hondenrassen

| | | |
|---|---|---|
| hond (de) | ძაღლი | dzaghli |
| herdershond (de) | ნაგაზი | nagazi |
| poedel (de) | პუდელი | p'udeli |
| teckel (de) | ტაქსა | t'aksa |

| | | |
|---|---|---|
| buldog (de) | ბულდოგი | buldogi |
| boxer (de) | ბოქსიორი | boksiori |

| mastiff (de) | მასტიფი | mast'ipi |
| rottweiler (de) | როტვეილერი | rot'veileri |
| doberman (de) | დობერმანი | dobermani |

| basset (de) | ბასეტი | baset'i |
| bobtail (de) | ბობტეილი | bobt'eili |
| dalmatiër (de) | დალმატინელი | dalmat'ineli |
| cockerspaniël (de) | კოკერ-სპანიელი | k'ok'er-sp'anieli |

| newfoundlander (de) | ნიუფაუნდლენდი | niupaundlendi |
| sint-bernard (de) | სენბერნარი | senbernari |

| poolhond (de) | ხასკი | khask' |
| chowchow (de) | ჩაუ-ჩაუ | chau-chau |
| spits (de) | შპიცი | shp'its |
| mopshond (de) | მოპსი | mop'si |

## 214. Dierengeluiden

| geblaf (het) | ყეფა | qepa |
| blaffen (ww) | ყეფა | qepa |
| miauwen (ww) | კნავილი | k'navil |
| spinnen (katten) | კრუტუნი | k'rut'uni |

| loeien (ov. een koe) | ბღავილი | bghav li |
| brullen (stier) | ღმუილი | ghmui i |
| grommen (ov. de honden) | ღრენა | ghrena |

| gehuil (het) | ყმუილი | qmuili |
| huilen (wolf, enz.) | ყმუილი | qmuili |
| janken (ov. een hond) | წკმუტუნი | ts'k'mut'uni |

| mekkeren (schapen) | ბღავილი | bghav li |
| knorren (varkens) | ღრუტუნი | ghrut'uni |
| gillen (bijv. varken) | წივილი | ts'ivili |

| kwaken (kikvorsen) | ყიყინი | qiqini |
| zoemen (hommel, enz.) | ბზუილი | bzuili |
| tjirpen (sprinkhanen) | ჭრიჭინი | ch'rich'ini |

## 215. Jonge dieren

| jong (het) | ნაშიერი | nashieri |
| poesje (het) | კნუტი | k'nut'i |
| muisje (het) | წრუწუნა | ts'ruts'una |
| puppy (de) | ლეკვი | lek'vi |

| jonge haas (de) | ბაჭია | bach'ia |
| konijntje (het) | ბაჭია | bach'ia |
| wolfje (het) | მგლის ლეკვი | mglis lek'vi |
| vosje (het) | მელიის ლეკვი | meliis lek'vi |
| beertje (het) | დათვის ბელი | datvis beli |

| leeuwenjong (het) | ბოკვერი | bok'veri |
| tijgertje (het) | ბოკვერი | bok'veri |
| olifantenjong (het) | სპილიყვი | sp'liqvi |

| biggetje (het) | გოჭი | goch'i |
| kalf (het) | ხბო | khbo |
| geitje (het) | ციკანი | tsik'ani |
| lam (het) | ბატკანი | bat'k'ani |
| reekalf (het) | ნუკრი | nuk'ri |
| jonge kameel (de) | კოზაკი | k'ozak'i |

| slangenjong (het) | გველის წიწილი | gvelis ts'its'ili |
| kikkertje (het) | პატარა ბაყაყი | p'at'ara baqaqi |

| vogeltje (het) | ბარტყი | bart'qi |
| kuiken (het) | წიწილა | ts'its'ila |
| eendje (het) | იხვის ჭუკი | ikhvis ch'uk'i |

## 216. Vogels

| vogel (de) | ფრინველი | prinveli |
| duif (de) | მტრედი | mt'redi |
| mus (de) | ბეღურა | beghura |
| koolmees (de) | წიწკანა | ts'its'k'ana |
| ekster (de) | კაჭკაჭი | k'ach'k'ach'i |

| raaf (de) | ყვავი | qvavi |
| kraai (de) | ყვავი | qvavi |
| kauw (de) | ჭკა | ch'k'a |
| roek (de) | ჭილყვავი | ch'ilqvavi |

| eend (de) | იხვი | ikhvi |
| gans (de) | ბატი | bat'i |
| fazant (de) | ხოხობი | khokhobi |

| arend (de) | არწივი | arts'ivi |
| havik (de) | ქორი | kori |
| valk (de) | შევარდენი | shevardeni |
| gier (de) | ორბი | orbi |
| condor (de) | კონდორი | k'ondori |

| zwaan (de) | გედი | gedi |
| kraanvogel (de) | წერო | ts'ero |
| ooievaar (de) | ყარყატი | qarqat'i |

| papegaai (de) | თუთიყუში | tutiqushi |
| kolibrie (de) | კოლიბრი | k'olibri |
| pauw (de) | ფარშევანგი | parshevangi |

| struisvogel (de) | სირაქლემა | siraklema |
| reiger (de) | ყანჩა | qancha |
| flamingo (de) | ფლამინგო | plamingo |
| pelikaan (de) | ვარხვი | varkhvi |
| nachtegaal (de) | ბულბული | bulbuli |

| zwaluw (de) | მერცხალი | mertskhali |
| lijster (de) | შაშვი | shashvi |
| zanglijster (de) | შაშვი მგალობელი | shashvi mgalobeli |
| merel (de) | შავი შაშვი | shavi shashvi |

| gierzwaluw (de) | ნამგალა | namgala |
| leeuwerik (de) | ტოროლა | t'orola |
| kwartel (de) | მწყერი | mts'qeri |

| specht (de) | კოდალა | k'odala |
| koekoek (de) | გუგული | guguli |
| uil (de) | ბუ | bu |
| oehoe (de) | ჭოტი | ch'ot'i |
| auerhoen (het) | ყრუანჩელა | qruanchela |
| korhoen (het) | როჯო | roch'o |
| patrijs (de) | კაკაბი | k'ak'abi |

| spreeuw (de) | შოშია | shoshia |
| kanarie (de) | იადონი | iadoni |
| hazelhoen (het) | გნოლქათამა | gnolkatama |
| vink (de) | სკვინჩა | sk'vincha |
| goudvink (de) | სტვენია | st'venia |

| meeuw (de) | თოლია | tolia |
| albatros (de) | ალბატროსი | albat'rosi |
| pinguïn (de) | პინგვინი | p'ingvini |

## 217. Vogels. Zingen en geluiden

| fluiten, zingen (ww) | გალობა | galoba |
| schreeuwen (dieren, vogels) | ყვირილი | qvirili |
| kraaien (ov. een haan) | ყივილი | qivili |
| kukeleku | ყიყლიყო | qiqliqo |

| klokken (hen) | კაკანი | k'ak'ani |
| krassen (kraai) | ჩხავილი | chkhavili |
| kwaken (eend) | ყიყინი | qiqini |
| piepen (kuiken) | წივილი | ts'ivili |
| tjilpen (bijv. een mus) | ჭიკჭიკი | ch'ik'ch'ik'i |

## 218. Vis. Zeedieren

| brasem (de) | კაპარჭინა | k'ap'arch'ina |
| karper (de) | კობრი | k'obri |
| baars (de) | ქორჭილა | korch'ila |
| meerval (de) | ლოქო | loko |
| snoek (de) | ქარიყლაპია | kariqlap'ia |

| zalm (de) | ორაგული | oraguli |
| steur (de) | თართი | tarti |
| haring (de) | ქაშაყი | kashaqi |
| atlantische zalm (de) | გოჯი | goji |

195

| makreel (de) | სკუმბრია | sk'umbria |
| platvis (de) | კამბალა | k'ambala |

| snoekbaars (de) | ფარგა | parga |
| kabeljauw (de) | ვირთევზა | virtevza |
| tonijn (de) | თინუსი | tinusi |
| forel (de) | კალმახი | k'almakhi |

| paling (de) | გველთევზა | gveltevza |
| sidderrog (de) | ელექტრული სკაროსი | elekt'ruli sk'arosi |
| murene (de) | მურენა | murena |
| piranha (de) | პირანია | p'irania |

| haai (de) | ზვიგენი | zvigeni |
| dolfijn (de) | დელფინი | delpini |
| walvis (de) | ვეშაპი | veshap'i |

| krab (de) | კიბორჩხალა | k'iborchkhala |
| kwal (de) | მედუზა | meduza |
| octopus (de) | რვაფეხა | rvapekha |

| zeester (de) | ზღვის ვარსკვლავი | zghvis varsk'vlavi |
| zee-egel (de) | ზღვის ზღარბი | zghvis zgharbi |
| zeepaardje (het) | ცხენთევზა | tskhentevza |

| oester (de) | ხამანწკა | khamants'k'a |
| garnaal (de) | კრევეტი | k'revet'i |
| kreeft (de) | ასტაკვი | astak'vi |
| langoest (de) | ლანგუსტი | langust'i |

## 219. Amfibieën. Reptielen

| slang (de) | გველი | gveli |
| giftig (slang) | შხამიანი | shkhamiani |

| adder (de) | გველგესლა | gvelgesla |
| cobra (de) | კობრა | k'obra |
| python (de) | პითონი | p'itoni |
| boa (de) | მახრჩობელა გველი | makhrchobela gveli |
| ringslang (de) | ანკარა | ank'ara |
| ratelslang (de) | ჩხრიალა გველი | chkhriala gveli |
| anaconda (de) | ანაკონდა | anak'onda |

| hagedis (de) | ხვლიკი | khvlik'i |
| leguaan (de) | იგუანა | iguana |
| varaan (de) | ვარანი | varani |
| salamander (de) | სალამანდრა | salamandra |
| kameleon (de) | ქამელეონი | kameleoni |
| schorpioen (de) | მორიელი | morieli |

| schildpad (de) | კუ | k'u |
| kikker (de) | ბაყაყი | baqaqi |
| pad (de) | გომბეშო | gombesho |
| krokodil (de) | ნიანგი | niangi |

## 220. Insecten

| | | |
|---|---|---|
| insect (het) | მწერი | mts'er |
| vlinder (de) | პეპელა | p'ep'ela |
| mier (de) | ჭიანჭველა | ch'ianch'vela |
| vlieg (de) | ბუზი | buzi |
| mug (de) | კოღო | k'oghc |
| kever (de) | ხოჭო | khocho |

| | | |
|---|---|---|
| wesp (de) | ზზიკი | bzik'i |
| bij (de) | ფუტკარი | put'k'ari |
| hommel (de) | კელა | k'ela |
| horzel (de) | კრაზანა | k'razana |

| | | |
|---|---|---|
| spin (de) | ობობა | oboba |
| spinnenweb (het) | აბლაბუდა | ablabuda |

| | | |
|---|---|---|
| libel (de) | ჭრიჭინა | ch'rich'ina |
| sprinkhaan (de) | კალია | k'alia |
| nachtvlinder (de) | ფარვანა | parvana |

| | | |
|---|---|---|
| kakkerlak (de) | აბანოს ჭია | abancs ch'ia |
| mijt (de) | ტკიპა | t'k'ip'a |
| vlo (de) | რწყილი | rts'qili |
| kriebelmug (de) | ქინქლა | kinkla |

| | | |
|---|---|---|
| treksprinkhaan (de) | კალია | k'alia |
| slak (de) | ლოკოკინა | lok'ok'ina |
| krekel (de) | ჭრიჭინა | ch'rich'ina |
| glimworm (de) | ციცინათელა | tsitsinatela |
| lieveheersbeestje (het) | ჭია მაია | ch'ia maia |
| meikever (de) | მაისის ხოჭო | maisis khoch'o |

| | | |
|---|---|---|
| bloedzuiger (de) | წურბელა | ts'urbela |
| rups (de) | მუხლუხი | mukhlukhi |
| aardworm (de) | ჭია | ch'ia |
| larve (de) | მატლი | mat'li |

## 221. Dieren. Lichaamsdelen

| | | |
|---|---|---|
| snavel (de) | ნისკარტი | nisk'at'i |
| vleugels (mv.) | ფრთები | prtebi |
| poot (ov. een vogel) | ფეხი | pekhi |
| verenkleed (het) | ბუმბული | bumbuli |
| veer (de) | ფრთა | prta |
| kuifje (het) | ბიბილო | bibilo |

| | | |
|---|---|---|
| kieuwen (mv.) | ლაყუჩები | laquchebi |
| kuit, dril (de) | ქვირითი | kviriti |
| larve (de) | მატლი | mat'li |
| vin (de) | ფარფლი | parpli |
| schubben (mv.) | ქერცლი | kertsl |
| slagtand (de) | ეშვი | eshvi |

| poot (bijv. ~ van een kat) | თათი | tati |
| muil (de) | თავი | tavi |
| bek (mond van dieren) | ხახა | khakha |
| staart (de) | კუდი | k'udi |
| snorharen (mv.) | ულვაში | ulvashi |

| hoef (de) | ჩლიქი | chliki |
| hoorn (de) | რქა | rka |

| schild (schildpad, enz.) | ჯავშანი | javshani |
| schelp (de) | ნიჟარა | nizhara |
| eierschaal (de) | ნაჭუჭი | nach'uch'i |

| vacht (de) | ბეწვი | bets'vi |
| huid (de) | ტყავი | t'qavi |

## 222. Acties van de dieren

| vliegen (ww) | ფრენა | prena |
| cirkelen (vogel) | ტრიალი | t'riali |
| wegvliegen (ww) | გაფრენა | gaprena |
| klapwieken (ww) | ქნევა | kneva |

| pikken (vogels) | კენკვა | k'enk'va |
| broeden (de eend zit te ~) | კვერცხებზე ჯდომა | k'vertskhebze jdoma |
| uitbroeden (ww) | გამოჩეკვა | gamochek'va |
| een nest bouwen | კეთება | k'eteba |

| kruipen (ww) | ცოცვა | tsotsva |
| steken (bij) | კბენა | k'bena |
| bijten (de hond, enz.) | კბენა | k'bena |

| snuffelen (ov. de dieren) | ყნოსვა | qnosva |
| blaffen (ww) | ყეფა | qepa |
| sissen (slang) | შიშინი | shishini |
| doen schrikken (ww) | შეშინება | sheshineba |
| aanvallen (ww) | თავდასხმა | tavdaskhma |

| knagen (ww) | ღრღნა | ghrghna |
| schrammen (ww) | კაწვრა | k'ats'vra |
| zich verbergen (ww) | დამალვა | damalva |

| spelen (ww) | თამაში | tamashi |
| jagen (ww) | ნადირობა | nadiroba |
| winterslapen | ძილში ყოფნა | dzilshi qopna |
| uitsterven (dinosauriërs, enz.) | გადაშენება | gadasheneba |

## 223. Dieren. Leefomgevingen

| leefgebied (het) | საცხოვრებელი გარემო | satskhovrebeli garemo |
| migratie (de) | მიგრაცია | migratsia |
| berg (de) | მთა | mta |

| rif (het) | რიფი | ripi |
| klip (de) | კლდე | k'lde |

| bos (het) | ტყე | t'qe |
| jungle (de) | ჯუნგლები | junglebi |
| savanne (de) | სავანა | savana |
| toendra (de) | ტუნდრა | t'undra |

| steppe (de) | ტრამალი | t'ramali |
| woestijn (de) | უდაბნო | udabno |
| oase (de) | ოაზისი | oazisi |

| zee (de) | ზღვა | zghva |
| meer (het) | ტბა | t'ba |
| oceaan (de) | ოკეანე | ok'eane |

| moeras (het) | ჭაობი | ch'aobi |
| zoetwater- (abn) | მტკნარწყლიანი | mt'k'narts'qliani |
| vijver (de) | ტბორი | t'bori |
| rivier (de) | მდინარე | mdinare |

| berenhol (het) | ბუნაგი | bunagi |
| nest (het) | ბუდე | bude |
| boom holte (de) | ფუღურო | pughuro |
| hol (het) | სორო | soro |
| mierenhoop (de) | ჭიანჭველების ბუდე | ch'ianch'velebis bude |

## 224. Dierverzorging

| dierentuin (de) | ზოობაღკი | zoop'ark'i |
| natuurreservaat (het) | ნაკრძალი | nak'rdzali |

| fokkerij (de) | სანაშენე | sanashene |
| openluchtkooi (de) | ვოლიერი | volieri |
| kooi (de) | გალია | galia |
| hondenhok (het) | ბუდბულა | khukhula |

| duiventil (de) | სამტრედე | samt'rede |
| aquarium (het) | აკვარიუმი | ak'variumi |
| dolfinarium (het) | დელფინარიუმი | delpinariumi |

| fokken (bijv. honden ~) | გამრავლება | gamravleba |
| nakomelingen (mv.) | შთამომავლობა | shtamomavloba |
| temmen (tam maken) | მოშინაურება | moshinaureba |
| voeding (de) | საკვები | sak'vebi |

| voederen (ww) | ჭმევა | ch'meva |
| dresseren (ww) | წრთვნა | ts'rtvna |

| dierenwinkel (de) | ზოომაღაზია | zoomaghazia |
| muilkorf (de) | ალიკაპი | alik'ap'i |
| halsband (de) | საყელური | saqeluri |
| naam (ov. een dier) | მეტსახელი | met'sakheli |
| stamboom (honden met ~) | წარმომავლობა | ts'armomavloba |

## 225. Dieren. Diversen

| | | |
|---|---|---|
| meute (wolven) | ხროვა | khrova |
| zwerm (vogels) | გუნდი | gundi |
| school (vissen) | ქარავანი | karavani |
| kudde (wilde paarden) | რემა | rema |
| mannetje (het) | მამალი | mamali |
| vrouwtje (het) | დედალი | dedali |
| hongerig (bn) | მშიერი | mshieri |
| wild (bn) | გარეული | gareuli |
| gevaarlijk (bn) | საშიში | sashishi |

## 226. Paarden

| | | |
|---|---|---|
| paard (het) | ცხენი | tskheni |
| ras (het) | ჯიში | jishi |
| veulen (het) | კვიცი | k'vitsi |
| merrie (de) | ფაშატი | pashat'i |
| mustang (de) | მუსტანგი | must'angi |
| pony (de) | პონი | p'oni |
| koudbloed (de) | ტვირთმზიდავი | t'virtmzidavi |
| manen (mv.) | ფაფარი | papari |
| staart (de) | კუდი | k'udi |
| hoef (de) | ჩლიქი | chliki |
| hoefijzer (het) | ნალი | nali |
| beslaan (ww) | დაჭედვა | dach'edva |
| paardensmid (de) | მჭედელი | mch'edeli |
| zadel (het) | უნაგირი | unagiri |
| stijgbeugel (de) | უზანგი | uzangi |
| breidel (de) | აღვირი | aghviri |
| leidsels (mv.) | ლაგამი | lagami |
| zweep (de) | მათრახი | matrakhi |
| ruiter (de) | მხედარი | mkhedari |
| zadelen (ww) | შეკაზმვა | shek'azmva |
| een paard bestijgen | უნაგირზე დაჯდომა | unagirze dajdoma |
| galop (de) | ჭენება | ch'eneba |
| galopperen (ww) | ჯირითი ჭენებით | jiriti ch'enebit |
| draf (de) | ჩორტი | chorti |
| in draf (bw) | ჩორტით | chortit |
| renpaard (het) | დოღის ცხენი | doghis tskheni |
| paardenrace (de) | დოღი | doghi |
| paardenstal (de) | თავლა | tavla |
| voederen (ww) | ჭმევა | ch'meva |

| hooi (het) | თივა | tiva |
| water geven (ww) | დალევინება | dalevineba |
| wassen (paard ~) | გასუფთავება | gasup:aveba |
| | | |
| grazen (gras eten) | ბალახობა | balakhoba |
| hinniken (ww) | ჭიხვინი | ch'ikhvini |
| een trap geven | ჩაწიხვლა | chats'ikhvla |

# Flora

## 227. Bomen

| | | |
|---|---|---|
| boom (de) | ხე | khe |
| loof- (abn) | ფოთლოვანი | potlovani |
| dennen- (abn) | წიწვოვანი | ts'its'vovani |
| groenblijvend (bn) | მარადმწვანე | maradmts'vane |
| | | |
| appelboom (de) | ვაშლის ხე | vashlis khe |
| perenboom (de) | მსხალი | mskhali |
| zoete kers (de) | ბალი | bali |
| zure kers (de) | ალუბალი | alubali |
| pruimelaar (de) | ქლიავი | kliavi |
| | | |
| berk (de) | არყის ხე | arqis khe |
| eik (de) | მუხა | mukha |
| linde (de) | ცაცხვი | tsatskhvi |
| esp (de) | ვერხვი | verkhvi |
| esdoorn (de) | ნეკერჩხალი | nek'erchkhali |
| | | |
| spar (de) | ნაძვის ხე | nadzvis khe |
| den (de) | ფიჭვი | pich'vi |
| lariks (de) | ლარიქსი | lariksi |
| zilverspar (de) | სოჭი | soch'i |
| ceder (de) | კედარი | k'edari |
| | | |
| populier (de) | ალვის ხე | alvis khe |
| lijsterbes (de) | ცირცელი | tsirtseli |
| wilg (de) | ტირიფი | t'iripi |
| els (de) | მურყანი | murqani |
| beuk (de) | წიფელი | ts'ipeli |
| iep (de) | თელა | tela |
| es (de) | იფანი | ipani |
| kastanje (de) | წაბლი | ts'abli |
| | | |
| magnolia (de) | მაგნოლია | magnolia |
| palm (de) | პალმა | p'alma |
| cipres (de) | კვიპაროსი | k'vip'arosi |
| mangrove (de) | მანგოს ხე | mangos khe |
| baobab (apenbroodboom) | ბაობაბი | baobabi |
| eucalyptus (de) | ექკალიპტი | evk'alip't'i |
| mammoetboom (de) | სექვოია | sekvoia |

## 228. Heesters

| | | |
|---|---|---|
| struik (de) | ბუჩქი | buchki |
| heester (de) | ბუჩქნარი | buchknari |

| | | |
|---|---|---|
| wijnstok (de) | ყურძენი | qurdzeni |
| wijngaard (de) | ვენახი | venakhi |

| | | |
|---|---|---|
| frambozenstruik (de) | ჟოლო | zholo |
| rode bessenstruik (de) | წითელი მოცხარი | ts'iteli motskhari |
| kruisbessenstruik (de) | ხურტკმელი | khurt'k'meli |

| | | |
|---|---|---|
| acacia (de) | აკაცია | ak'atsia |
| zuurbes (de) | კოწახური | k'ots'akhuri |
| jasmijn (de) | ჟასმინი | zhasmini |

| | | |
|---|---|---|
| jeneverbes (de) | ღვია | ghvia |
| rozenstruik (de) | ვარდის ბუჩქი | vardis buchki |
| hondsroos (de) | ასკილი | ask'ili |

## 229. Champignons

| | | |
|---|---|---|
| paddenstoel (de) | სოკო | sok'o |
| eetbare paddenstoel (de) | საჭმელი სოკო | sach'meli sok'o |
| giftige paddenstoel (de) | შხამიანი სოკო | shkhamiani sok'o |
| hoed (de) | ქუდი | kudi |
| steel (de) | ფეხი | pekhi |

| | | |
|---|---|---|
| gewoon eekhoorntjesbrood (het) | თეთრი სოკო | tetri sok'o |
| rosse populierenboleet (de) | ვერხვისძირა | verkhvisdzira |
| berkenboleet (de) | არყისძირა | arqisdzira |
| cantharel (de) | მიქლიო | miklio |
| russula (de) | ბღავანა | bghavana |

| | | |
|---|---|---|
| morille (de) | მერცხალა სოკო | mertskhala sok'o |
| vliegenzwam (de) | ბუზიხბოცია | buzikhotsia |
| groene knolzwam (de) | შხამა | shkhama |

## 230. Vruchten. Bessen

| | | |
|---|---|---|
| appel (de) | ვაშლი | vashli |
| peer (de) | მსხალი | mskhali |
| pruim (de) | ქლიავი | kliavi |

| | | |
|---|---|---|
| aardbei (de) | მარწყვი | marts'qvi |
| zure kers (de) | ალუბალი | alubali |
| zoete kers (de) | ბალი | bali |
| druif (de) | ყურძენი | qurdzeni |

| | | |
|---|---|---|
| framboos (de) | ჟოლო | zholo |
| zwarte bes (de) | შავი მოცხარი | shavi motskhari |
| rode bes (de) | წითელი მოცხარი | ts'iteli motskhari |
| kruisbes (de) | ხურტკმელი | khurt'k'meli |
| veenbes (de) | შტოში | sht'oshi |
| sinaasappel (de) | ფორთოხალი | portokhali |
| mandarijn (de) | მანდარინი | mandarini |

| | | |
|---|---|---|
| ananas (de) | ანანასი | ananasi |
| banaan (de) | ბანანი | banani |
| dadel (de) | ფინიკი | pinik'i |

| | | |
|---|---|---|
| citroen (de) | ლიმონი | limoni |
| abrikoos (de) | გარგარი | gargari |
| perzik (de) | ატამი | at'ami |
| kiwi (de) | კივი | k'ivi |
| grapefruit (de) | გრეიფრუტი | greiprut'i |

| | | |
|---|---|---|
| bes (de) | კენკრა | k'enk'ra |
| bessen (mv.) | კენკრა | k'enk'ra |
| vossenbes (de) | წითელი მოცვი | ts'iteli motsvi |
| bosaardbei (de) | მარწყვი | marts'qvi |
| bosbes (de) | მოცვი | motsvi |

## 231. Bloemen. Planten

| | | |
|---|---|---|
| bloem (de) | ყვავილი | qvavili |
| boeket (het) | თაიგული | taiguli |

| | | |
|---|---|---|
| roos (de) | ვარდი | vardi |
| tulp (de) | ტიტა | t'it'a |
| anjer (de) | მიხაკი | mikhak'i |
| gladiool (de) | გლადიოლუსი | gladiolusi |

| | | |
|---|---|---|
| korenbloem (de) | ღიღილო | ghighilo |
| klokje (het) | მაჩიტა | machit'a |
| paardenbloem (de) | ბაბუაწვერა | babuats'vera |
| kamille (de) | გვირილა | gvirila |

| | | |
|---|---|---|
| aloë (de) | ალოე | aloe |
| cactus (de) | კაქტუსი | k'akt'usi |
| ficus (de) | ფიკუსი | pik'usi |

| | | |
|---|---|---|
| lelie (de) | შროშანი | shroshani |
| geranium (de) | ნემსიწვერა | nemsits'vera |
| hyacint (de) | ჰიაცინტი | hiatsint'i |

| | | |
|---|---|---|
| mimosa (de) | მიმოზა | mimoza |
| narcis (de) | ნარგიზი | nargizi |
| Oostindische kers (de) | ნასტურცია | nast'urtsia |

| | | |
|---|---|---|
| orchidee (de) | ორკიდეა | orkidea |
| pioenroos (de) | იორდასალამი | iordasalami |
| viooltje (het) | ია | ia |

| | | |
|---|---|---|
| driekleurig viooltje (het) | სამფერა ია | sampera ia |
| vergeet-mij-nietje (het) | კესანე | k'esane |
| madeliefje (het) | ზიზილა | zizila |

| | | |
|---|---|---|
| papaver (de) | ყაყაჩო | qaqacho |
| hennep (de) | კანაფი | k'anapi |
| munt (de) | პიტნა | p'it'na |

| lelietje-van-dalen (het) | შროშანა | shroshana |
| sneeuwklokje (het) | ენძელა | endzela |

| brandnetel (de) | ჭინჭარი | ch'inch'ari |
| veldzuring (de) | მჟაუნა | mzhaura |
| waterlelie (de) | წყლის შროშანი | ts'qlis shroshani |
| varen (de) | გვიმრა | gvimra |
| korstmos (het) | ლიქენა | likena |

| oranjerie (de) | ორანჟერეა | oranzherea |
| gazon (het) | გაზონი | gazoni |
| bloemperk (het) | ყვავილნარი | qvavilnari |

| plant (de) | მცენარე | mtsenare |
| gras (het) | ბალახი | balakhi |
| grasspriet (de) | ბალახის ღერო | balakhis ghero |

| blad (het) | ფოთოლი | potoli |
| bloemblad (het) | ფურცელი | purtseli |
| stengel (de) | ღერო | ghero |
| knol (de) | ბოლქვი | bolkvi |

| scheut (de) | ღივი | ghivi |
| doorn (de) | ეკალი | ek'ali |

| bloeien (ww) | ყვავილობა | qvaviloba |
| verwelken (ww) | ჭკნობა | ch'k'noba |
| geur (de) | სუნი | suni |
| snijden (bijv. bloemen ~) | მოჭრა | moch'ra |
| plukken (bloemen ~) | მოწყვეტა | mots'qvet'a |

## 232. Granen, graankorrels

| graan (het) | მარცვალი | martsvali |
| graangewassen (mv.) | მარცვლეული მცენარე | martsvleuli mtsenare |
| aar (de) | თავთავი | tavtavi |

| tarwe (de) | ხორბალი | khorbali |
| rogge (de) | ჭვავი | ch'vavi |
| haver (de) | შვრია | shvria |

| gierst (de) | ფეტვი | pet'v |
| gerst (de) | ქერი | keri |

| maïs (de) | სიმინდი | simindi |
| rijst (de) | ბრინჯი | brinji |
| boekweit (de) | წიწიბურა | ts'its'ibura |

| erwt (de) | ბარდა | barda |
| boon (de) | ლობიო | lobio |

| soja (de) | სოია | soia |
| linze (de) | ოსპი | osp' |
| bonen (mv.) | პარკები | p'ark'ebi |

## 233.  Groenten. Groene groenten

| | | |
|---|---|---|
| groenten (mv.) | ბოსტნეული | bost'neuli |
| verse kruiden (mv.) | მწვანილი | mts'vanili |
| | | |
| tomaat (de) | პომიდორი | p'omidori |
| augurk (de) | კიტრი | k'it'ri |
| wortel (de) | სტაფილო | st'apilo |
| aardappel (de) | კარტოფილი | k'art'opili |
| ui (de) | ხახვი | khakhvi |
| knoflook (de) | ნიორი | niori |
| | | |
| kool (de) | კომბოსტო | k'ombost'o |
| bloemkool (de) | ყვავილოვანი კომბოსტო | qvavilovani k'ombost'o |
| spruitkool (de) | ბრიუსელის კომბოსტო | briuselis k'ombost'o |
| | | |
| rode biet (de) | ჭარხალი | ch'arkhali |
| aubergine (de) | ბადრიჯანი | badrijani |
| courgette (de) | ყაბაყი | qabaqi |
| pompoen (de) | გოგრა | gogra |
| knolraap (de) | თალგამი | talgami |
| | | |
| peterselie (de) | ოხრახუში | okhrakhushi |
| dille (de) | კამა | k'ama |
| sla (de) | სალათი | salati |
| selderij (de) | ნიახური | niakhuri |
| asperge (de) | სატაცური | sat'atsuri |
| spinazie (de) | ისპანახი | isp'anakhi |
| | | |
| erwt (de) | ბარდა | barda |
| bonen (mv.) | პარკები | p'ark'ebi |
| maïs (de) | სიმინდი | simindi |
| boon (de) | ლობიო | lobio |
| | | |
| peper (de) | წიწაკა | ts'its'ak'a |
| radijs (de) | ბოლოკი | bolok'i |
| artisjok (de) | არტიშოკი | art'ishok'i |

# REGIONALE AARDRIJKSKUNDE

## Landen. Nationaliteiten

### 234. West-Europa

| | | |
|---|---|---|
| Europa (het) | ევროპა | evrop'a |
| Europese Unie (de) | ევროპის კავშირი | evrop'is k'avshiri |
| Europeaan (de) | ევროპელი | evrop'eli |
| Europees (bn) | ევროპული | evrop'uli |
| | | |
| Oostenrijk (het) | ავსტრია | avst'ria |
| Oostenrijker (de) | ავსტრიელი | avst'rieli |
| Oostenrijkse (de) | ავსტრიელი ქალი | avst'rieli kali |
| Oostenrijks (bn) | ავსტრიული | avst'riuli |
| | | |
| Groot-Brittannië (het) | დიდი ბრიტანეთი | didi br t'aneti |
| Engeland (het) | ინგლისი | inglisi |
| Engelsman (de) | ინგლისელი | ingliseli |
| Engelse (de) | ინგლისელი ქალი | ingliseli kali |
| Engels (bn) | ინგლისური | inglisuri |
| | | |
| België (het) | ბელგია | belgia |
| Belg (de) | ბელგიელი | belgieli |
| Belgische (de) | ბელგიელი ქალი | belgieli kali |
| Belgisch (bn) | ბელგიური | belgiuri |
| | | |
| Duitsland (het) | გერმანია | germania |
| Duitser (de) | გერმანელი | germaneli |
| Duitse (de) | გერმანელი ქალი | germaneli kali |
| Duits (bn) | გერმანული | germanuli |
| | | |
| Nederland (het) | ნიდერლანდები | niderlandebi |
| Holland (het) | ჰოლანდია | holandia |
| Nederlander (de) | ჰოლანდიელი | holandieli |
| Nederlandse (de) | ჰოლანდიელი ქალი | holandieli kali |
| Nederlands (bn) | ჰოლანდიური | holandiuri |
| | | |
| Griekenland (het) | საბერძნეთი | saberdzneti |
| Griek (de) | ბერძენი | berdzeni |
| Griekse (de) | ბერძენი ქალი | berdzeni kali |
| Grieks (bn) | ბერძნული | berdznuli |
| | | |
| Denemarken (het) | დანია | dania |
| Deen (de) | დანიელი | danieli |
| Deense (de) | დანიელი ქალი | danieli kali |
| Deens (bn) | დანიური | daniuri |
| Ierland (het) | ირლანდია | irlandia |
| Ier (de) | ირლანდიელი | irlandieli |

| Ierse (de) | ირლანდიელი ქალი | irlandieli kali |
| Iers (bn) | ირლანდიური | irlandiuri |

| IJsland (het) | ისლანდია | islandia |
| IJslander (de) | ისლანდიელი | islandieli |
| IJslandse (de) | ისლანდიელი ქალი | islandieli kali |
| IJslands (bn) | ისლანდიური | islandiuri |

| Spanje (het) | ესპანეთი | esp'aneti |
| Spanjaard (de) | ესპანელი | esp'aneli |
| Spaanse (de) | ესპანელი ქალი | esp'aneli kali |
| Spaans (bn) | ესპანური | esp'anuri |

| Italië (het) | იტალია | it'alia |
| Italiaan (de) | იტალიელი | it'alieli |
| Italiaanse (de) | იტალიელი ქალი | it'alieli kali |
| Italiaans (bn) | იტალიური | it'aliuri |

| Cyprus (het) | კვიპროსი | k'vip'rosi |
| Cyprioot (de) | კვიპროსელი | k'vip'roseli |
| Cypriotische (de) | კვიპროსელი ქალი | k'vip'roseli kali |
| Cypriotisch (bn) | კვიპროსული | k'vip'rosuli |

| Malta (het) | მალტა | malt'a |
| Maltees (de) | მალტელი | malt'eli |
| Maltese (de) | მალტელი ქალი | malt'eli kali |
| Maltees (bn) | მალტური | malt'uri |

| Noorwegen (het) | ნორვეგია | norvegia |
| Noor (de) | ნორვეგიელი | norvegieli |
| Noorse (de) | ნორვეგიელი ქალი | norvegieli kali |
| Noors (bn) | ნორვეგიული | norvegiuli |

| Portugal (het) | პორტუგალია | p'ort'ugalia |
| Portugees (de) | პორტუგალიელი | p'ort'ugalieli |
| Portugese (de) | პორტუგალიელი ქალი | p'ort'ugalieli kali |
| Portugees (bn) | პორტუგალიური | p'ort'ugaliuri |

| Finland (het) | ფინეთი | pineti |
| Fin (de) | ფინელი | pineli |
| Finse (de) | ფინელი ქალი | pineli kali |
| Fins (bn) | ფინური | pinuri |

| Frankrijk (het) | საფრანგეთი | saprangeti |
| Fransman (de) | ფრანგი | prangi |
| Française (de) | ფრანგი ქალი | prangi kali |
| Frans (bn) | ფრანგული | pranguli |

| Zweden (het) | შვეცია | shvetsia |
| Zweed (de) | შვედი | shvedi |
| Zweedse (de) | შვედი ქალი | shvedi kali |
| Zweeds (bn) | შვედური | shveduri |

| Zwitserland (het) | შვეიცარია | shveitsaria |
| Zwitser (de) | შვეიცარიელი | shveitsarieli |
| Zwitserse (de) | შვეიცარიელი ქალი | shveitsarieli kali |

| Zwitsers (bn) | შვეიცარიული | shveitsariuli |
| Schotland (het) | შოტლანდია | shot'landia |
| Schot (de) | შოტლანდიელი | shot'landieli |
| Schotse (de) | შოტლანდიელი ქალი | shot'landieli kali |
| Schots (bn) | შოტლანდიური | shot'landiuri |

| Vaticaanstad (de) | ვატიკანი | vat'ik'ani |
| Liechtenstein (het) | ლიხტენშტეინი | likht'ensht'eini |
| Luxemburg (het) | ლუქსემბურგი | luksemburgi |
| Monaco (het) | მონაკო | monak'o |

## 235. Centraal- en Oost-Europa

| Albanië (het) | ალბანეთი | albaneti |
| Albanees (de) | ალბანელი | albaneli |
| Albanese (de) | ალბანელი ქალი | albaneli kali |
| Albanees (bn) | ალბანური | albanuri |

| Bulgarije (het) | ბულგარეთი | bulgareti |
| Bulgaar (de) | ბულგარელი | bulgareli |
| Bulgaarse (de) | ბულგარელი ქალი | bulgareli kali |
| Bulgaars (bn) | ბულგარული | bulgaruli |

| Hongarije (het) | უნგრეთი | ungreti |
| Hongaar (de) | უნგრი | ungri |
| Hongaarse (de) | უნგრი ქალი | ungri kali |
| Hongaars (bn) | უნგრული | ungruli |

| Letland (het) | ლატვია | lat'via |
| Let (de) | ლატვიელი | lat'vieli |
| Letse (de) | ლატვიელი ქალი | lat'vieli kali |
| Lets (bn) | ლატვიური | lat'viuri |

| Litouwen (het) | ლიტვა | lit'va |
| Litouwer (de) | ლიტველი | lit'vel i |
| Litouwse (de) | ლიტველი ქალი | lit'vel i kali |
| Litouws (bn) | ლიტვური | lit'vuri |

| Polen (het) | პოლონეთი | p'oloneti |
| Pool (de) | პოლონელი | p'oloneli |
| Poolse (de) | პოლონელი ქალი | p'oloneli kali |
| Pools (bn) | პოლონური | p'olonuri |

| Roemenië (het) | რუმინეთი | rumineti |
| Roemeen (de) | რუმინელი | rumineli |
| Roemeense (de) | რუმინელი ქალი | rumineli kali |
| Roemeens (bn) | რუმინული | ruminuli |

| Servië (het) | სერბია | serbia |
| Serviër (de) | სერბი | serbi |
| Servische (de) | სერბი ქალი | serbi kali |
| Servisch (bn) | სერბული | serbuli |
| Slowakije (het) | სლოვაკია | slovak'ia |
| Slowaak (de) | სლოვაკი | slovak'i |

209

| | | |
|---|---|---|
| Slowaakse (de) | სლოვაკი ქალი | slovak'i kali |
| Slowaakse (bn) | სლოვაკური | slovak'uri |
| | | |
| Kroatië (het) | ხორვატია | khorvat'ia |
| Kroaat (de) | ხორვატი | khorvat'i |
| Kroatische (de) | ხორვატი ქალი | khorvat'i kali |
| Kroatisch (bn) | ხორვატული | khorvat'uli |
| | | |
| Tsjechië (het) | ჩეხეთი | chekheti |
| Tsjech (de) | ჩეხი | chekhi |
| Tsjechische (de) | ჩეხი ქალი | chekhi kali |
| Tsjechisch (bn) | ჩეხური | chekhuri |
| | | |
| Estland (het) | ესტონეთი | est'oneti |
| Est (de) | ესტონი | est'oni |
| Estse (de) | ესტონი ქალი | est'oni kali |
| Ests (bn) | ესტონური | est'onuri |
| | | |
| Bosnië en Herzegovina (het) | ბოსნია და ჰერცოგოვინა | bosnia da hertsogovina |
| Macedonië (het) | მაკედონია | mak'edonia |
| Slovenië (het) | სლოვენია | slovenia |
| Montenegro (het) | ჩერნოგორია | chernogoria |

## 236. Voormalige USSR landen

| | | |
|---|---|---|
| Azerbeidzjan (het) | აზერბაიჯანი | azerbaijani |
| Azerbeidzjaan (de) | აზერბაიჯანელი | azerbaijaneli |
| Azerbeidjaanse (de) | აზერბაიჯანელი ქალი | azerbaijaneli kali |
| Azerbeidjaans (bn) | აზერბაიჯანული | azerbaijanuli |
| | | |
| Armenië (het) | სომხეთი | somkheti |
| Armeen (de) | სომეხი | somekhi |
| Armeense (de) | სომეხი ქალი | somekhi kali |
| Armeens (bn) | სომხური | somkhuri |
| | | |
| Wit-Rusland (het) | ბელორუსია | belorusia |
| Wit-Rus (de) | ბელორუსი | belorusi |
| Wit-Russische (de) | ბელორუსი ქალი | belorusi kali |
| Wit-Russisch (bn) | ბელორუსული | belorusuli |
| | | |
| Georgië (het) | საქართველო | sakartvelo |
| Georgiër (de) | ქართველი | kartveli |
| Georgische (de) | ქართველი ქალი | kartveli kali |
| Georgisch (bn) | ქართული | kartuli |
| | | |
| Kazakstan (het) | ყაზახეთი | qazakheti |
| Kazak (de) | ყაზახი | qazakhi |
| Kazakse (de) | ყაზახი ქალი | qazakhi kali |
| Kazakse (bn) | ყაზახური | qazakhuri |
| | | |
| Kirgizië (het) | ყირგიზეთი | qirgizeti |
| Kirgiziër (de) | ყირგიზი | qirgizi |
| Kirgizische (de) | ყირგიზი ქალი | qirgizi kali |
| Kirgizische (bn) | ყირგიზული | qirgizuli |

| Moldavië (het) | მოლდოვა | moldova |
| Moldaviër (de) | მოლდოველი | moldoveli |
| Moldavische (de) | მოლდოველი ქალი | moldoveli kali |
| Moldavisch (bn) | მოლდოვური | moldovuri |

| Rusland (het) | რუსეთი | ruseti |
| Rus (de) | რუსი | rusi |
| Russin (de) | რუსი ქალი | rusi kal |
| Russisch (bn) | რუსული | rusuli |

| Tadzjikistan (het) | ტაჯიკეთი | t'ajik'eti |
| Tadzjiek (de) | ტაჯიკი | t'ajik'i |
| Tadzjiekse (de) | ტაჯიკი ქალი | t'ajik'i kali |
| Tadzjieks (bn) | ტაჯიკური | t'ajik'uri |

| Turkmenistan (het) | თურქმენეთი | turkmeneti |
| Turkmeen (de) | თურქმენი | turkmeni |
| Turkmeense (de) | თურქმენი ქალი | turkmeni kali |
| Turkmeens (bn) | თურქმენული | turkmenuli |

| Oezbekistan (het) | უზბეკეთი | uzbek'eti |
| Oezbeek (de) | უზბეკი | uzbek'i |
| Oezbeekse (de) | უზბეკი ქალი | uzbek i kali |
| Oezbeeks (bn) | უზბეკური | uzbek uri |

| Oekraïne (het) | უკრაინა | uk'raina |
| Oekraïner (de) | უკრაინელი | uk'raineli |
| Oekraïense (de) | უკრაინელი ქალი | uk'raineli kali |
| Oekraïens (bn) | უკრაინული | uk'rainuli |

## 237. Azië

| Azië (het) | აზია | azia |
| Aziatisch (bn) | აზიური | aziuri |

| Vietnam (het) | ვიეტნამი | viet'nami |
| Vietnamees (de) | ვიეტნამელი | viet'nameli |
| Vietnamese (de) | ვიეტნამელი ქალი | viet'rameli kali |
| Vietnamees (bn) | ვიეტნამური | viet'r amuri |

| India (het) | ინდოეთი | indoeti |
| Indiër (de) | ინდოელი | indoeli |
| Indische (de) | ინდოელი ქალი | indoeli kali |
| Indisch (bn) | ინდური | indu-i |

| Israël (het) | ისრაელი | israeli |
| Israëliër (de) | ისრაელელი | israeleli |
| Israëlische (de) | ისრაელელი ქალი | israeleli kali |
| Israëlisch (bn) | ისრაელის | israelis |

| Jood (etniciteit) | ებრაელი | ebraeli |
| Jodin (de) | ებრაელი ქალი | ebraeli kali |
| Joods (bn) | ებრაული | ebrauli |
| China (het) | ჩინეთი | chineti |

| Chinees (de) | ჩინელი | chineli |
| Chinese (de) | ჩინელი ქალი | chineli kali |
| Chinees (bn) | ჩინური | chinuri |

| Koreaan (de) | კორეელი | k'oreeli |
| Koreaanse (de) | კორეელი ქალი | k'oreeli kali |
| Koreaans (bn) | კორეული | k'oreuli |

| Libanon (het) | ლიბანი | libani |
| Libanees (de) | ლიბანელი | libaneli |
| Libanese (de) | ლიბანელი ქალი | libaneli kali |
| Libanees (bn) | ლიბანური | libanuri |

| Mongolië (het) | მონღოლეთი | mongholeti |
| Mongool (de) | მონღოლი | mongholi |
| Mongoolse (de) | მონღოლი ქალი | mongholi kali |
| Mongools (bn) | მონღოლური | mongholuri |

| Maleisië (het) | მალაიზია | malaizia |
| Maleisiër (de) | მალაიზიელი | malaizieli |
| Maleisische (de) | მალაიზიელი ქალი | malaizieli kali |
| Maleisisch (bn) | მალაიზიური | malaiziuri |

| Pakistan (het) | პაკისტანი | p'ak'ist'ani |
| Pakistaan (de) | პაკისტანელი | p'ak'ist'aneli |
| Pakistaanse (de) | პაკისტანელი ქალი | p'ak'ist'aneli kali |
| Pakistaans (bn) | პაკისტანური | p'ak'ist'anuri |

| Saoedi-Arabië (het) | საუდის არაბეთი | saudis arabeti |
| Arabier (de) | არაბი | arabi |
| Arabische (de) | არაბი ქალი | arabi kali |
| Arabisch (bn) | არაბული | arabuli |

| Thailand (het) | ტაილანდი | t'ailandi |
| Thai (de) | ტაილანდელი | t'ailandeli |
| Thaise (de) | ტაილანდელი ქალი | t'ailandeli kali |
| Thai (bn) | ტაილანდური | t'ailanduri |

| Taiwan (het) | ტაივანი | t'aivani |
| Taiwanees (de) | ტაივანელი | t'aivaneli |
| Taiwanese (de) | ტაივანელი ქალი | t'aivaneli kali |
| Taiwanees (bn) | ტაივანური | t'aivanuri |

| Turkije (het) | თურქეთი | turketi |
| Turk (de) | თურქი | turki |
| Turkse (de) | თურქი ქალი | turki kali |
| Turks (bn) | თურქული | turkuli |

| Japan (het) | იაპონია | iap'onia |
| Japanner (de) | იაპონელი | iap'oneli |
| Japanse (de) | იაპონელი ქალი | iap'oneli kali |
| Japans (bn) | იაპონური | iap'onuri |

| Afghanistan (het) | ავღანეთი | avghaneti |
| Bangladesh (het) | ბანგლადეშში | bangladeshi |
| Indonesië (het) | ინდონეზია | indonezia |

| Jordanië (het) | იორდანია | iordania |
|---|---|---|
| Irak (het) | ერაყი | eraqi |
| Iran (het) | ირანი | irani |
| Cambodja (het) | კამბოჯა | k'amboja |
| Koeweit (het) | კუვეიტი | k'uveit'i |

| Laos (het) | ლაოსი | laosi |
|---|---|---|
| Myanmar (het) | მიანმარი | mianmari |
| Nepal (het) | ნეპალი | nep'ali |
| Verenigde Arabische Emiraten | აგს | ags |

| Syrië (het) | სირია | siria |
|---|---|---|
| Palestijnse autonomie (de) | პალესტინის ავტონომია | p'alest'inis avt'onomia |
| Zuid-Korea (het) | სამხრეთ კორეა | samkhret k'orea |
| Noord-Korea (het) | ჩრდილოეთ კორეა | chrdiloet k'orea |

## 238. Noord-Amerika

| Verenigde Staten van Amerika | ამერიკის შეერთებული შტატები | amerik'is sheertebuli sht'at'ebi |
|---|---|---|
| Amerikaan (de) | ამერიკელი | amerik'eli |
| Amerikaanse (de) | ამერიკელი ქალი | ameri<'eli kali |
| Amerikaans (bn) | ამერიკული | ameri<'uli |

| Canada (het) | კანადა | k'anada |
|---|---|---|
| Canadees (de) | კანადელი | k'anadeli |
| Canadese (de) | კანადელი ქალი | k'anadeli kali |
| Canadees (bn) | კანადური | k'anaduri |

| Mexico (het) | მექსიკა | meksik'a |
|---|---|---|
| Mexicaan (de) | მექსიკელი | meksik'eli |
| Mexicaanse (de) | მექსიკელი ქალი | meksik'eli kali |
| Mexicaans (bn) | მექსიკური | meksik'uri |

## 239. Midden- en Zuid-Amerika

| Argentinië (het) | არგენტინა | argent'ina |
|---|---|---|
| Argentijn (de) | არგენტინელი | argent'ineli |
| Argentijnse (de) | არგენტინელი ქალი | argent'ineli kali |
| Argentijns (bn) | არგენტინული | argent'inuli |

| Brazilië (het) | ბრაზილია | brazilia |
|---|---|---|
| Braziliaan (de) | ბრაზილიელი | brazilieli |
| Braziliaanse (de) | ბრაზილიელი ქალი | brazilieli kali |
| Braziliaans (bn) | ბრაზილიური | braziliuri |

| Colombia (het) | კოლუმბია | k'olumbia |
|---|---|---|
| Colombiaan (de) | კოლუმბიელი | k'olumbieli |
| Colombiaanse (de) | კოლუმბიელი ქალი | k'olumbieli kali |
| Colombiaans (bn) | კოლუმბიური | k'olumbiuri |
| Cuba (het) | კუბა | k'uba |

| Cubaan (de) | კუბელი | k'ubeli |
| Cubaanse (de) | კუბელი ქალი | k'ubeli kali |
| Cubaans (bn) | კუბური | k'uburi |

| Chili (het) | ჩილე | chile |
| Chileen (de) | ჩილელი | chileli |
| Chileense (de) | ჩილელი ქალი | chileli kali |
| Chileens (bn) | ჩილეს | chiles |

| Bolivia (het) | ბოლივია | bolivia |
| Venezuela (het) | ვენესუელა | venesuela |
| Paraguay (het) | პარაგვაი | p'aragvai |
| Peru (het) | პერუ | p'eru |
| Suriname (het) | სურინამი | surinami |
| Uruguay (het) | ურუგვაი | urugvai |
| Ecuador (het) | ეკვადორი | ek'vadori |

| Bahama's (mv.) | ბაჰამის კუნძულები | bahamis k'undzulebi |
| Haïti (het) | ჰაიტი | hait'i |
| Dominicaanse Republiek (de) | დომინიკის რესპუბლიკა | dominik'is resp'ublik'a |
| Panama (het) | პანამა | p'anama |
| Jamaica (het) | იამაიკა | iamaik'a |

# 240. Afrika

| Egypte (het) | ეგვიპტე | egvip't'e |
| Egyptenaar (de) | ეგვიპტელი | egvip't'eli |
| Egyptische (de) | ეგვიპტელი ქალი | egvip't'eli kali |
| Egyptisch (bn) | ეგვიპტური | egvip't'uri |

| Marokko (het) | მაროკო | marok'o |
| Marokkaan (de) | მაროკოელი | marok'oeli |
| Marokkaanse (de) | მაროკოელი ქალი | marok'oeli kali |
| Marokkaans (bn) | მაროკოული | marok'ouli |

| Tunesië (het) | ტუნისი | t'unisi |
| Tunesiër (de) | ტუნისელი | t'uniseli |
| Tunesische (de) | ტუნისელი ქალი | t'uniseli kali |
| Tunesisch (bn) | ტუნისური | t'unisuri |

| Ghana (het) | განა | gana |
| Zanzibar (het) | ზანზიბარი | zanzibari |
| Kenia (het) | კენია | k'enia |
| Libië (het) | ლივია | livia |
| Madagaskar (het) | მადაგასკარი | madagask'ari |

| Namibië (het) | ნამიბია | namibia |
| Senegal (het) | სენეგალი | senegali |
| Tanzania (het) | ტანზანია | t'anzania |
| Zuid-Afrika (het) | სამხრეთ აფრიკის რესპუბლიკა | samkhret aprik'is resp'ublik'a |
| Afrikaan (de) | აფრიკელი | aprik'eli |
| Afrikaanse (de) | აფრიკელი ქალი | aprik'eli kali |
| Afrikaans (bn) | აფრიკული | aprik'uli |

## 241. Australië. Oceanië

| | | |
|---|---|---|
| Australië (het) | ავსტრალია | avst'ralia |
| Australiër (de) | ავსტრალიელი | avst'ralieli |
| Australische (de) | ავსტრალიელი ქალი | avst'ralieli kali |
| Australisch (bn) | ავსტრალიური | avst'raliuri |
| | | |
| Nieuw-Zeeland (het) | ახალი ზელანდია | akhali zelandia |
| Nieuw-Zeelander (de) | ახალზელანდიელი | akhalzəlandieli |
| Nieuw-Zeelandse (de) | ახალზელანდიელი ქალი | akhalzəlandieli kali |
| Nieuw-Zeelands (bn) | ახალზელანდიური | akhalzəlandiuri |
| | | |
| Tasmanië (het) | ტასმანია | t'asmania |
| Frans-Polynesië | საფრანგეთის პოლინეზია | saprangetis p'olinezia |

## 242. Steden

| | | |
|---|---|---|
| Amsterdam | ამსტერდამი | amst'erdami |
| Ankara | ანკარა | ank'ara |
| Athene | ათენი | ateni |
| Bagdad | ბაღდადი | baghdadi |
| Bangkok | ბანკოკი | bank'ok'i |
| | | |
| Barcelona | ბარსელონა | barselona |
| Beiroet | ბეირუთი | beirut |
| Berlijn | ბერლინი | berlini |
| Boedapest | ბუდაპეშტი | budap'esht'i |
| Boekarest | ბუხარესტი | bukharest'i |
| | | |
| Bombay, Mumbai | ბომბეი | bombei |
| Bonn | ბონი | boni |
| Bordeaux | ბორდო | bordo |
| Bratislava | ბრატისლავა | brat'islava |
| Brussel | ბრიუსელი | briuseli |
| | | |
| Caïro | კაირო | k'airo |
| Calcutta | კალკუტა | k'alk'ut'a |
| Chicago | ჩიკაგო | chik'ago |
| Dar Es Salaam | დარ-ეს-სალამი | dar-es-salami |
| Delhi | დელი | deli |
| | | |
| Den Haag | ჰააგა | haaga |
| Dubai | დუბაი | dubai |
| Dublin | დუბლინი | dublini |
| Düsseldorf | დიუსელდორფი | diuseldorpi |
| Florence | ფლორენცია | plorentsia |
| | | |
| Frankfort | ფრანკფურტი | prank'purt'i |
| Genève | ჟენევა | zheneva |
| Hamburg | ჰამბურგი | hamburgi |
| Hanoi | ჰანოი | hanoi |
| Havana | გავანა | gavana |
| Helsinki | ჰელსინკი | helsink'i |

| Hiroshima | ხიროსიმა | khirosima |
| Hongkong | ჰონკონგი | honk'ongi |
| Istanbul | სტამბული | st'ambuli |
| Jeruzalem | იერუსალიმი | ierusalimi |
| Kiev | კიევი | k'ievi |

| Kopenhagen | კოპენჰაგენი | k'op'enhageni |
| Kuala Lumpur | კუალა-ლუმპური | k'uala-lump'uri |
| Lissabon | ლისაბონი | lisaboni |
| Londen | ლონდონი | londoni |
| Los Angeles | ლოს-ანჟელესი | los-anzhelesi |

| Lyon | ლიონი | lioni |
| Madrid | მადრიდი | madridi |
| Marseille | მარსელი | marseli |
| Mexico-Stad | მეხიკო | mekhik'o |
| Miami | მაიამი | maiami |

| Montreal | მონრეალი | monreali |
| Moskou | მოსკოვი | mosk'ovi |
| München | მიუნხენი | miunkheni |
| Nairobi | ნაირობი | nairobi |
| Napels | ნეაპოლი | neap'oli |

| New York | ნიუ-იორკი | niu-iork'i |
| Nice | ნიცა | nitsa |
| Oslo | ოსლო | oslo |
| Ottawa | ოტავა | ot'ava |
| Parijs | პარიზი | p'arizi |

| Peking | პეკინი | p'ek'ini |
| Praag | პრაღა | p'ragha |
| Rio de Janeiro | რიო-დე-ჟანეირო | rio-de-zhaneiro |
| Rome | რომი | romi |
| Seoel | სეული | seuli |
| Singapore | სინგაპური | singap'uri |

| Sint-Petersburg | სანქტ-პეტერბურგი | sank't'-p'et'erburgi |
| Sjanghai | შანხაი | shankhai |
| Stockholm | სტოკჰოლმი | st'ok'holmi |
| Sydney | სიდნეი | sidnei |
| Taipei | ტაიბეი | t'aibei |
| Tokio | ტოკიო | t'ok'io |

| Toronto | ტორონტო | t'oront'o |
| Venetië | ვენეცია | venetsia |
| Warschau | ვარშავა | varshava |
| Washington | ვაშინგტონი | vashingt'oni |
| Wenen | ვენა | vena |

## 243. Politiek. Overheid. Deel 1

| politiek (de) | პოლიტიკა | p'olit'ik'a |
| politiek (bn) | პოლიტიკური | p'olit'ik'uri |

| politicus (de) | პოლიტიკოსი | p'olit'ik'osi |
| staat (land) | სახელმწიფო | sakhelmts'ipo |
| burger (de) | მოქალაქე | mokalake |
| staatsburgerschap (het) | მოქალაქეობა | mokalakeoba |

| nationaal wapen (het) | ეროვნული დერბი | erovnul gherbi |
| volkslied (het) | სახელმწიფო ჰიმნი | sakhelmts'ipo himni |

| regering (de) | მთავრობა | mtavroba |
| staatshoofd (het) | ქვეყნის ხელმძღვანელი | kveqnis khelmdzghvaneli |
| parlement (het) | პარლამენტი | p'arlament'i |
| partij (de) | პარტია | p'art'ia |

| kapitalisme (het) | კაპიტალიზმი | k'ap'it'alizmi |
| kapitalistisch (bn) | კაპიტალისტური | k'ap'it'alist'uri |

| socialisme (het) | სოციალიზმი | sotsializmi |
| socialistisch (bn) | სოციალისტური | sotsialist'uri |

| communisme (het) | კომუნიზმი | k'omurizmi |
| communistisch (bn) | კომუნისტური | k'omurist'uri |
| communist (de) | კომუნისტი | k'omurist'i |

| democratie (de) | დემოკრატია | demokrat'ia |
| democraat (de) | დემოკრატი | demokrat'i |
| democratisch (bn) | დემოკრატიული | demokrat'iuli |
| democratische partij (de) | დემოკრატიული პარტია | demokrat'iuli p'art'ia |

| liberaal (de) | ლიბერალი | liberali |
| liberaal (bn) | ლიბერალური | liberaluri |
| conservator (de) | კონსერვატორი | k'onservat'ori |
| conservatief (bn) | კონსერვატიული | k'onservat'iuli |

| republiek (de) | რესპუბლიკა | resp'ublik'a |
| republikein (de) | რესპუბლიკელი | resp'ublik'eli |
| Republikeinse Partij (de) | რესპუბლიკური პარტია | resp'ublik'uri p'art'ia |

| verkiezing (de) | არჩევნები | archevnebi |
| kiezen (ww) | არჩევა | archeva |
| kiezer (de) | ამომრჩეველი | amomrcheveli |
| verkiezingscampagne (de) | საარჩევნო კამპანია | saarchevno k'amp'ania |

| stemming (de) | ხმის მიცემა | khmis mitsema |
| stemmen (ww) | ხმის მიცემა | khmis mitsema |
| stemrecht (het) | ხმის უფლება | khmis upleba |

| kandidaat (de) | კანდიდატი | k'and'dat'i |
| zich kandideren | ბალოტირება | balot' reba |
| campagne (de) | კამპანია | k'amp'ania |

| oppositie- (abn) | ოპოზიციური | op'oz tsiuri |
| oppositie (de) | ოპოზიცია | op'ozitsia |

| bezoek (het) | ვიზიტი | vizit'i |
| officieel bezoek (het) | ოფიციალური ვიზიტი | opitsialuri vizit'i |
| internationaal (bn) | საერთაშორისო | saertashoriso |

| onderhandelingen (mv.) | მოლაპარაკება | molap'arak'eba |
| onderhandelen (ww) | მოლაპარაკების წარმოება | molap'arak'ebis ts'armoeba |

## 244. Politiek. Overheid. Deel 2

| maatschappij (de) | საზოგადოება | sazogadoeba |
| grondwet (de) | კონსტიტუცია | k'onst'it'utsia |
| macht (politieke ~) | ხელისუფლება | khelisupleba |
| corruptie (de) | კორუფცია | k'oruptsia |

| wet (de) | კანონი | k'anoni |
| wettelijk (bn) | კანონიერი | k'anonieri |

| rechtvaardigheid (de) | სამართლიანობა | samartlianoba |
| rechtvaardig (bn) | სამართლიანი | samartliani |

| comité (het) | კომიტეტი | k'omit'et'i |
| wetsvoorstel (het) | კანონპროექტი | k'anonp'roekt'i |
| begroting (de) | ბიუჯეტი | biujet'i |
| beleid (het) | პოლიტიკა | p'olit'ik'a |
| hervorming (de) | რეფორმა | reporma |
| radicaal (bn) | რადიკალური | radik'aluri |

| macht (vermogen) | ძალა | dzala |
| machtig (bn) | ძლევამოსილი | dzlevamosili |
| aanhanger (de) | მომხრე | momkhre |
| invloed (de) | გავლენა | gavlena |

| regime (het) | რეჟიმი | rezhimi |
| conflict (het) | კონფლიქტი | k'onplikt'i |
| samenzwering (de) | შეთქმულება | shetkmuleba |
| provocatie (de) | პროვოკაცია | p'rovok'atsia |

| omverwerpen (ww) | ჩამოგდება | chamogdeba |
| omverwerping (de) | დამხობა | damkhoba |
| revolutie (de) | რევოლუცია | revolutsia |

| staatsgreep (de) | გადატრიალება | gadat'rialeba |
| militaire coup (de) | სამხედრო გადატრიალება | samkhedro gadat'rialeba |

| crisis (de) | კრიზისი | k'rizisi |
| economische recessie (de) | ეკონომიკური ვარდნა | ek'onomik'uri vardna |
| betoger (de) | დემონსტრანტი | demonst'rant'i |
| betoging (de) | დემონსტრაცია | demonst'ratsia |
| krijgswet (de) | სამხედრო მდგომარეობა | samkhedro mdgomareoba |
| militaire basis (de) | ბაზა | baza |

| stabiliteit (de) | სტაბილურობა | st'abiluroba |
| stabiel (bn) | სტაბილური | st'abiluri |

| uitbuiting (de) | ექსპლუატაცია | eksp'ulat'atsia |
| uitbuiten (ww) | ექსპლუატირება | eksp'ulat'ireba |
| racisme (het) | რასიზმი | rasizmi |
| racist (de) | რასისტი | rasist'i |

| fascisme (het) | ფაშიზმი | pashizmi |
| fascist (de) | ფაშისტი | pashist'i |

## 245. Landen. Diversen

| vreemdeling (de) | უცხოელი | utskhoeli |
| buitenlands (bn) | უცხოური | utskhouri |
| in het buitenland (bw) | საზღვარგარეთ | sazghvargaret |

| emigrant (de) | ემიგრანტი | emigrant'i |
| emigratie (de) | ემიგრაცია | emigratsia |
| emigreren (ww) | ემიგრაცია | emigrasia |

| Westen (het) | დასავლეთი | dasavleti |
| Oosten (het) | აღმოსავლეთი | aghmosavleti |
| Verre Oosten (het) | შორეული აღმოსავლეთი | shoreuli aghmosavleti |

| beschaving (de) | ცივილიზაცია | tsivilizatsia |
| mensheid (de) | კაცობრიობა | k'atsobrioba |
| wereld (de) | მსოფლიო | msoplio |
| vrede (de) | მშვიდობა | mshvidoba |
| wereld- (abn) | საქვეყნო | sakveqno |

| vaderland (het) | სამშობლო | samshoblo |
| volk (het) | ხალხი | khalkhi |
| bevolking (de) | მოსახლეობა | mosakhleoba |
| mensen (mv.) | ხალხი | khalkhi |
| natie (de) | ერი | eri |
| generatie (de) | თაობა | taoba |
| gebied (bijv. bezette ~en) | ტერიტორია | t'erit'oria |
| regio, streek (de) | რეგიონი | regiori |
| deelstaat (de) | შტატი | sht'at' |

| traditie (de) | ტრადიცია | t'raditsia |
| gewoonte (de) | ჩვეულება | chveuleba |
| ecologie (de) | ეკოლოგია | ek'ologia |

| Indiaan (de) | ინდიელი | indieli |
| zigeuner (de) | ბოშა | bosha |
| zigeunerin (de) | ბოშა ქალი | bosha kali |
| zigeuner- (abn) | ბოშური | boshuri |

| rijk (het) | იმპერია | imp'eria |
| kolonie (de) | კოლონია | k'olonia |
| slavernij (de) | მონობა | monoba |
| invasie (de) | შემოსევა | shemoseva |
| hongersnood (de) | შიმშილი | shimshili |

## 246. Grote religieuze groepen. Bekentenissen

| religie (de) | რელიგია | religia |
| religieus (bn) | რელიგიური | religuri |

| | | |
|---|---|---|
| geloof (het) | სარწმუნოება | sarts'munoeba |
| geloven (ww) | რწმენა | rts'mena |
| gelovige (de) | მორწმუნე | morts'mune |
| | | |
| atheïsme (het) | ათეიზმი | ateizmi |
| atheïst (de) | ათეისტი | ateist'i |
| | | |
| christendom (het) | ქრისტიანობა | krist'ianoba |
| christen (de) | ქრისტიანი | krist'iani |
| christelijk (bn) | ქრისტიანული | krist'ianuli |
| | | |
| katholicisme (het) | კათოლიციზმი | k'atolitsizmi |
| katholiek (de) | კათოლიკე | k'atolik'e |
| katholiek (bn) | კათოლიკური | k'atolik'uri |
| | | |
| protestantisme (het) | პროტესტანტობა | p'rot'est'ant'oba |
| Protestante Kerk (de) | პროტესტანტული ეკლესია | p'rot'est'ant'uli ek'lesia |
| protestant (de) | პროტესტანტი | p'rot'est'ant'i |
| | | |
| orthodoxie (de) | მართლმადიდებლობა | martlmadidebloba |
| Orthodoxe Kerk (de) | მართლმადიდებლური ეკლესია | martlmadidebluri ek'lesia |
| orthodox | მართლმადიდებელი | martlmadidebeli |
| | | |
| presbyterianisme (het) | პრესბიტერიანობა | p'resbit'erianoba |
| Presbyteriaanse Kerk (de) | პრესბიტერიანული ეკლესია | p'resbit'erianuli ek'lesia |
| presbyteriaan (de) | პრესბიტერიანი | p'resbit'eriani |
| lutheranisme (het) | ლუტერანული ეკლესია | lut'eranuli ek'lesia |
| lutheraan (de) | ლუტერანი | lut'erani |
| | | |
| baptisme (het) | ბაპტიზმი | bap't'izmi |
| baptist (de) | ბაპტისტი | bap't'ist'i |
| | | |
| Anglicaanse Kerk (de) | ანგლიკანური | anglik'anuri |
| anglicaan (de) | ანგლიკანელი | anglik'aneli |
| mormonisme (het) | მორმონობა | mormonoba |
| mormoon (de) | მორმონი | mormoni |
| | | |
| Jodendom (het) | იუდაიზმი | iudaizmi |
| jood (aanhanger van het Jodendom) | იუდეველი | iudeveli |
| | | |
| boeddhisme (het) | ბუდიზმი | budizmi |
| boeddhist (de) | ბუდისტი | budist'i |
| | | |
| hindoeïsme (het) | ინდუიზმი | induizmi |
| hindoe (de) | ინდუისტი | induist'i |
| | | |
| islam (de) | ისლამი | islami |
| islamiet (de) | მუსულმანი | musulmani |
| islamitisch (bn) | მუსულმანური | musulmanuri |
| | | |
| sjiisme (het) | შიიზმი | shiizmi |
| sjiiet (de) | შიიტი | shiit'i |
| soennisme (het) | სუნიზმი | sunizmi |
| soenniet (de) | სუნიტი | sunit'i |

## 247. Religies. Priesters

| | | |
|---|---|---|
| priester (de) | მღვდელი | mghvdeli |
| paus (de) | რომის პაპი | romis p'ap'i |
| monnik (de) | ბერი | beri |
| non (de) | მონაზონი | monazoni |
| pastoor (de) | მღვდელი | mghvdeli |
| abt (de) | აბატი | abat'i |
| vicaris (de) | მღვდელი | mghvdeli |
| bisschop (de) | ეპისკოპოსი | ep'isk'op'osi |
| kardinaal (de) | კარდინალი | k'ardinali |
| predikant (de) | მქადაგებელი | mkadagebeli |
| preek (de) | ქადაგება | kadageba |
| kerkgangers (mv.) | მრევლი | mrevli |
| gelovige (de) | მორწმუნე | morts'mune |
| atheïst (de) | ათეისტი | ateist'i |

## 248. Geloof. Christendom. Islam

| | | |
|---|---|---|
| Adam | ადამი | adami |
| Eva | ევა | eva |
| God (de) | ღმერთი | ghmerti |
| Heer (de) | უფალი | upali |
| Almachtige (de) | ყოვლისშემძლე | qovlisshemdzle |
| zonde (de) | ცოდვა | tsodva |
| zondigen (ww) | ცოდვის ჩადენა | tsodvs chadena |
| zondaar (de) | ცოდვილი | tsodvli |
| zondares (de) | ცოდვილი ქალი | tsodvli kali |
| hel (de) | ჯოჯოხეთი | jojokheti |
| paradijs (het) | სამოთხე | samotkhe |
| Jezus | იესო | ieso |
| Jezus Christus | იესო ქრისტე | ieso krist'e |
| Heilige Geest (de) | წმინდა სული | ts'minda suli |
| Verlosser (de) | მხსნელი | mkhsneli |
| Maagd Maria (de) | ღვთისმშობელი | ghvtismshobeli |
| duivel (de) | ეშმაკი | eshmak'i |
| duivels (bn) | ეშმაკური | eshmak'uri |
| Satan | სატანა | sat'ana |
| satanisch (bn) | სატანური | sat'anuri |
| engel (de) | ანგელოზი | angelozi |
| beschermengel (de) | მფარველი ანგელოზი | mpa-veli angelozi |
| engelachtig (bn) | ანგელოზური | angelozuri |

221

| | | |
|---|---|---|
| apostel (de) | მოციქული | motsikuli |
| aartsengel (de) | მთავარანგელოზი | mtavarangelozi |
| antichrist (de) | ანტიქრისტე | ant'ikrist'e |
| | | |
| Kerk (de) | სამღვდელოება | samghvdeloeba |
| bijbel (de) | ბიბლია | biblia |
| bijbels (bn) | ბიბლიური | bibliuri |
| | | |
| Oude Testament (het) | ძველი აღდერდი | dzveli anderdzi |
| Nieuwe Testament (het) | ახალი აღდერდი | akhali anderdzi |
| evangelie (het) | ევანგელია | evangelia |
| Heilige Schrift (de) | წმინდა ნაწერი | ts'minda nats'eri |
| Hemel, Hemelrijk (de) | ზეციური სამოთხე | zetsiuri samotkhe |
| | | |
| gebod (het) | მცნება | mtsneba |
| profeet (de) | წინასწარმეტყველი | ts'inasts'armet'qveli |
| profetie (de) | წინასწარმეტყველება | ts'inasts'armet'qveleba |
| | | |
| Allah | ალაჰი | alahi |
| Mohammed | მუჰამედი | muhamedi |
| Koran (de) | ყურანი | qurani |
| | | |
| moskee (de) | მეჩეთი | mecheti |
| moellah (de) | მოლა | mola |
| gebed (het) | ლოცვა | lotsva |
| bidden (ww) | ლოცვა | lotsva |
| | | |
| pelgrimstocht (de) | მლოცველობა | mlotsveloba |
| pelgrim (de) | მლოცველი | mlotsveli |
| Mekka | მექა | meka |
| | | |
| kerk (de) | ეკლესია | ek'lesia |
| tempel (de) | ტაძარი | t'adzari |
| kathedraal (de) | ტაძარი | t'adzari |
| gotisch (bn) | გოთიკური | gotik'uri |
| synagoge (de) | სინაგოგა | sinagoga |
| moskee (de) | მეჩეთი | mecheti |
| | | |
| kapel (de) | სამლოცველო | samlotsvelo |
| abdij (de) | სააბატო | saabat'o |
| nonnenklooster (het) | მონასტერი | monast'eri |
| mannenklooster (het) | მონასტერი | monast'eri |
| | | |
| klok (de) | ზარი | zari |
| klokkentoren (de) | სამრეკლო | samrek'lo |
| luiden (klokken) | რეკვა | rek'va |
| | | |
| kruis (het) | ჯვარი | jvari |
| koepel (de) | გუმბათი | gumbati |
| icoon (de) | ხატი | khat'i |
| | | |
| ziel (de) | სული | suli |
| lot, noodlot (het) | ბედი | bedi |
| kwaad (het) | ბოროტება | borot'eba |
| goed (het) | სიკეთე | sik'ete |
| vampier (de) | ვამპირი | vamp'iri |

| heks (de) | ჯადოქარი | jadokari |
| demoon (de) | დემონი | demoni |
| geest (de) | სული | suli |

| verzoeningsleer (de) | მონანიება | monanieba |
| vrijkopen (ww) | გამოსყიდვა | gamosqidva |

| mis (de) | სამსახური | samsakhuri |
| de mis opdragen | მსახური | msakhuri |
| biecht (de) | აღსარება | aghsareba |
| biechten (ww) | აღსარების თქმა | aghsarebis tkma |

| heilige (de) | წმინდა | ts'minda |
| heilig (bn) | საღმრთო | saghmrto |
| wijwater (het) | წმინდა წყალი | ts'minda ts'qali |

| ritueel (het) | რიტუალი | rit'uali |
| ritueel (bn) | რიტუალური | rit'ualuri |
| offerande (de) | მსხვერპლშეწირვა | mskhverp'lshets'irva |

| bijgeloof (het) | ცრურწმენა | tsrurts'mena |
| bijgelovig (bn) | ცრუმორწმუნე | tsrumorts'mune |
| hiernamaals (het) | იმქვეყნიური სიცოცხლე | imkvecnuri sitsotskhle |
| eeuwige leven (het) | მუდმივი სიცოცხლე | mudmivi sitsotskhle |

# DIVERSEN

## 249. Diverse nuttige woorden

| Nederlands | Georgisch | Transliteratie |
|---|---|---|
| achtergrond (de) | ფონი | poni |
| balans (de) | ბალანსი | balansi |
| basis (de) | ბაზა | baza |
| begin (het) | დასაწყისი | dasats'qisi |
| beurt (wie is aan de ~?) | რიგი | rigi |
| | | |
| categorie (de) | კატეგორია | k'at'egoria |
| comfortabel (~ bed, enz.) | მოხერხებული | mokherkhebuli |
| compensatie (de) | კომპენსაცია | k'omp'ensatsia |
| deel (gedeelte) | ნაწილი | nats'ili |
| | | |
| deeltje (het) | ნაწილი | nats'ili |
| ding (object, voorwerp) | ნივთი | nivti |
| dringend (bn, urgent) | სასწრაფო | sasts'rapo |
| dringend (bw, met spoed) | სასწრაფოდ | sasts'rapod |
| effect (het) | ეფექტი | epekt'i |
| | | |
| eigenschap (kwaliteit) | თვისება | tviseba |
| einde (het) | დასასრული | dasasruli |
| element (het) | ელემენტი | element'i |
| feit (het) | ფაქტი | pakt'i |
| fout (de) | შეცდომა | shetsdoma |
| | | |
| geheim (het) | საიდუმლო | saidumlo |
| graad (mate) | ხარისხი | khariskhi |
| groei (ontwikkeling) | ზრდა | zrda |
| hindernis (de) | წინაღობა | ts'inaghoba |
| hinderpaal (de) | დაბრკოლება | dabrk'oleba |
| | | |
| hulp (de) | დახმარება | dakhmareba |
| ideaal (het) | იდეალი | ideali |
| inspanning (de) | ძალისხმევა | dzaliskhmeva |
| keuze (een grote ~) | არჩევანი | archevani |
| labyrint (het) | ლაბირინთი | labirinti |
| | | |
| manier (de) | საშუალება | sashualeba |
| moment (het) | მომენტი | moment'i |
| nut (bruikbaarheid) | სარგებელი | sargebeli |
| onderscheid (het) | განსხვავება | ganskhvaveba |
| | | |
| ontwikkeling (de) | განვითარება | ganvitareba |
| oplossing (de) | ამოხსნა | amokhsna |
| origineel (het) | ორიგინალი | originali |
| pauze (de) | პაუზა | p'auza |
| positie (de) | პოზიცია | p'ozitsia |
| principe (het) | პრინციპი | p'rintsip'i |

| | | |
|---|---|---|
| probleem (het) | პრობლემა | p'roblema |
| proces (het) | პროცესი | p'rotsesi |
| reactie (de) | რეაქცია | reaktsia |

| | | |
|---|---|---|
| reden (om ~ van) | მიზეზი | mizezi |
| risico (het) | რისკი | risk'i |
| samenvallen (het) | დამთხვევა | damtkhveva |
| serie (de) | სერია | seria |

| | | |
|---|---|---|
| situatie (de) | სიტუაცია | sit'uatsia |
| soort (bijv. ~ sport) | სახეობა | sakheoba |
| standaard (bn) | სტანდარტული | st'andart'uli |
| standaard (de) | სტანდარტი | st'andart'i |
| stijl (de) | სტილი | st'ili |

| | | |
|---|---|---|
| stop (korte onderbreking) | შეჩერება | shechereba |
| systeem (het) | სისტემა | sist'ema |
| tabel (bijv. ~ van Mendelejev) | ტაბულა | t'abula |
| tempo (langzaam ~) | ტემპი | t'emp'i |
| term (medische ~en) | ტერმინი | t'ermin |

| | | |
|---|---|---|
| type (soort) | ტიპი | t'ip'i |
| variant (de) | ვარიანტი | variant'i |
| veelvuldig (bn) | ხშირი | khshiri |
| vergelijking (de) | შედარება | shedareba |
| voorbeeld (het goede ~) | მაგალითი | magaliti |

| | | |
|---|---|---|
| voortgang (de) | პროგრესი | p'rogresi |
| voorwerp (ding) | ობიექტი | obiekt'i |
| vorm (uiterlijke ~) | ფორმა | porma |
| waarheid (de) | ჭეშმარიტება | ch'eshmarit'eba |
| zone (de) | ზონა | zona |

## 250. Beperkende bijwoorden. Bijvoeglijke naamwoorden. Deel 1

| | | |
|---|---|---|
| accuraat (uurwerk, enz.) | აკურატული | ak'urat'uli |
| achter- (abn) | უკანა | uk'ana |
| additioneel (bn) | დამატებითი | damat'ebiti |
| anders (bn) | სხვადასხვა | skhvadaskhva |

| | | |
|---|---|---|
| arm (bijv. ~e landen) | ღარიბი | gharibi |
| begrijpelijk (bn) | გასაგები | gasagebi |
| belangrijk (bn) | მნიშვნელოვანი | mnishvnelovani |
| belangrijkst (bn) | ყველაზე მნიშვნელოვანი | qvelaze mnishvnelovani |

| | | |
|---|---|---|
| beleefd (bn) | ზრდილობიანი | zrdilobiani |
| beperkt (bn) | განსაზღვრული | gansazghvruli |
| betekenisvol (bn) | მნიშვნელოვანი | mnishvnelovani |
| bijziend (bn) | ახლომხედველი | akhlomkhedveli |
| binnen- (abn) | შინაგანი | shinagani |

| | | |
|---|---|---|
| bitter (bn) | მწარე | mts'are |
| blind (bn) | ბრმა | brma |
| breed (een ~e straat) | განიერი | ganieri |

| breekbaar (porselein, glas) | მყიფე | mqipe |
| buiten- (abn) | გარეგანი | garegani |

| buitenlands (bn) | უცხოური | utskhouri |
| burgerlijk (bn) | საზოქალაქო | samokalako |
| centraal (bn) | ცენტრალური | tsent'raluri |
| dankbaar (bn) | მადლობელი | madlobeli |
| dicht (~e mist) | მჭიდრო | mch'idro |

| dicht (bijv. ~e mist) | ხშირი | khshiri |
| dicht (in de ruimte) | ახლობელი | akhlobeli |
| dichtbij (bn) | ახლო | akhlo |
| dichtstbijzijnd (bn) | უახლოესი | uakhloesi |

| diepvries (~product) | გაყინული | gaqinuli |
| dik (bijv. muur) | სქელი | skeli |
| dof (~ licht) | ბუნდოვანი | bundovani |
| dom (dwaas) | სულელი | suleli |

| donker (bijv. ~e kamer) | ბნელი | bneli |
| dood (bn) | მკვდარი | mk'vdari |
| doorzichtig (bn) | გამჭირვალე | gamch'irvale |
| droevig (~ blik) | დარდიანი | dardiani |
| droog (bn) | მშრალი | mshrali |

| dun (persoon) | გამხდარი | gamkhdari |
| duur (bn) | ძვირი | dzviri |
| eender (bn) | ერთნაირი | ertnairi |
| eenvoudig (bn) | უბრალო | ubralo |
| eenvoudig (bn) | უბრალო | ubralo |

| eeuwenoude (~ beschaving) | ძველი | dzveli |
| enorm (bn) | უზარმაზარი | uzarmazari |
| geboorte- (stad, land) | მშობლიური | mshobliuri |
| gebruind (bn) | მზემოკიდებული | mzemok'idebuli |

| gelijkend (bn) | მსგავსი | msgavsi |
| gelukkig (bn) | ბედნიერი | bednieri |
| gesloten (bn) | დახურული | dakhuruli |
| getaand (bn) | შავგვრემანი | shavgvremani |

| gevaarlijk (bn) | საშიში | sashishi |
| gewoon (bn) | ჩვეულებრივი | chveulebrivi |
| gezamenlijk (~ besluit) | ერთობლივი | ertoblivi |
| glad (~ oppervlak) | გლუვი | gluvi |
| glad (~ oppervlak) | სწორი | sts'ori |

| goed (bn) | კარგი | k'argi |
| goedkoop (bn) | იაფი | iapi |
| gratis (bn) | უფასო | upaso |
| groot (bn) | დიდი | didi |

| hard (niet zacht) | მყარი | mqari |
| heel (volledig) | მთელი | mteli |
| heet (bn) | ცხელი | tskheli |
| hongerig (bn) | მშიერი | mshieri |

| hoofd- (abn) | მთავარი | mtavari |
| hoogste (bn) | უმაღლესი | umaghlesi |
| huidig (courant) | ნამდვილი | namdvili |
| jong (bn) | ახალგაზრდა | akhalgazrda |

| juist, correct (bn) | სწორი | sts'ori |
| kalm (bn) | მშვიდი | mshvid |
| kinder- (abn) | საბავშვო | sabavsnvo |
| klein (bn) | პატარა | p'ats'at'ina |
| koel (~ weer) | გრილი | grili |

| kort (kortstondig) | ხანმოკლე | khanmok'le |
| kort (niet lang) | მოკლე | mok'le |
| koud (~ water, weer) | ცივი | tsivi |
| kunstmatig (bn) | ხელოვნური | khelovnuri |

| laatst (bn) | ბოლო | bolo |
| lang (een ~ verhaal) | გრძელი | grdzeli |
| langdurig (bn) | ხანგრძლივი | khangrdzlivi |
| lastig (~ probleem) | რთული | rtuli |

| leeg (glas, kamer) | ცარიელი | tsarieli |
| lekker (bn) | გემრიელი | gemrieli |
| licht (kleur) | ნათელი | nateli |
| licht (niet veel weegt) | მსუბუქი | msubuki |

| linker (bn) | მარცხენა | martskhena |
| luid (bijv. ~e stem) | ხმამაღალი | khmamaghali |
| mager (bn) | გამხდარი | gamkhdari |
| mat (bijv. ~ verf) | მკრჩალი | mkrkali |
| moe (bn) | დაღლილი | daghlili |

| moeilijk (~ besluit) | ძნელი | dznel |
| mogelijk (bn) | შესაძლებელი | shesadzlebeli |
| mooi (bn) | ლამაზი | lamazi |
| mysterieus (bn) | იდუმალი | idumali |

| naburig (bn) | მეზობელი | mezobeli |
| nalatig (bn) | დაუდევარი | daudevari |
| nat (~te kleding) | სველი | sveli |
| nerveus (bn) | ნერვიული | nerviuli |
| niet groot (bn) | მცირე | mtsire |

| niet moeilijk (bn) | მარტივი | mart'ivi |
| nieuw (bn) | ახალი | akhali |
| nodig (bn) | საჭირო | sach'iro |
| normaal (bn) | ნორმალური | normaluri |

## 251. Beperkende bijwoorden. Bijvoeglijke naamwoorden. Deel 2

| onbegrijpelijk (bn) | გაურკვეველი | gaurk'veveli |
| onbelangrijk (bn) | უმნიშვნელო | umnishvnelo |
| onbeweeglijk (bn) | უმოძრაო | umodzrao |
| onbewolkt (bn) | უღრუბლო | ughrublo |

| | | |
|---|---|---|
| ondergronds (geheim) | იატაკქვეშა | iat'ak'kvesha |
| ondiep (bn) | თხელი | tkheli |
| onduidelijk (bn) | ბუნდოვანი | bundovani |
| onervaren (bn) | გამოუცდელი | gamoutsdeli |
| onmogelijk (bn) | შეუძლებელი | sheudzlebeli |
| onontbeerlijk (bn) | აუცილებელი | autsilebeli |
| | | |
| onophoudelijk (bn) | უწყვეტი | uts'qvet'i |
| ontkennend (bn) | უარყოფითი | uarqopiti |
| open (bn) | ღია | ghia |
| openbaar (bn) | საზოგადო | sazogado |
| origineel (ongewoon) | ორიგინალური | originaluri |
| | | |
| oud (~ huis) | მოხუცი | mokhutsi |
| overdreven (bn) | უზომო | uzomo |
| passend (bn) | გამოსადეგი | gamosadegi |
| permanent (bn) | მუდმივი | mudmivi |
| persoonlijk (bn) | კერძო | k'erdzo |
| | | |
| plat (bijv. ~ scherm) | ბრტყელი | brt'qeli |
| prachtig (~ paleis, enz.) | ულამაზესი | ulamazesi |
| precies (bn) | ზუსტი | zust'i |
| prettig (bn) | სასიმოვნო | sasimovno |
| privé (bn) | პირადი | p'iradi |
| | | |
| punctueel (bn) | პუნქტუალური | p'unkt'ualuri |
| rauw (niet gekookt) | უმი | umi |
| recht (weg, straat) | სწორი | sts'ori |
| rechter (bn) | მარჯვენა | marjvena |
| rijp (fruit) | მწიფე | mts'ipe |
| | | |
| riskant (bn) | სარისკო | sarisk'o |
| ruim (een ~ huis) | ფართე | parte |
| rustig (bn) | წყნარი | ts'qnari |
| scherp (bijv. ~ mes) | ბასრი | basri |
| schoon (niet vies) | სუფთა | supta |
| | | |
| slecht (bn) | ცუდი | tsudi |
| slim (verstandig) | ჭკვიანი | ch'k'viani |
| smal (~le weg) | ვიწრო | vits'ro |
| snel (vlug) | სწრაფი | sts'rapi |
| somber (bn) | შავბნელი | shavbneli |
| speciaal (bn) | სპეციალური | sp'etsialuri |
| | | |
| sterk (bn) | ძლიერი | dzlieri |
| stevig (bn) | მტკიცე | mt'k'itse |
| straatarm (bn) | ღატაკი | ghat'ak'i |
| teder (liefderijk) | ალერსიანი | alersiani |
| | | |
| tegenovergesteld (bn) | საწინააღმდეგო | sats'inaaghmdego |
| tevreden (bn) | კმაყოფილი | k'maqopili |
| tevreden (klant, enz.) | დაკმაყოფილებული | dak'maqopilebuli |
| treurig (bn) | სევდიანი | sevdiani |
| tweedehands (bn) | ხმარებაში ნამყოფი | khmarebashi namqopi |
| uitstekend (bn) | წარჩინებული | ts'archinebuli |
| uitstekend (bn) | შესანიშნავი | shesanishnavi |

| uniek (bn) | უნიკალური | unik'aluri |
| veilig (niet gevaarlijk) | უსაფრთხო | usaprtkho |
| ver (in de ruimte) | შორეული | shoreuli |

| verenigbaar (bn) | თავსებადი | tavsebadi |
| vermoeiend (bn) | დამქანცველი | damkantsveli |
| verplicht (bn) | აუცილებელი | autsilebeli |
| vers (~ brood) | ახალი | akhali |
| verschillende (bn) | განსხვავებული | ganskhvavebuli |

| verst (meest afgelegen) | შორეული | shoreuli |
| vettig (voedsel) | ცხიმიანი | tskhimiani |
| vijandig (bn) | მტრული | mt'ruli |
| vloeibaar (bn) | თხევადი | tkhevadi |
| vochtig (bn) | ნესტიანი | nest'iani |
| vol (helemaal gevuld) | სავსე | savse |

| volgend (~ jaar) | შემდეგი | shemdegi |
| voorbij (bn) | განვლილი | ganvlili |
| voornaamste (bn) | ძირითადი | dziritadi |
| vorig (~ jaar) | წარსული | ts'arsul |
| vorig (bijv. ~e baas) | წინანდელი | ts'inandeli |

| vriendelijk (aardig) | სანდომიანი | sandomiani |
| vriendelijk (goedhartig) | კეთილი | k'etili |
| vrij (bn) | თავისუფალი | tavisupali |
| vrolijk (bn) | მხიარული | mkhiaruli |
| vruchtbaar (~ land) | ნაყოფიერი | naqopieri |

| vuil (niet schoon) | ჭუჭყიანი | ch'uch'qiani |
| waarschijnlijk (bn) | უეჭველი | uech'veli |
| warm (bn) | თბილი | tbili |
| wettelijk (bn) | კანონიერი | k'anonieri |
| zacht (bijv. ~ kussen) | რბილი | rbili |

| zacht (bn) | ჩუმი | chumi |
| zeldzaam (bn) | იშვიათი | ishviati |
| ziek (bn) | ავადმყოფი | avadmqopi |
| zoet (~ water) | მტკნარი | mt'k'nari |
| zoet (bn) | ტკბილი | t'k'bili |

| zonnig (~e dag) | მზიანი | mziani |
| zorgzaam (bn) | მზრუნველი | mzrunveli |
| zout (de soep is ~) | მლაშე | mlashe |
| zuur (smaak) | მჟავე | mzhave |
| zwaar (~ voorwerp) | მძიმე | mdzime |

# DE 500 BELANGRIJKSTE WERKWOORDEN

## 252. Werkwoorden A-C

| | | |
|---|---|---|
| aaien (bijv. een konijn ~) | მოფერება | mopereba |
| aanbevelen (ww) | რეკომენდაციის მიცემა | rek'omendatsiis mitsema |
| aandringen (ww) | დაჟინება | dazhineba |
| aankomen (ov. de treinen) | ჩამოსვლა | chamosvla |
| | | |
| aanleggen (bijv. bij de pier) | მიდგომა | midgoma |
| aanraken (met de hand) | შეხება | shekheba |
| aansteken (kampvuur, enz.) | ანთება | anteba |
| aanstellen (in functie plaatsen) | დანიშვნა | danishvna |
| | | |
| aanvallen (mil.) | შეტევა | shet'eva |
| aanvoelen (gevaar ~) | გრძნობა | grdznoba |
| aanvoeren (leiden) | მეთაურობა | metauroba |
| aanwijzen (de weg ~) | მითითება | mititeba |
| | | |
| aanzetten (computer, enz.) | ჩართვა | chartva |
| ademen (ww) | სუნთქვა | suntkva |
| adverteren (ww) | რეკლამირება | rek'lamireba |
| adviseren (ww) | რჩევა | rcheva |
| | | |
| afdalen (on.ww.) | ჩასვლა | chasvla |
| afgunstig zijn (ww) | შეშურება | sheshureba |
| afhakken (ww) | მოკვეთა | mok'veta |
| afhangen van ... | დამოკიდებულება | damok'idebuleba |
| | | |
| afluisteren (ww) | ფარულად ყურის გდება | parulad quris gdeba |
| afnemen (verwijderen) | მოხსნა | mokhsna |
| afrukken (ww) | მოხევა | mokheva |
| afslaan (naar rechts ~) | მობრუნება | mobruneba |
| | | |
| afsnijden (ww) | მოჭრა | moch'ra |
| afzeggen (ww) | გაუქმება | gaukmeba |
| amputeren (ww) | ამპუტირება | amp'ut'ireba |
| amuseren (ww) | გართობა | gartoba |
| | | |
| antwoorden (ww) | პასუხის გაცემა | p'asukhis gatsema |
| applaudisseren (ww) | ტაშის დაკვრა | t'ashis dak'vra |
| aspireren (iets willen worden) | სწრაფვა | sts'rapva |
| assisteren (ww) | ასისტირება | asist'ireba |
| | | |
| bang zijn (ww) | შიში | shishi |
| barsten (plafond, enz.) | სკდომა | sk'doma |
| bedienen (in restaurant) | მომსახურება | momsakhureba |
| bedreigen (bijv. met een pistool) | დამუქრება | damukreba |

| | | |
|---|---|---|
| bedriegen (ww) | მოტყუება | mot'queta |
| beduiden (betekenen) | აღნიშვნა | aghnishvna |
| bedwingen (ww) | შეკავება | shek'aveba |
| beëindigen (ww) | დამთავრება | damtavreba |
| begeleiden (vergezellen) | თანხლება | tankhleba |
| begieten (water geven) | მორწყვა | morts'qva |
| beginnen (ww) | დაწყება | dats'qeba |
| begrijpen (ww) | გაგება | gageba |
| behandelen (patiënt, ziekte) | მკურნალობა | mk'urnaloba |
| beheren (managen) | ხელმძღვანელობა | khelmdzghvaneloba |
| beïnvloeden (ww) | გავლენა | gavlena |
| bekennen (misdadiger) | აღიარება | aghiareoa |
| beledigen (met scheldwoorden) | შეურაცხყოფა | sheuratskhqopa |
| beledigen (ww) | წყენინება | ts'qenireba |
| beloven (ww) | დაპირება | dap'ireba |
| beperken (de uitgaven ~) | შეზღუდვა | shezghudva |
| bereiken (doel ~, enz.) | მიღწევა | mights'eva |
| bereiken (plaats van bestemming ~) | მიღწევა | mights eva |
| beschermen (bijv. de natuur ~) | დაცვა | datsva |
| beschuldigen (ww) | დაბრალება | dabraleba |
| beslissen (~ iets te doen) | გადაწყვეტა | gadats'qvet'a |
| besmet worden (met …) | დასნეულება | dasneuleba |
| besmetten (ziekte overbrengen) | დასნებოვნება | dasnebovneba |
| bespreken (spreken over) | განხილვა | gankhilva |
| bestaan (een ~ voeren) | არსებობა | arseboba |
| bestellen (eten ~) | შეკვეთა | shek'veta |
| bestraffen (een stout kind ~) | დასჯა | dasja |
| betalen (ww) | გადახდა | gadakhda |
| betekenen (beduiden) | მაშასადამე | mashasadame |
| betreuren (ww) | სინანული | sinaruli |
| bevallen (prettig vinden) | მოწონება | motsoneba |
| bevelen (mil.) | ბრძანება | brdzaneba |
| bevredigen (ww) | დაკმაყოფილება | dak'maqopileba |
| bevrijden (stad, enz.) | გათავისუფლება | gatavisupleba |
| bewaren (oude brieven, enz.) | შენახვა | shenakhva |
| bewaren (vrede, leven) | შენახვა | shenakhva |
| bewijzen (ww) | დამტკიცება | damt'k'itseba |
| bewonderen (ww) | აღტაცება | agh-'atseba |
| bezitten (ww) | ფლობა | ploba |
| bezorgd zijn (ww) | წუხილი | ts'ukhili |
| bezorgd zijn (ww) | აღელვება | aghelveba |
| bidden (praten met God) | ლოცვა | lotsva |
| bijvoegen (ww) | დამატება | damat'eba |

| binden (ww) | შეკვრა | shek'vra |
| binnengaan (een kamer ~) | შესვლა | shesvla |

| blazen (ww) | დაბერვა | daberva |
| blozen (zich schamen) | გაწითლება | gats'itleba |
| blussen (brand ~) | ქრობა | kroba |
| boos maken (ww) | გაჯავრება | gajavreba |

| boos zijn (ww) | გაჯავრება | gajavreba |
| breken | გაწყვეტა | gats'qvet'a |
| (on.ww., van een touw) | | |
| breken (speelgoed, enz.) | ტეხა | t'ekha |
| brengen (iets ergens ~) | ჩამოტანა | chamot'ana |

| charmeren (ww) | მობიბლვა | mokhiblva |
| citeren (ww) | ციტირება | tsit'ireba |
| compenseren (ww) | ანაზღაურება | anazghaureba |
| compliceren (ww) | გართულება | gartuleba |

| componeren (muziek ~) | შექმნა | shekmna |
| compromitteren (ww) | კომპრომეტირება | k'omp'romet'ireba |
| concurreren (ww) | კონკურენციის გაწევა | k'onk'urentsiis gats'eva |
| controleren (ww) | კონტროლის გაწევა | k'ont'rolis gats'eva |

| coöpereren (samenwerken) | თანამშრომლობა | tanamshromloba |
| coördineren (ww) | კოორდინირება | k'oordinireba |
| corrigeren (fouten ~) | გამოსწორება | gamosts'oreba |
| creëren (ww) | შექმნა | shekmna |

## 253. Werkwoorden D-K

| danken (ww) | მადლობა | madloba |
| de was doen | რეცხვა | retskhva |
| de weg wijzen | მიმართვა | mimartva |
| deelnemen (ww) | მონაწილეობის მიღება | monats'ileobis migheba |
| delen (wisk.) | გაყოფა | gaqopa |

| denken (ww) | ფიქრი | pikri |
| doden (ww) | მოკვლა | mok'vla |
| doen (ww) | კეთება | k'eteba |
| dresseren (ww) | წვრთნა | ts'vrtna |

| drinken (ww) | სმა | sma |
| drogen (klederen, haar) | შრობა | shroba |
| dromen (in de slaap) | სიზმრების ნახვა | sizmrebis nakhva |
| dromen (over vakantie ~) | ოცნება | otsneba |
| duiken (ww) | ყვინთვა | qvintva |

| durven (ww) | გათამამება | gatamameba |
| duwen (ww) | კვრა | k'vra |
| een auto besturen | მანქანის მართვა | mankanis martva |
| een bad geven | ბანვა | banva |
| een bad nemen | დაბანა | dabana |
| een conclusie trekken | დასკვნის გამოტანა | dask'vnis gamot'ana |

| | | |
|---|---|---|
| een foto maken (ww) | სურათის გადაღება | suratis gadagheba |
| eisen (met klem vragen) | მოთხოვნა | motkhovna |
| erkennen (schuld) | ცნობა | tsnoba |
| erven (ww) | მემკვიდრეობა | memk'vidreoba |
| | | |
| eten (ww) | ჭამა | ch'ama |
| excuseren (vergeven) | პატიება | p'at'ieba |
| existeren (bestaan) | არსებობა | arseboba |
| feliciteren (ww) | მილოცვა | milotsva |
| gaan (te voet) | სვლა | svla |
| | | |
| gaan slapen | საძილედ დაწოლა | sadziled dats'ola |
| gaan zitten (ww) | დაჯდომა | dajdoma |
| gaan zwemmen | ბანაობა | banaoba |
| garanderen (garantie geven) | გარანტია | garant'ia |
| | | |
| gebruiken (bijv. een potlood ~) | სარგებლობა | sargebloba |
| gebruiken (woord, uitdrukking) | გამოყენება | gamoqeneba |
| geconserveerd zijn (ww) | შენახვა | shenakhva |
| gedateerd zijn (ww) | დათარიღება | datarigheba |
| gehoorzamen (ww) | დამორჩილება | damorchileba |
| | | |
| gelijken (op elkaar lijken) | მსგავსი ყოფნა | msgavsi qopna |
| geloven (vinden) | ნდობა | ndoba |
| genoeg zijn (ww) | საკმარისია | sak'marisia |
| gieten (in een beker ~) | დასხმა | daskhma |
| | | |
| glimlachen (ww) | გაღიმება | gaghimeba |
| glimmen (glanzen) | კაშკაში | k'ashk'ashi |
| gluren (ww) | ფარულად ყურება | parulad qureba |
| goed raden (ww) | გამოცნობა | gamotsnoba |
| gooien (een steen, enz.) | სროლა | srola |
| | | |
| grappen maken (ww) | ხუმრობა | khumroba |
| graven (tunnel, enz.) | თხრა | tkhra |
| haasten (iemand ~) | დაჩქარება | dachkareba |
| hebben (ww) | ქონა | kona |
| helpen (hulp geven) | დახმარება | dakhmareba |
| | | |
| herhalen (opnieuw zeggen) | გამეორება | gameoreba |
| herinneren (ww) | ხსოვნა | khsovna |
| herinneren aan ... (afspraak, opdracht) | შეხსენება | shekhseneba |
| herkennen (identificeren) | ცნობა | tsnoba |
| herstellen (repareren) | შეკეთება | shek'eteba |
| | | |
| het haar kammen | დავარცხნა | davartskhna |
| hopen (ww) | იმედოვნება | imedovneba |
| horen (waarnemen met het oor) | სმენა | smena |
| houden van (muziek, enz.) | სიყვარული | siqvaruli |
| huilen (wenen) | ტირილი | t'irili |
| huiveren (ww) | შეკრთომა | shek'rtoma |
| huren (een boot ~) | დაქირავება | dakiraveba |

| | | |
|---|---|---|
| huren (huis, kamer) | დაქირავება | dakiraveba |
| huren (personeel) | დაქირავება | dakiraveba |
| imiteren (ww) | იმიტირება | imit'ireba |

| | | |
|---|---|---|
| importeren (ww) | იმპორტირება | imp'ort'ireba |
| inenten (vaccineren) | აცრა | atsra |
| informeren (informatie geven) | ინფორმირება | inpormireba |
| informeren naar ... (navraag doen) | შეტყობა | shet'qoba |
| inlassen (invoegen) | ჩაყენება | chaqeneba |

| | | |
|---|---|---|
| inpakken (in papier) | შეფუთვა | sheputva |
| inspireren (ww) | აღფრთოვანება | aghprtovaneba |
| instemmen (akkoord gaan) | დათანხმება | datankhmeba |
| interesseren (ww) | დაინტერესება | daint'ereseba |

| | | |
|---|---|---|
| irriteren (ww) | გაღიზიანება | gaghizianeba |
| isoleren (ww) | იზოლირება | izolireba |
| jagen (ww) | ნადირობა | nadiroba |
| kalmeren (kalm maken) | დამშვიდება | damshvideba |

| | | |
|---|---|---|
| kennen (kennis hebben van iemand) | ცნობა | tsnoba |
| kennismaken (met ... ) | გაცნობა | gatsnoba |
| kiezen (ww) | არჩევა | archeva |
| kijken (ww) | ყურება | qureba |

| | | |
|---|---|---|
| klaarmaken (een plan ~) | მომზადება | momzadeba |
| klaarmaken (het eten ~) | მზადება | mzadeba |
| klagen (ww) | ჩივილი | chivili |
| kloppen (aan een deur) | კაკუნი | k'ak'uni |

| | | |
|---|---|---|
| kopen (ww) | ყიდვა | qidva |
| kopieën maken | გამრავლება | gamravleba |
| kosten (ww) | ღირება | ghireba |
| kunnen (ww) | შეძლება | shedzleba |
| kweken (planten ~) | გაზრდა | gazrda |

## 254. Werkwoorden L-R

| | | |
|---|---|---|
| lachen (ww) | სიცილი | sitsili |
| laden (geweer, kanon) | დატენვა | dat'enva |
| laden (vrachtwagen) | დატვირთვა | dat'virtva |
| laten vallen (ww) | ხელიდან გავარდნა | khelidan gavardna |

| | | |
|---|---|---|
| lenen (geld ~) | სესხება | seskheba |
| leren (lesgeven) | სწავლება | sts'avleba |
| leven (bijv. in Frankrijk ~) | ცხოვრება | tskhovreba |
| lezen (een boek ~) | კითხვა | k'itkhva |

| | | |
|---|---|---|
| lid worden (ww) | შეერთება | sheerteba |
| liefhebben (ww) | სიყვარული | siqvaruli |
| liegen (ww) | ტყუილი | t'quili |
| liggen (op de tafel ~) | დება | deba |

| | | |
|---|---|---|
| liggen (persoon) | წოლა | ts'ola |
| lijden (pijn voelen) | ტანჯვა | t'anjva |
| losbinden (ww) | აშვება | ashveba |
| luisteren (ww) | მოსმენა | mosmena |

| | | |
|---|---|---|
| lunchen (ww) | სადილობა | sadiloba |
| markeren (op de kaart, enz.) | აღნიშვნა | aghnishvna |
| melden (nieuws ~) | შეტყობინება | shet'qobineba |
| memoriseren (ww) | დამახსოვრება | damakhsovreba |

| | | |
|---|---|---|
| mengen (ww) | შეზავება | shezaveba |
| mikken op (ww) | დამიზნება | damizneba |
| minachten (ww) | ზიზღი | zizghi |
| moeten (ww) | სათანადოდ ყოფნა | satanadod qopna |

| | | |
|---|---|---|
| morsen (koffie, enz.) | დაღვრა | daghvra |
| naderen (dichterbij komen) | მიახლოება | miakhloeba |
| neerlaten (ww) | დაშვება | dashveba |
| nemen (ww) | აღება | agheba |

| | | |
|---|---|---|
| nodig zijn (ww) | საჭიროება | sach'iroeba |
| noemen (ww) | დადახება | dadzakheba |
| noteren (opschrijven) | მონიშვნა | monishvna |
| omhelzen (ww) | მოხვევა | mokhveva |

| | | |
|---|---|---|
| omkeren (steen, voorwerp) | გადაბრუნება | gadabruneba |
| onderhandelen (ww) | მოლაპარაკების წარმოება | molap'arak'ebis ts'armoeba |
| ondernemen (ww) | წამოწყება | ts'amots'qeba |
| onderschatten (ww) | არშეფასება | arshepaseba |

| | | |
|---|---|---|
| onderscheiden (een ereteken geven) | დაჯილდოვება | dajildoveba |
| onderstrepen (ww) | ხაზის გასმა | khazis gasma |
| ondertekenen (ww) | ხელის მოწერა | khelis mots'era |
| onderwijzen (ww) | ინსტრუქტირება | inst'ruk't'ireba |

| | | |
|---|---|---|
| onderzoeken (alle feiten, enz.) | განხილვა | gankhilva |
| ongerust maken (ww) | შეწუხება | shets'ukheba |
| onmisbaar zijn (ww) | საჭიროება | sach'iroeba |
| ontbijten (ww) | საუზმობა | sauzmoba |

| | | |
|---|---|---|
| ontdekken (bijv. nieuw land) | აღმოჩენა | aghmochena |
| ontkennen (ww) | უარყოფა | uaroopa |
| ontlopen (gevaar, taak) | არიდება | arideba |
| ontnemen (ww) | ჩამორთმევა | chamortmeva |

| | | |
|---|---|---|
| ontwerpen (machine, enz.) | დაპროექტება | dap'roekt'eba |
| oorlog voeren (ww) | ბრძოლა | brdzola |
| op orde brengen | წესრიგში მოყვანა | ts'esrigshi moqvana |
| opbergen (in de kast, enz.) | ალაგება | alageba |
| opduiken (ov. een duikboot) | ამოცურება | amotsureba |

| | | |
|---|---|---|
| openen (ww) | გაღება | gagheba |
| ophangen (bijv. gordijnen ~) | ჩამოკიდება | chamok'ideba |
| ophouden (ww) | შეწყვეტა | shets'qvet'a |

| | | |
|---|---|---|
| oplossen (een probleem ~) | ამოხსნა | amokhsna |
| opmerken (zien) | შენიშვნა | shenishvna |

| | | |
|---|---|---|
| opmerken (zien) | დანახვა | danakhva |
| opscheppen (ww) | ტრაბახი | t'rabakhi |
| opschrijven (op een lijst) | ჩაწერა | chats'era |
| opschrijven (ww) | ჩაწერა | chats'era |

| | | |
|---|---|---|
| opstaan (uit je bed) | ადგომა | adgoma |
| opstarten (project, enz.) | გაშვება | gashveba |
| opstijgen (vliegtuig) | აფრენა | aprena |
| optreden (resoluut ~) | მოქმედება | mokmedeba |

| | | |
|---|---|---|
| organiseren (concert, feest) | მოგვარება | mogvareba |
| overdoen (ww) | გადაკეთება | gadak'eteba |
| overheersen (dominant zijn) | ჰარბობა | ch'arboba |
| overschatten (ww) | გადაფასება | gadapaseba |

| | | |
|---|---|---|
| overtuigd worden (ww) | დარწმუნება | darts'muneba |
| overtuigen (ww) | დარწმუნება | darts'muneba |
| passen (jurk, broek) | მორგება | morgeba |
| passeren (~ mooie dorpjes, enz.) | გავლა | gavla |

| | | |
|---|---|---|
| peinzen (lang nadenken) | ჩაფიქრება | chapikreba |
| penetreren (ww) | შეღწევა | sheghts'eva |
| plaatsen (ww) | მოთავსება | motavseba |
| plaatsen (zetten) | განლაგება | ganlageba |

| | | |
|---|---|---|
| plannen (ww) | დაგეგმვა | dagegmva |
| plezier hebben (ww) | მხიარულება | mkhiaruleba |
| plukken (bloemen ~) | მოწყვეტა | mots'qvet'a |
| prefereren (verkiezen) | მჯობინება | mjobineba |

| | | |
|---|---|---|
| proberen (trachten) | ცda | tsda |
| proberen (trachten) | მცდელობა | mtsdeloba |
| protesteren (ww) | გაპროტესტება | gap'rot'est'eba |
| provoceren (uitdagen) | პროვოცირება | p'rovotsireba |

| | | |
|---|---|---|
| raadplegen (dokter, enz.) | კონსულტირება | k'onsult'ireba |
| rapporteren (ww) | მოხსენება | mokhseneba |
| redden (ww) | შველა | shvela |
| regelen (conflict) | მოწესrიგება | mots'esrigeba |

| | | |
|---|---|---|
| reinigen (schoonmaken) | გაწმენდა | gats'menda |
| rekenen op ... | იმედის კონა | imedis kona |
| rennen (ww) | გაქცევა | gaktseva |
| reserveren (een hotelkamer ~) | დაჯავშნა | dajavshna |
| rijden (per auto, enz.) | მგზავრობა | mgzavroba |
| rillen (ov. de kou) | კანკალი | k'ank'ali |
| riskeren (ww) | რისკის გაწევა | risk'is gats'eva |
| roepen (met je stem) | დაძახება | dadzakheba |
| roepen (om hulp) | დაძახება | dadzakheba |
| ruiken (bepaalde geur verspreiden) | სუნი | suni |

| | | |
|---|---|---|
| ruiken (rozen) | ყნოსვა | qnosva |
| rusten (verpozen) | შესვენება | shesveneba |

## 255. Verbs S-V

| | | |
|---|---|---|
| samenstellen, maken (een lijst ~) | შედგენა | shedgena |
| schieten (ww) | სროლა | srola |
| schoonmaken (bijv. schoenen ~) | წმენდა | ts'menda |
| schoonmaken (ww) | დალაგება | dalageba |

| | | |
|---|---|---|
| schrammen (ww) | კაწვრა | k'ats'vra |
| schreeuwen (ww) | ყვირილი | qvirili |
| schrijven (ww) | წერა | ts'era |
| schudden (ww) | ნჯღრევა | njghreva |

| | | |
|---|---|---|
| selecteren (ww) | ამორჩევა | amorcheva |
| simplificeren (ww) | გამარტივება | gamart iveba |
| slaan (een hond ~) | დარტყმა | dart'qma |
| sluiten (ww) | დაკეტვა | dak'et'va |

| | | |
|---|---|---|
| smeken (bijv. om hulp ~) | ვედრება | vedreba |
| souperen (ww) | ვახშმობა | vakhshmoba |
| spelen (bijv. filmacteur) | თამაში | tamasni |
| spelen (kinderen, enz.) | თამაში | tamashi |

| | | |
|---|---|---|
| spreken met ... | ლაპარაკი | lap'arak'i |
| spuwen (ww) | ფურთხება | purtkheba |
| stelen (ww) | პარვა | p'arva |
| stemmen (verkiezing) | ხმის მიცემა | khmis mitsema |
| steunen (een goed doel, enz.) | მხარდაჭერა | mkhardach'era |

| | | |
|---|---|---|
| stoppen (pauzeren) | გაჩერება | gacl ereba |
| storen (lastigvallen) | ხელის შეშლა | khel s sheshla |
| strijden (tegen een vijand) | ბრძოლა | brdzola |
| strijden (ww) | ბრძოლა | brdzola |

| | | |
|---|---|---|
| strijken (met een strijkbout) | დაუთოება | dautoeba |
| studeren (bijv. wiskunde ~) | შესწავლა | shests'avla |
| sturen (zenden) | გაგზავნა | gagzavna |
| tellen (bijv. geld ~) | დათვლა | datvla |

| | | |
|---|---|---|
| terugkeren (ww) | დაბრუნება | dabruneba |
| terugsturen (ww) | უკან გაგზავნა | uk'an gagzavna |
| toebehoren aan ... | კუთვნება | k'utvneba |
| toegeven (zwichten) | დათმობა | datmoba |

| | | |
|---|---|---|
| toenemen (on. ww) | გადიდება | gadideba |
| toespreken (zich tot iemand richten) | მიმართვა | mimartva |
| toestaan (goedkeuren) | ნების დართვა | nebis dartva |
| toestaan (ww) | ნებართვა | nebartva |

| toewijden (boek, enz.) | გაზიარება | gaziareba |
| tonen (uitstallen, laten zien) | ჩვენება | chveneba |
| trainen (ww) | წვრთნა | ts'vrtna |
| transformeren (ww) | გარდასახვა | gardasakhva |

| trekken (touw) | თრევა | treva |
| trouwen (ww) | ცოლის შერთვა | tsolis shertva |
| tussenbeide komen (ww) | ჩარევა | chareva |
| twijfelen (onzeker zijn) | დაეჭვება | daech'veba |

| uitdelen (pamfletten ~) | დარიგება | darigeba |
| uitdoen (licht) | ჩაქრობა | chakroba |
| uitdrukken (opinie, gevoel) | გამოხატვა | gamokhat'va |
| uitgaan (om te dineren, enz.) | გასვლა | gasvla |
| uitlachen (bespotten) | დაცინვა | datsinva |

| uitnodigen (ww) | მოწვევა | mots'veva |
| uitrusten (ww) | აღჭურვა | aghch'urva |
| uitsluiten (wegsturen) | გარიცხვა | garitskhva |
| uitspreken (ww) | წარმოთქმა | ts'armotkma |

| uittorenen (boven ...) | ამაღლება | amaghleba |
| uitvaren tegen (ww) | ლანძღვა | landzghva |
| uitvinden (machine, enz.) | გამოგონება | gamogoneba |
| uitwissen (ww) | წაშლა | ts'ashla |

| vangen (ww) | ჭერა | ch'era |
| vastbinden aan ... | მიბმა | mibma |
| vechten (ww) | ჩხუბი | chkhubi |
| veranderen (bijv. mening ~) | შეცვლა | shetsvla |

| verbaasd zijn (ww) | გაკვირვება | gak'virveba |
| verbazen (verwonderen) | გაკვირვება | gak'virveba |
| verbergen (ww) | დამალვა | damalva |
| verbieden (ww) | აკრძალვა | ak'rdzalva |

| verblinden (andere chauffeurs) | დაბრმავება | dabrmaveba |
| verbouwereerd zijn (ww) | ვერმიხვედრა | vermikhvedra |
| verbranden (bijv. papieren ~) | დაწვა | dats'va |
| verdedigen (je land ~) | დაცვა | datsva |

| verdenken (ww) | ეჭვის მიტანა | ech'vis mit'ana |
| verdienen (een complimentje, enz.) | დამსახურება | damsakhureba |
| verdragen (tandpijn, enz.) | თმენა | tmena |
| verdrinken (in het water omkomen) | ჩაძირვა | chadzirva |

| verdubbelen (ww) | გაორმაგება | gaormageba |
| verdwijnen (ww) | გაუჩინარება | gauchinareba |
| verenigen (ww) | გაერთიანება | gaertianeba |
| vergelijken (ww) | შედარება | shedareba |
| vergeten (achterlaten) | დატოveba | dat'oveba |
| vergeten (ww) | დავიწყება | davits'qeba |
| vergeven (ww) | პატიება | p'at'ieba |

| | | |
|---|---|---|
| vergroten (groter maken) | გადიდება | gadideba |
| verklaren (uitleggen) | ახსნა | akhsna |

| | | |
|---|---|---|
| verklaren (volhouden) | დაჯინება | dajineba |
| verklikken (ww) | დასმენა | dasmena |
| verkopen (per stuk ~) | გაყიდვა | gaqidva |
| verlaten (echtgenoot, enz.) | მიტოვება | mit'oveba |
| verlichten (gebouw, straat) | განათება | ganateba |

| | | |
|---|---|---|
| verlichten (gemakkelijker maken) | შემსუბუქება | shemsutukeba |
| verliefd worden (ww) | შეყვარება | sheqvareba |
| verliezen (bagage, enz.) | დაკარგვა | dak'argva |
| vermelden (praten over) | ხსენება | khseneta |

| | | |
|---|---|---|
| vermenigvuldigen (wisk.) | გამრავლება | gamravleba |
| verminderen (ww) | შემცირება | shemtsireba |
| vermoeid raken (ww) | დაღლა | daghla |
| vermoeien (ww) | დაღლელობა | damghleloba |

## 256. Verbs V-Z

| | | |
|---|---|---|
| vernietigen (documenten, enz.) | მოსპობა | mosp'cba |
| veronderstellen (ww) | ვარაუდი | varaudi |
| verontwaardigd zijn (ww) | აღშფოთება | aghshpoteba |
| veroordelen (in een rechtszaak) | განაჩენი | ganacheni |

| | | |
|---|---|---|
| veroorzaken ... (oorzaak zijn van ...) | მიზეზად ყოფნა | mizezad qopna |
| verplaatsen (ww) | გადაადგილება | gadaedgileba |
| verpletteren (een insect, enz.) | გაჭყლეტა | gach'qlet'a |
| verplichten (ww) | იძულება | idzuleba |
| verschijnen (bijv. boek) | გამოსვლა | gamcsvla |

| | | |
|---|---|---|
| verschijnen (in zicht komen) | გამოჩენა | gamochena |
| verschillen (~ van iets anders) | გამორჩევა | gamorcheva |
| versieren (decoreren) | შემკობა | shemk'oba |
| verspreiden (pamfletten, enz.) | გავრცელება | gavrseleba |

| | | |
|---|---|---|
| verspreiden (reuk, enz.) | გავრცელება | gavrtseleba |
| versterken (positie ~) | განმტკიცება | ganmt'k'itseba |
| verstommen (ww) | გაჩუმება | gachumeba |
| vertalen (ww) | თარგმნა | targmna |

| | | |
|---|---|---|
| vertellen (verhaal ~) | მოყოლა | moqola |
| vertrekken (bijv. naar Mexico ~) | გამგზავრება | gamgzavreba |
| vertrouwen (ww) | ნდობა | ndoba |
| vervolgen (ww) | გაგრძელება | gagrdzeleba |

| | | |
|---|---|---|
| verwachten (ww) | ლოდინი | lodini |
| verwarmen (ww) | გაცხელება | gatskheleba |
| verwarren (met elkaar ~) | არევა | areva |
| verwelkomen (ww) | მისალმება | misalmeba |
| verwezenlijken (ww) | განხორციელება | gankhortsieleba |
| | | |
| verwijderen (een obstakel) | მოშორება | moshoreba |
| verwijderen (een vlek ~) | მოცილება | motsileba |
| verwijten (ww) | დაყვედრება | daqvedreba |
| verwisselen (ww) | შეცვლა | shetsvla |
| verzoeken (ww) | თხოვნა | tkhovna |
| | | |
| verzuimen (school, enz.) | გაცდენა | gatsdena |
| vies worden (ww) | გასვრა | gasvra |
| vinden (denken) | თვლა, ფიქრი | tvla, pikri |
| vinden (ww) | პოვნა | p'ovna |
| | | |
| vissen (ww) | თევზის ჭერა | tevzis ch'era |
| vleien (ww) | პირფერობა | p'irperoba |
| vliegen (vogel, vliegtuig) | ფრენა | prena |
| voederen | ჭმევა | ch'meva |
| (een dier voer geven) | | |
| | | |
| volgen (ww) | მიდევნა | midevna |
| voorstellen (introduceren) | წარდგენა | ts'ardgena |
| voorstellen (Mag ik jullie ~) | გაცნობა | gatsnoba |
| voorstellen (ww) | შეთავაზება | shetavazeba |
| | | |
| voorzien (verwachten) | გათვალისწინება | gatvalists'ineba |
| vorderen (vooruitgaan) | დაწინაურება | dats'inaureba |
| vormen (samenstellen) | ჩამოყალიბება | chamoqalibeba |
| vullen (glas, fles) | ავსება | avseba |
| | | |
| waarnemen (ww) | დაკვირვება | dak'virveba |
| waarschuwen (ww) | გაფრთხილება | gaprtkhileba |
| wachten (ww) | ლოდინი | lodini |
| wassen (ww) | რეცხვა | retskhva |
| | | |
| weerspreken (ww) | წინააღმდეგ ყოფნა | ts'inaaghmdeg qopna |
| wegdraaien (ww) | შემობრუნება | shemobruneba |
| wegdragen (ww) | წაღება | ts'agheba |
| wegen (gewicht hebben) | წონა | ts'ona |
| | | |
| wegjagen (ww) | გაგდება | gagdeba |
| weglaten (woord, zin) | გატარება | gat'areba |
| wegvaren | ნაპირს მოცილება | nap'irs motsileba |
| (uit de haven vertrekken) | | |
| weigeren (iemand ~) | უარის თქმა | uaris tkma |
| | | |
| wekken (ww) | გაღვიძება | gaghvidzeba |
| wensen (ww) | ნატვრა | nat'vra |
| werken (ww) | მუშაობა | mushaoba |
| weten (ww) | ცოდნა | tsodna |
| willen (verlangen) | ნდომა | ndoma |
| wisselen (omruilen, iets ~) | გაცვლა | gatsvla |
| worden (bijv. oud ~) | გარდაქმნა | gardakmna |

| worstelen (sport) | ბრძოლა | brdzola |
| wreken (ww) | შურისძიება | shurisdzieba |

| zaaien (zaad strooien) | თესვა | tesva |
| zeggen (ww) | თქმა | tkma |
| zich baseerd op | ბაზირება | bazireba |
| zich bevrijden van ... (afhelpen) | ჩამოშორება | chamoshoreba |

| zich concentreren (ww) | კონცენტრაცია | k'ontsent'ratsia |
| zich ergeren (ww) | გაღიზიანება | gaghizianeba |
| zich gedragen (ww) | მოქცევა | moktseva |
| zich haasten (ww) | აჩქარება | achkareba |
| zich herinneren (ww) | გახსენება | gakhseneba |

| zich herstellen (ww) | გამოჯანმრთელება | gamojanmrteleba |
| zich indenken (ww) | წარმოდგენა | ts'armodgena |
| zich interesseren voor ... | ინტერესის გამოჩენა | int'eress gamochena |
| zich scheren (ww) | პარსვა | p'arsva |

| zich trainen (ww) | ვარჯიში | varjishi |
| zich verdedigen (ww) | თავის დაცვა | tavis datsva |
| zich vergissen (ww) | შეცდომა | shetsdoma |
| zich verontschuldigen | ბოდიშის მოხდა | bodish s mokhda |

| zich vervelen (ww) | მოწყენა | mots'qena |
| zijn (ww) | ყოფნა | qopna |

| zinspelen (ww) | სიტყვის გადაკვრა | sit'qvis gadak'vra |
| zitten (ww) | ჯდომა | jdoma |
| zoeken (ww) | ძებნა | dzebna |
| zondigen (ww) | ცოდვის ჩადენა | tsodvis chadena |

| zuchten (ww) | ამოოხვრა | amookhvra |
| zwaaien (met de hand) | ქნევა | kneva |
| zwemmen (ww) | ცურვა | tsurva |
| zwijgen (ww) | დუმილი | dumili |

www.ingramcontent.com/pod-product-compliance
Lightning Source LLC
Chambersburg PA
CBHW071330090426
42738CB00012B/2843